Jean en 1944 dans le petit jardin du cours Godéchoux.

Jean à la Lizone, Dordogne, en août 1969.

Chère Maryse et cher Alain,

selon vous, Jean, mon père,
ai-je su rendre à
la vie qu'il m'a transmise ?

Merci !

Alain.

Axel Kahn

Jean

Un homme hors du temps

Postface de Jean-François Kahn

Stock

Ouvrage publié sous la direction de
François Azouvi

Couverture Atelier Didier Thimonier
Portrait : Jean dans le petit jardin
du cours Godéchoux

ISBN 978-2-234-08375-2

Arbre généalogique

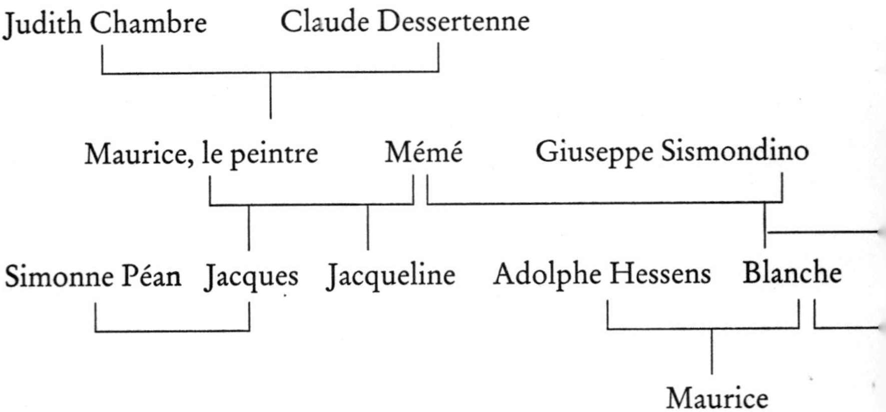

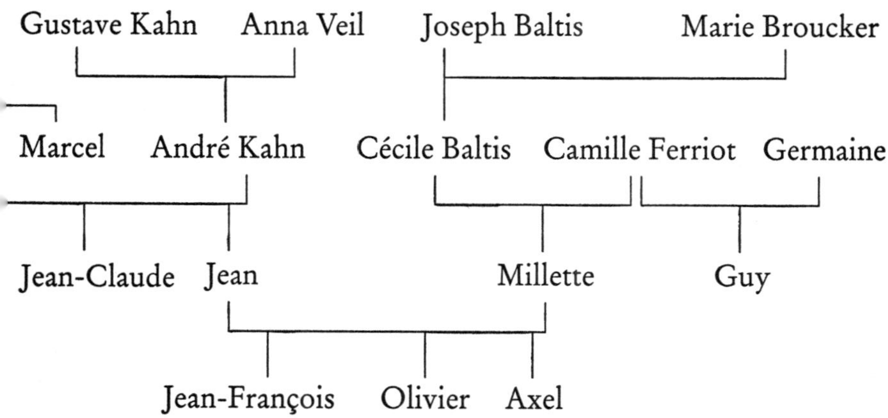
Gustave Kahn
Anna Veil
Joseph Baltis
Marie Broucker
Marcel
André Kahn
Cécile Baltis
Camille Ferriot
Germaine
Jean-Claude
Jean
Millette
Guy
Jean-François
Olivier
Axel

Pas plus que notre père, ni Jean-François ni moi ne nous soucions d'un au-delà. Notre frère Olivier n'y croyait pas non plus. Aussi, en nous adressant à toi, papa, c'est en fait à nos enfants et petits-enfants, à ceux d'Olivier, à tous les autres, que nous envoyons ce témoignage. Merci, papa, nous savons le privilège inouï qu'a représenté pour nous que tu sois notre père. Tu nous as très jeune fait comprendre qu'aucun succès humain ne vaut s'il n'est pas d'abord celui de l'esprit. Puis que ses graines trouvent à germer dans l'esprit d'autrui, comme ton ami René Daumal l'a écrit dans « Les dernières paroles du poète ». Nous voulons aussi te demander pardon, papa. Tu as été malheureux, tout s'écroulait autour de toi et nous ne l'avons pas vu, pas su. Nous étions si avides de capter tout ce que tu nous donnais que ta détresse nous a échappé. Nous ne te reprochons rien, papa, rien. Mais toi, cela, nous l'as-tu pardonné ? Tu m'as confié, avant de nous quitter, une mission, parce que, disais-tu, tu me jugeais « le plus capable de faire durement les choses nécessaires ». Me mettre à ta place pour écrire cet ouvrage a souvent été dur, en effet. Cela, pourtant, était nécessaire.

Le 17 avril 1970, Jean Kahn, âgé de cinquante-quatre ans, se donne la mort en se jetant d'un train à proximité de la gare de Mantes-la-Jolie. Il a déjà ouvert la porte du wagon et se prépare à sauter. En quelques instants, son itinéraire de vie s'inscrit en sa mémoire, il le passe en revue et le commente pour lui-même. Cet ouvrage correspond au déploiement de la pensée instantanée de Jean dans la minute qui précède la fin de son voyage.

Nombreuses sont aussi les images, visages, tableaux et sites, estompés ou d'une étonnante précision, qui se projettent en son esprit. Cet ouvrage ne peut en rendre compte en détail. Le lecteur intéressé pourra les retrouver en utilisant le lien : http://axelkahn.fr/jean-homme-temps-images/

La porte ouverte, l'air frais d'avril fouette mon visage. Le train passe à grande vitesse les aiguillages de la gare de triage de Mantes-la-Jolie, le vacarme est infernal. J'entrevois les feux de signalisation à travers un halo de poussière. À leurs postes de travail, au bord des voies, des aiguilleurs actionnent leurs leviers, d'autres agents inspectent les rails, remplacent les traverses d'un itinéraire menant à un grand hangar. Le bruit, le vent, les lumières, la petite troupe, je me dis que, décidément, ma route a débuté dans le bruit et la fureur, elle s'achève tout de même. J'ai pris ma décision d'entreprendre ce voyage hier après-midi, le 16 avril 1970, et j'ai eu tout le temps de me remémorer les étapes de mon parcours, les images s'en sont imposées en mon esprit, des détails, des espoirs, des révoltes, des joies et des désespoirs me sont revenus en pleine mémoire. En me rendant à la gare Saint-Lazare, pendant que j'attendais un train pour Rouen et Le Havre, puis dans le compartiment que j'ai partagé avec une jeune femme absorbée par la lecture d'un roman, je me suis employé à mettre un peu d'ordre dans cette avalanche de souvenirs, à maîtriser les émotions suscitées. J'ai écrit une ultime lettre, donné des instructions, transmis des messages. Je me sens étrangement serein. Là, me tenant encore à la barre de la porte du wagon, j'ai l'impression que l'épopée de ma vie s'est imprimée en mon esprit, formidable et minuscule, en un langage d'une incroyable précision, je peux la considérer en un éclair.

1

Bourgeoisie

Le soldat et la cousette

Septembre 1915, dans le département de la Marne non loin de la rivière Aisne. L'enfer, une fois de plus, s'est déchaîné. Après l'Artois, Joffre a décidé d'attaquer en Champagne. Comme toujours, l'offensive s'épuise, en vain. Des centaines d'hommes sont fauchés, mutilés pour le gain d'un mamelon, une avancée de deux cents mètres, reperdus dès le lendemain. André Kahn, mon père, est brancardier. Courbé sous la mitraille, zigzaguant entre les cratères d'obus, s'y jetant parfois en entendant le sifflement caractéristique d'une « marmite », il vient de récupérer des blessés. Avec ses compagnons, dont un a été presque décapité par un éclat, il s'est efforcé de ramener d'abord ceux qu'il paraissait possible de sauver. Maintenant, à l'abri, les oreilles assourdies encore par les explosions, les yeux rougis par la fumée et la poussière, la bouche pleine de terre, toussant et crachotant, l'uniforme sanglant, il rêve, il s'évade, il pense à moi, simple promesse encore dans le ventre de ma mère, depuis deux ans sa maîtresse dont il est follement épris. Papa avait enfin obtenu en août sa première permission prolongée depuis le début de la guerre, tant attendue et à vrai dire miraculeuse après la violente offensive d'Artois et avant que se déclenche celle de Champagne. Il avait passé à Ludres, tout près de chez ses parents à Nancy, quatre semaines idylliques avec Blanche, une jeune femme de trente ans, trois de plus que lui, splendide, déjà maman et divorcée. Une oasis de bonheur et de passion au cœur de l'horreur de la guerre ; il tâche de n'en rien oublier, d'en vivre encore les émois, les désirs et les plaisirs. Couturière comme sa mère Marie-Florentine, comme elle d'une éclatante beauté, Blanche a été cousette à seize ans chez un tailleur d'origine belge, Adolphe Hessens, qui en fait sa maîtresse et l'épouse lorsque, à dix-huit ans, elle est enceinte de Maurice. Le mariage ne dure cependant guère, ils divorcent au bout de quatre ans, en 1907.

André vient d'apprendre que sa belle pense attendre un enfant. Sa permission récente a été une épiphanie amoureuse, elle s'auréole maintenant d'un halo d'avenir.

La nouvelle est confirmée au plus chaud de l'offensive de la fin septembre. André, au milieu des combats, dans l'éclat des mines et sous la menace des obus et de la mitraille, en tremble d'émotion : il va être papa. Blanche lui demande de préciser ses intentions. Il ne voudrait quand même pas que je naisse sans père, qu'elle soit accablée de l'opprobre qui s'abat sur les filles-mères ? En bref, elle demande avec force qu'on l'épouse. Mon père, quoique déjà âgé de vingt-sept ans, ne peut se marier sans l'autorisation de Gustave, mon grand-père. Je n'en conserve aucun souvenir car il est mort alors que je n'avais pas trois ans. C'est que les enjeux sont importants. Les Kahn ne badinent pas avec les traditions et ce qu'ils appellent l'honneur. Cette vieille et riche famille juive francophile d'Alsace a émigré en Meurthe-et-Moselle après 1870 pour demeurer française. Les Kahn possèdent maintenant les Grandes Galeries de Nancy, ville dans laquelle ils se sont installés peu après la naissance de papa à Toul. Il est par conséquent dans ses petits souliers en demandant à Gustave l'autorisation de régulariser la situation. C'est qu'il a intérêt à amadouer le sévère chef de famille : Blanche, née Sismondino, n'est pas juive, son père est un émigré sarde, sa mère, originaire de la banlieue parisienne, appartient à une famille modeste, tous sont très catholiques. De plus, maman est divorcée, et déjà mère d'un petit Maurice ainsi prénommé en l'honneur de son beau-père, le peintre Maurice Dessertenne, deuxième époux de Mémé. Cette situation représente l'horreur absolue pour le patriarche Kahn. Les précautions et l'habileté de papa ne sont en effet pas suffisantes, la missive en date du 4 octobre de mon père à sa dulcinée en témoigne : « Voici le résumé de la lettre de mon père : il admet que nous vivions ensemble mais se refuse énergiquement à consentir au mariage. Si je passe outre, il me déshérite. L'alternative est la suivante. Soit nous nous marions, et sans argent. Je suis obligé d'entrer dans la magistrature de province[1] car mon devoir est de songer à notre avenir à tous les trois. Soit nous ne nous marions pas. La certitude d'un héritage important me met à l'aise. Je puis tenter la réussite, dans le journalisme, la politique ou le barreau, et nous continuons à vivre à Paris. Quel est le parti le plus sage[2] ? »

Connaissant ma mère, je l'imagine blessée et hors d'elle à la réception de cette missive, elle agonit sans doute son amant de reproches. De fait, papa doit se garder non plus seulement des canons de 77 et des obusiers allemands mais aussi des missiles décochés par sa maîtresse courroucée. Ce que j'en connais vient des lettres que mon père a envoyées presque chaque jour à son amour durant toute la guerre. Plus tard, le 14 octobre, j'imagine que Blanche a menacé d'avorter : « Je veux que notre petit vive. Tu ne veux pas d'un enfant né de père inconnu ? Ai-je jamais eu l'intention de ne pas reconnaître notre enfant ? Il portera mon nom. Alors ? » Puis, le 16 octobre : « Un seul événement est capable de me faire changer d'avis. C'est que mon père me dise : "Tu n'es plus mon fils !" Alors peut-être y aura-t-il lieu d'envisager la possibilité d'un mariage rapide et définitif. »

1. André Kahn est déjà avocat lorsqu'il est mobilisé au début de la guerre, d'abord comme simple soldat, puis comme brancardier. (*Toutes les notes sont de l'auteur.*)

2. André Kahn, *Mémoires de guerre d'un Juif patriote*, Tallandier, 2014.

André est amoureux, cela ne fait pas de doute ; il a néanmoins les pieds sur terre et a toujours su trancher quand ses intérêts sont en jeu. En date du 21 octobre, il clôt par conséquent, du front, la discussion avec autorité aussi bien avec Gustave qu'avec Blanche à qui il écrit : « Je réponds à mon père : "Si tu persistes dans ton attitude présente, je me verrai dégagé de toute obéissance à tes injonctions [fichtre, ça doit barder entre le chef de tribu et son fils poilu !] et reprendrai la liberté complète de mes actes." Maintenant, à nous deux. Voici ce que je te demande comme preuve d'amour. (i) Nous ne nous marions pas avant la fin de la guerre. (ii) Notre petit vivra. Je le reconnaîtrai. (iii) Tu expliqueras la situation à ta famille. C'est clair[1] ? » J'imagine papa exaspéré par l'insistance pesante de Blanche aux prises, il le sait, avec sa propre mère, ma « Mémé », largement aussi têtue et opiniâtre que sa fille. Ces deux femmes ont, en cet automne 1915, un autre souci, la disparition sur le front de Marcel Sismondino, le frère de Blanche, issu comme elle du premier mariage de Mémé. Tout aux tumultes de sa grossesse et aux incertitudes quant à son avenir matrimonial, maman n'apparaît pas cependant en avoir été trop éplorée. Quoi qu'il en soit, j'étais cause de bien des remous et des tensions avant même d'être né. Il semble de plus que la permission d'août 1915 à Ludres durant laquelle j'ai été conçu ait été un ostensible sabbat amoureux qui a d'autant plus choqué les témoins que le couple aux ébats spectaculaires était

1. *Ibid.*

illégitime. Les supérieurs de papa en ont été avisés et le lui font payer par différentes vexations : alors affecté au secrétariat du service de santé en arrière du front, il est renvoyé dans un poste de secours de deuxième ligne ; aucune permission ne lui est accordée. Peut-être ces soucis que je causais aux autres étaient-ils prémonitoires de mon destin, l'un des paramètres de mon karma comme j'aurais plus tard tendance à le dire. Avec mon grand-père, toutefois, la fermeté de papa semble opérante : « Reçu une lettre de mon père, écrit-il à Blanche début 1916 alors que se déclenche la bataille de Verdun, il m'appelle mon fils, ce qui est de bon augure. Quant au reste, ce sont les vieilles phrases copiées, semble-t-il, sur le “parfait manuel de la vieille bourgeoisie”. » Il est là incroyable, mon père, lui à qui je reprocherais tant par la suite d'incarner avec maman, et jusqu'à la caricature, les stéréotypes les plus fossilisés de la « vieille bourgeoisie ». Bien entendu, c'est là une évolution assez classique, les jeunes révoltés deviennent des bourgeois cons ! Pas moi, cependant, j'ai au moins échappé à cela.

Jean, Marcel (nom du frère de maman tué sur le front en 1915), André Kahn, moi, naît le 5 mai dans la maison bourgeoise de Mémé, boulevard Raspail à Paris. Ma grand-mère a divorcé de Giovanni Sismondino en 1891 et fait un « beau mariage » en 1898 en épousant Jacques Maurice Dessertenne, un peintre figuratif classique d'un talent incontesté mais qui ne fait aucune concession à la modernité artistique. Passer d'un émigré sarde à un artiste en vue et de bonne famille, elle et sa fille Blanche ont toujours eu le sens de la promotion sociale, leur beauté les y aidait. Papa apprend ma naissance dès le lendemain, il exulte : « Mon Mimi ! Notre petit est là. Notre amour s'agite dans un berceau. Il a des cheveux blonds comme les tiens. Je l'aime mais je t'aime encore plus de me l'avoir donné. Tu sais, ça vous flanque un sacré coup quand on apprend qu'on est papa. J'ai pleuré comme un veau, de joie et d'énervement. » Pourtant, papa ne peut avoir de permission ! Pensez donc, un enfant illégitime conçu dans de scandaleux débordements lubriques ! Il fera la fête avec les copains... les survivants, car les pertes sont terribles. Quelques jours après m'avoir vu en photo, et avoir fait parvenir à la jeune maman les papiers pour me reconnaître, André lui envoie une bague, « chef-d'œuvre de patience et bijou de collection, offerte par un brave brancardier. C'est le symbole de cette affreuse guerre. Il contient la balle française et le shrapnell. Tout cela ramassé sur le champ de bataille. En montrant cette bague à Jean, plus tard, je compte bien en faire un pacifiste convaincu car notre rôle à tous, si nous sortons vivants de la fournaise, sera d'éviter le retour de pareil carnage. [...] Je la montrerai souvent à Jeannot, en lui disant : "Regarde bien !" » En fait, à y repenser, ni papa ni maman ne me montrèrent jamais la fameuse bague. Je soupçonne maman de l'avoir oubliée dans un coin, déçue du vil métal en lequel elle avait été façonnée. Peut-être est-ce la raison pour laquelle je ne fus pas spécialement pacifiste, pris, il faut dire, dans l'évidence des combats de la dernière guerre. Enfin, papa peut venir me voir à Paris fin juin. Mobilisé jusqu'aux lendemains de l'armistice du 11 novembre mais moins exposé que durant les premières années, secrétaire d'un poste de secours et avocat au Conseil de guerre, il reste en vie et n'est pas même blessé. Les lettres qu'il continue d'envoyer quotidiennement à maman témoignent de la place que j'occupe désormais dans son esprit, au côté de celle qu'il épousera aussitôt démobilisé aux derniers jours de l'année 1918, comme il le lui avait promis.

Des tranchées à la vie bourgeoise

Le mariage de mes parents est célébré en très petit comité, en présence de quelques amis et des parents de la mariée, Mémé et son époux Maurice, le peintre, qui sert de témoin. Maman est divorcée et, à son grand regret, ne peut se marier à l'église. Pourtant André n'y aurait vu aucun inconvénient, il se serait même volontiers fait baptiser si cela avait été nécessaire. Il n'a d'ailleurs élevé aucune objection à mon baptême peu après ma naissance, dès le mois de juillet à Mussy-sur-Seine[1]. Plutôt positiviste, il ne pratique pas la religion juive vis-à-vis de laquelle ses parents Gustave et Anna sont eux-mêmes fort tièdes. Cette distance prise avec la pratique religieuse est à l'époque très commune dans la communauté juive ashkénaze, surtout

1. Mussy-sur-Seine : bourg champenois où Marie-Florentine et le peintre Maurice Dessertenne possèdent une maison familiale. Voir plus loin.

celle venant d'Alsace, où domine le désir d'une fusion intégrative avec la République française. Papa ne s'est distingué en rien, durant la guerre, des sentiments patriotiques, parfois xénophobes, des autres poilus. Dans ses lettres à maman, il dénonce « la sauvagerie des Boches », est prompt à vilipender la couardise des méridionaux qu'il oppose à la vaillance des soldats de l'Est et du Nord ; il vibre lorsqu'il peut déceler des indices du succès des armes françaises et alliées, en particulier, témoignant de ses réflexes bourgeois, une progression du taux de la rente ! Il accable même des Dreyfus soupçonnés d'intelligence avec l'ennemi et dont il écrit qu'ils justifient bien les préventions que l'on a contre ceux de leur race ! Avocat au Conseil de guerre en pleine bataille de Verdun, il est confronté aux tentatives de certaines recrues d'échapper par automutilation ou désertion au massacre. Je l'imagine avoir défendu avec conscience les accusés auprès desquels il est commis car il a toujours été un homme d'honneur. Il ne désapprouve certainement pas, en son for intérieur, les condamnations, même lorsqu'elles conduisent devant le peloton d'exécution. Patriote intransigeant, il ne remet pas plus en doute les devoirs du soldat que l'immense majorité des Français ; les rigueurs de la discipline militaire, sa sévérité, lui apparaissent indispensables, il y voit la juste sanction de la honte d'une fuite devant l'ennemi. Il est un homme de son temps, un Français engagé dans une guerre considérée comme légitime, puis un ancien combattant, certes épris de paix mais vibrant en même temps à la mémoire des disparus. Sa fidélité envers les artisans de la victoire, Georges Clemenceau, le Tigre, et le général Philippe Pétain, vainqueur de Verdun, est sans faille. En ce qui concerne ce dernier, maréchal de France à la fin de la guerre, il le regrettera.

La paix revenue, il ne peut être question pour mes parents de vivre à Nancy : même amadouée, la famille Kahn promet de n'être pas des plus accueillantes. De plus, Blanche ne veut ni ne peut s'éloigner de sa mère et de son beau-père Maurice qui élèvent son premier fils. Ils louent par conséquent un petit appartement rue Boulard, dans le XIVe arrondissement des artistes non loin de la place Denfert-Rochereau et de la résidence des Dessertenne. Ils y habiteront quelques années avec moi et un chat que je me rappelle, un énorme matou siamois indifférent. Maurice Hessens, le fils du premier lit de ma mère, est, quant à lui, élevé par les Dessertenne, avec leurs deux enfants, Jacques et Jacqueline, d'abord boulevard Raspail, puis très vite dans un superbe duplex de la rue de la Santé, non loin de là. Excepté le chat, j'ai peu de souvenirs de la rue Boulard, que nous quittons assez rapidement pour le très chic VIIIe arrondissement. Je me rappelle beaucoup mieux l'appartement de ma grand-mère, Mémé, et de son époux, ainsi que l'atelier du peintre où trônent de grandes toiles qui m'impressionnent. Plusieurs ont un thème historique, dans la manière et le style de Jean-Paul Laurens, un ami du peintre, par exemple un chevalier en armure et un portrait de Louis XI. Sont aussi suspendus nombre de tableaux des membres de la famille, de paysages, des vendanges à Mussy-sur-Seine. Cette commune de la Champagne méridionale, dans le département de l'Aube mais à quelques centaines de mètres seulement de la Côte-d'Or et par conséquent de la Bourgogne, jouera un rôle essentiel dans ma vie. Judith Chambre, la mère du peintre, y a habité ; lui, à ses débuts, a peint l'activité des vignerons, la toute jeune Seine, la promenade de tilleuls, le moulin à huile, la rigueur de l'hiver. Il y est très attaché. Et puis, elle se trouve à peu près à mi-chemin des racines de sa femme, en région parisienne, et des siennes en Saône-et-Loire. Ils en feront une résidence secondaire où ils passent plusieurs mois chaque année dans la maisonnette familiale sans prétention de Maurice.

J'ai adoré ma grand-mère, elle me l'a, sa vie durant, bien rendu, je suis resté son petit-fils préféré. Née en 1865 dans le département de la Seine, elle se rappelait que sa mère l'avait emmenée à l'âge de cinq ans dans le Paris de la Commune, elle m'en contait les souvenirs. Je dois reconnaître que mon affection profonde pour Mémé alimentait une subjectivité assumée. Elle était en effet une femme autoritaire, dure, intéressée. Castratrice, dirions-nous en ces temps de référence à la psychanalyse qui m'a tant influencé. De fait, elle transforma son époux peintre, un lion intrépide et conquérant aux proies occasionnelles, en un caniche docile auquel était promise une pitance abondante et assurée. La création picturale est en effet de rentabilité incertaine. On vend une grande toile, et c'est la fête. La guerre menaçant, puis éclatant, on ne vend plus guère et les périodes de vaches maigres se succèdent. Marie-Florentine, Mémé, dont l'enfance avait été austère, la jeunesse laborieuse, le premier couple très modeste, avait une hantise de connaître à nouveau la nécessité. Elle reproche avec tant de véhémence à son artiste d'époux de n'être pas même capable d'assurer l'aisance de sa famille que ce dernier est acculé à accepter une position salariée en tant que dessinateur des éditions illustrées du dictionnaire Larousse. J'ai toujours gardé près de moi le grand Larousse en sept volumes dont toutes les planches ont été gravées par lui ou sous sa direction. Il occupe cette fonction jusqu'à sa mort, garantissant des revenus importants et réguliers, apaisant de la sorte sa femme mais stérilisant après 1914 son génie créatif.

Mes parents aussi accèdent vite après la guerre à plus que de l'aisance, à une vraie richesse. Gustave ne met pas sa menace à exécution, il lègue à sa mort sa confortable fortune à son fils André. Tout change alors. Adieu le quartier des artistes, direction la très bourgeoise rue de Lisbonne, à proximité du parc Monceau où je me promène maintenant les jeudis et week-ends sous la garde de ma nurse. Blanche peut souffler, cinq domestiques l'aident désormais à jouer son rôle de parfaite maîtresse de maison bourgeoise, une caméariste, une lingère, une cuisinière, une femme de ménage et la nurse. Papa abandonnera, comme il le désirait, ses activités d'avocat pour se lancer dans les affaires et la banque, pour faire fructifier son bien en cette période euphorique d'après-guerre où tout semble possible et facile. Il reste amoureux de sa femme à qui il demeurera attaché jusqu'à sa mort en 1959. Il a cependant des liaisons, cela fait partie du statut de la bourgeoisie d'affaires. La modiste Lucienne lui accorde ses faveurs, ma mère le sait, elle sait aussi que telle est la règle du jeu ; cependant, elle veille. « Ma chérie, dit un jour André à sa femme, tu connais Lucienne, elle aimerait te présenter ses collections, veux-tu la recevoir ? Je t'offrirai ce que tu auras choisi. – Oh que tu es gentil, mon chéri ! » Escortée d'un porteur, Lucienne prend donc rendez-vous par l'intermédiaire d'André et, arrivée rue de Lisbonne, sort de sa malle deux chapeaux, une étole de fourrure et trois robes, à peu près à la taille de maman qui les enfile, essaie tout. « Oh, madame Kahn, que vous êtes belle et élégante ! Qu'en pensez-vous ? – Je vous félicite, Lucienne, pour tout cela, pour votre goût si sûr, vous êtes charmante, ma chère ! – L'un de ces atours vous ferait-il plaisir, madame ? Lequel choisissez-vous ? – Mais tout est si exquis, ma chère, me va si bien que, voyez-vous, moi aussi je succombe à ce que vous m'offrez, je prends tout ! – Vous plaisantez, madame, vous me faites marcher ! – Mais non, Lucienne, je garde tout, sauf la malle ! » Le soir, papa s'enquiert tout enamouré de ce que Blanche a choisi, de ce qu'il lui a offert. « Mais, mon chéri, Lucienne avait, comme d'habitude, tant de belles choses à montrer que je lui ai tout pris, tout ! » Fin de la liaison entre Lucienne et André, délectable vengeance féminine dont maman m'a parlé bien des fois, des décennies après, et dont la jouissance se ravivait chaque fois.

Je garde de mon enfance dorée le souvenir d'un ennui épais, d'un dégoût croissant à l'encontre d'un univers où plus rien n'est spontané, où tout doit s'inscrire dans un canevas de conventions absurdes, obéir à des règles rigides de bienséance. L'amour maternel se noie, l'attachement paternel semble se dénouer, l'affection filiale en est dissuadée, l'or est gris. Papa est pourtant poète, à ses heures, il fait publier un petit recueil de pièces joliment troussées. Il conserve parfois des velléités de s'égarer un instant hors des murailles de la convenance pour jouer sans façon avec son fils mais maman veille. Pour elle qui, comme sa mère, a connu jeune des temps difficiles, plus question de s'éloigner ne serait-ce que de quelques pas du chemin étroit et balisé de la respectabilité bourgeoise. Heureusement, arrive mon petit frère Jean-Claude de quatre ans mon cadet. Bébé déjà, je l'aimais, je le rêvais bientôt grand, j'étais certain que nous cheminerions toute notre vie dans l'affection mutuelle. Ce fut vrai. Je suis ma scolarité au lycée Carnot, pas très loin de la rue de Lisbonne. Je n'éprouve guère de goût pour le calcul et la leçon de choses, comme on disait alors, les sciences m'apparaissent constituer une forme de brutalité à l'encontre du jaillissement de la nature, de sa fulgurance spontanée, de la beauté éprouvée, des élaborations de l'esprit. J'adore à l'inverse apprendre des poésies, la musique de leurs mots, le rythme de leurs phrases, les images évoquées m'émerveillent. J'éprouve un peu la même émotion que devant les toiles de Maurice, le mari de Mémé, moins de timidité, cependant. Je n'ai jamais eu de don artistique, je dessine mal, chante comme une casserole, je me sais incapable de réaliser jamais des œuvres comme celles du peintre. Les mots, en revanche, le talent pour capter les sons de la nature et ceux de mon âme et les exprimer à leur aide, je me sens déjà les posséder et savoir faire de la phrase une mélodie.

Maurice, mon oncle, mon frère

Les liens de mes parents avec le couple de Mémé et de Maurice Dessertenne sont toujours restés très étroits. Étouffant dans l'atmosphère immobile et empesée de la rue de Lisbonne, j'aime que nous allions souvent déjeuner ou dîner rue de la Santé. Malgré le conformisme et l'obsession de respectabilité de ma grand-mère qui ne le cède en rien à celui de sa fille Blanche, règne ici plus de fantaisie, celle attendue d'une atmosphère d'artistes. Et puis il y a de la jeunesse et de la gaieté insufflées par les deux enfants du couple, Jacques et Jacqueline, et aussi par le jeune Maurice Hessens que l'on m'a présenté comme un autre frère de maman, mon oncle. Ils sont tous bien plus âgés que moi, de quatorze ans pour Jacques, treize ans pour Maurice, et huit ans pour Jacqueline, mais ils m'adorent, jouent avec le petit garçon beau et sage que je suis à l'époque, m'emmènent voir les nouvelles œuvres du peintre, ses dessins, me prêtent des livres dans lesquels je me plonge avec passion. Jacqueline, alors une douce, tendre et ravissante adolescente, me fascine car il n'existe pas de filles dans mon univers, à la maison, au lycée, nulle part. Ma mère et ma grand-mère appartiennent, à mes yeux, à une autre catégorie que celle des êtres sexués – ma connivence future avec la psychanalyse ne parviendra jamais à modifier cette manière de voir –, ma curiosité de la féminité est vive, Jacqueline l'incarne auréolée de mystère et de charme. Hélas, en 1924, ce lien est rompu. Mes parents cessent pendant quelques mois de rendre visite aux Dessertenne et, lorsqu'ils reviennent rue de la Santé, Jacqueline n'est plus là et tout apparaît ravagé comme par un ouragan, chacun est écrasé de tristesse. Ma jeune tante a été emportée en moins de deux mois par une phtisie galopante, forme suraiguë de tuberculose. Son père la chérissait plus que tout, il était ébloui par sa fraîche beauté. Il vient d'en peindre un portrait magnifique et touchant. Sa mort le détruit. C'est lui qui tient à modeler le modèle en plâtre du buste en bronze de Jacqueline qui orne le tombeau de la famille à Mussy-sur-Seine, au-dessus d'un triste poème signé LD : « Ne pleure pas, toi qui rêves près de ma tombe/ Je me suis endormie ainsi que le soir tombe/ Mon cœur tendre d'enfant près du cœur frais des choses/ Et c'est mon âme de printemps à peine éclose/ Que tu respireras dans le parfum des roses. » Plus jamais je ne le vis rire ensuite, et il rejoignit Jacqueline quatre ans après sa mort, en janvier 1928, âgé de soixante et un ans. Je me rappelle cette disparition comme l'une des premières grandes peines ressenties, je vouais une admiration sans bornes au mari de Mémé. Je n'ai jamais connu le père de maman, Giuseppe Sismondino, Maurice a toujours été mon seul « grand-père ». J'étais très fier d'être le petit-fils d'un peintre célèbre, je m'en vantais auprès de mes copains de lycée.

Et puis il y a Maurice Hessens, pour moi Maurice Dessertenne junior, d'un an plus jeune que Jacques avec lequel il forme un couple de copains très proches, des garçons superbes tous deux, draguant de concert. Maurice, plus grand, plus athlétique, possède cependant une prestance insolente que met mieux en valeur encore l'évidence d'une virilité conquérante. « Mon oncle Maurice » représente pour moi l'idéal masculin que je rêve d'égaler un jour. Son sourire est carnassier, son rire tonitruant agite tout son corps, fait onduler ses longs cheveux châtains, le menton haut et la tête rejetée en arrière. Il m'apparaît fort comme Hercule, me prend à deux mains, me lance en l'air et me rattrape avec autant de facilité que si j'étais une balle de tennis, sport auquel il joue d'ailleurs fort bien. Il a toujours des histoires à raconter, des blagues à faire. Prêtant l'oreille aux conversations des grandes personnes, je sais que, en chasse de la même fille, avec Jacques, c'est lui qui l'emporte toujours, son « frère » de drague s'est fait une raison et porte son regard ailleurs. Pourtant, il m'arrive de surprendre sur son visage une profonde tristesse, presque un masque de désespoir, d'inconsolable chagrin le faisant alors ressembler à un petit enfant. Cela se produit souvent après qu'il a échangé un regard avec maman, sa « sœur », ou parlé avec elle, ce qu'il ne fait guère en public. Ces brusques changements d'attitude et d'humeur de « mon oncle » me décontenancent.

Mon oncle est en réalité mon frère aîné, je n'en soupçonne alors rien. Il a peu vécu avec Blanche, notre mère. Après son divorce, elle a réintégré le domicile de Mémé et son fils de quatre ans a été élevé avec Jacques, puis Jacqueline, comme un enfant du couple Dessertenne. Peut-être Blanche a-t-elle été au début une mère tendre, des indices peuvent le suggérer, en particulier une lettre de Maurice à maman[1], ainsi qu'un tableau du peintre les représentant tous les deux. Cependant, la relation se distend lorsque débute la liaison avec André. Après la guerre, le jeune Maurice reste avec les Dessertenne dont, pour l'extérieur, il prend le nom de famille. Maman me le présenta toujours comme son deuxième demi-frère, un frère de Jacques et de Jacqueline, mon oncle et ma tante. Papa s'est toujours comporté comme un homme de devoir ; cependant, il n'aime guère le premier fils de sa femme. Lorsque Maurice a une vingtaine d'années, il ne se contente plus des virées festives, arrosées et dragueuses en compagnie de Jacques, il se met à jouer, ses aventures amoureuses se font tumultueuses, il se prend de passion pour les belles voitures, surtout s'il peut y emmener de belles femmes. Ses relations deviennent douteuses, il flambe, il croque la vie à pleines dents sans guère se soucier du lendemain, il se bat. Une année avant la

1. Lettre de Maurice à sa mère postée d'Élisabethville. Voir plus loin.

mort du peintre, son homonyme, il se trouve acculé par des dettes, en réel danger pour sa vie s'il ne peut les honorer. Il fait des chèques sans provision, c'est le scandale. Les sommes en jeu sont telles que seule la fortune de son beau-père André permet de payer les débiteurs, et donc de les calmer. Cependant la bourgeoisie a la hantise du déshonneur et du scandale, la réputation est l'une des valeurs essentielles dont dépend l'assise dans le monde des affaires, et André est exaspéré par les frasques de ce beau-fils pour lequel il n'a jamais eu d'affection. Maurice junior est par conséquent enjoint d'aller se faire oublier « aux colonies » pour un temps suffisant. Ce sera le Congo.

En triant les affaires de la famille, après la mort de papa, lorsque maman a dû quitter la rue de Lisbonne, j'ai retrouvé une lettre adressée par Maurice à sa mère et à André. Dans cette lettre, datée d'Élisabethville le 30 avril 1930 et destinée à « Ma chère P'tit'mère », rédigée sans aucune rature d'une écriture fine ressemblant à la mienne, il lui dit avoir reçu une lettre de pardon d'André et lui avoir fait connaître sa gratitude. Puis : « Ici, je me conduis tout seul sans avoir l'idée de m'adresser à vous pour un secours. Si je fais des bêtises, elles ne rejailliront pas sur vous, au moins. Lorsque j'aurai de quoi satisfaire aux exigences de mon instinct, je sais que je serai un parfait gentleman. Alors, rien d'anormal ne pouvant se présenter, je rentrerai et vous l'écrirai. [...] La seule peur que j'ai parfois, c'est de claquer tout seul, loin de tous ceux que j'aime. Mais, encore une fois, c'est moi qui l'aurais voulu. N'ayez aucun remords et cajolez Jean et le Miaou [Jean-Claude, mon petit frère]. [Si je rentrais sans argent] la brutalité de mes désirs, comme André l'a si justement écrit, me jouerait peut-être un mauvais tour, définitif [cette fois]. Si un jour je rentre et que je puisse, comme je l'entends, reprendre ma place parmi vous, alors, sans tuer le veau de l'enfant prodigue, laissez-la-moi reprendre tout doucement. Je t'embrasse, ma chère P'tit'mère, avec toute ma tendresse filiale qui jamais n'a cessé d'être vive, très vive. Embrasse André pour moi aussi, sincèrement, et les deux gosses qui sont toujours mes amours. Ton fils. Inutile de m'écrire à nouveau, je dois partir sur le fleuve [Congo] et vous préviendrai de mon adresse. PS : J'ai presque vingt-sept ans, j'espère que tu en as toujours trente-cinq, n'est-ce pas, grande sœur, si c'est toujours ainsi que tu veux que je t'appelle, P'tit'mère ? Ou, si je rentre, que je puisse être ton "flirt", à nouveau ! » C'est la dernière lettre de mon frère, il ne revint pas de son voyage sur le fleuve Congo, on le dit « emporté par les fièvres », il « claqua » seul, comme il le craignait tant, personne ne sait s'il fut inhumé, et dans ce cas où. Dieu que j'ai pleuré en lisant cette lettre, Dieu que j'ai été enragé en apprenant la vérité : mon idole, oncle Maurice, était en réalité mon grand frère ; maman l'avait, par confort, rejeté ; il était mort seul, comme une bête sauvage.

Haine et devoir

Passant des vacances chez Mémé veuve à Mussy, je tombe en arrêt devant une grande aquarelle peinte avec tendresse par Maurice Dessertenne, sans doute empreinte de l'émotion suscitée par la beauté du modèle. Elle représente une très jeune femme d'une éclatante beauté, maman, avec, sur les genoux, un garçonnet de trois ou quatre ans, délicat et à la longue chevelure. Cet enfant n'est pas moi et maman a sur le tableau à peine vingt ans. Mémé que je questionne semble gênée : « C'est son petit frère, ton oncle Maurice. Elle lui servait un peu de petite maman, tu sais. » L'explication m'étonne car l'attitude de maman sur cette toile n'est pas celle que j'imaginais d'une grande sœur, elle semble fusionnelle et maternelle. Quelques années après, à Paris, rendant visite à mon oncle Jacques et à sa femme, j'évoque le tableau. Jacques confirme la version de sa mère. Cependant, alors que nous nous promenons avec Simonne et que Jacques est occupé, c'est Simonne, une langue de vipère qui déteste sa belle-mère, Mémé, et sa belle-sœur, Blanche, qui m'apprend la vérité et me révèle la mort de Maurice au Congo quelques années auparavant. On ne m'en avait rien dit, pour moi oncle Maurice faisait des affaires en Afrique et tout allait bien. J'en ai les jambes coupées, m'arrête oppressé, le souffle court, inquiétant Simonne. Je me ressaisis et retrouve une contenance, la rassure puis rentre chez mes parents sans tarder. Revenu rue de

Lisbonne, je prends Jean-Claude dans mes bras et le couvre de baisers sans rien dire, il n'y comprend rien. Je m'enferme ensuite dans ma chambre et refuse de dîner. Je ne révélai pas à mes parents la raison de mon attitude mais, de ce jour, j'ai voué une haine profonde, définitive, féroce, à maman. Je souffrais déjà de sa retenue bourgeoise, de son conformisme un peu borné, de sa tiède affection apparente, mais c'était quand même ma maman, ses rares baisers et caresses me faisaient chaque fois espérer le rétablissement d'une relation plus tendre. Je dis rétablissement car je pense qu'elle a dû exister, comme sans doute avec Maurice, quand j'étais tout petit. Du jour de la révélation de l'imposture de maman, de sa trahison envers Maurice, mon autre frère Jean-Claude et moi, je ne l'approcherai plus que par devoir car il convient que je remplisse malgré tout mes obligations filiales, elles sont inscrites dans cette loi que je percevais déjà et que toute ma vie jusqu'à aujourd'hui je m'efforcerai de connaître, interpréter et respecter.

Me vient en mémoire la manière dont, sans lui avoir parlé encore de mon frère Maurice, j'évoquais à Millette[1], avant notre mariage, l'image de ma mère. Dans une lettre datée du 6 mars 1936, j'aborde avec elle la question de mon départ de la maison familiale pour me marier : « [Quitter la rue de Lisbonne], c'est prendre le risque de heurter maman ou encore de créer là-dessus entre papa et maman une opposition,

1. Millette : Camille Ferriot, Musséenne et future femme de Jean. Voir plus loin.

du trouble. J'ai de plus en plus conscience de l'instable et fragile paix de notre famille. Je dois réfléchir avant de rompre ; ne pas prendre cette responsabilité légèrement. Mieux je comprends leur faiblesse, plus une attitude égoïste et violente me paraîtrait de ma part cruelle. Je commence à voir que maman est très misérable, absolument pas maîtresse d'elle-même. Et je sais quelle défaite est par sa faute la vie de papa. J'ai écrit l'année dernière, pensant à maman, "il faut les considérer sans aucune pitié, comme des choses". Et la pitié aujourd'hui reprend le dessus, pitié pour papa, surtout ; une pitié juste. J'abandonne ma position de combat, mon parti pris : la lutte devenait trop inégale. Il s'agira, l'année prochaine, dès octobre prochain peut-être, de faire la séparation de corps, de quitter leur maison : je voudrais réussir cela chiquement. »

Un mois après, je pars avec maman et Julia, la domestique rescapée du désastre de la crise de 1929[1], pour les vacances de Pâques à Villeneuve-le-Roi, encore relativement champêtre à l'époque quoique à peine à quinze kilomètres de Paris. J'écris à Millette :

« Dimanche 5 avril. Je suis à Villeneuve depuis hier soir, et il n'a pas cessé de pleuvoir ; la maison a été rendue habitable à la hâte ; elle fait hostile, mais j'aime déjà ma chambre qui est au dernier étage, sous le toit, et domine la campagne ; je m'habitue vite à ses airs, j'aime sa faible clarté, son précieux silence [...] lequel n'est qu'une épaisseur grise, sans fond, mais

1. La crise a été terrible pour André Kahn qui y a perdu la plus grande partie de sa fortune. Voir plus loin.

dont pèse la molle emprise à travers quoi la lumière ne vient sur toute chose qu'extrêmement appauvrie. Nous n'avons pas encore allumé le chauffage ; les mains se refroidissent vite ; pour un peu que l'on écoute, on entend le vent qui glisse partout où il trouve passage ; la pluie tape assez dru sur la vitre d'une lucarne qui s'ouvre à même le toit. Nous étions couchés à huit heures, hier au soir ; c'est alors que ma chambre a commencé de se confier à moi ; je lisais lentement un livre [*La Porte étroite* d'André Gide]. Je pars maintenant à Paris, où je déjeune chez Jack, puis nous allons à une importante réunion communiste[1] [...].

« Jeudi 9 avril – 8 h matin. Dans cette chambre dont est mansardée la moitié du plafond, si bien que la fenêtre fait une avancée sur le toit et semble un poste de guetteur, je me construirais une paix heureuse et je vivrais même en bons termes avec votre absence, s'il n'y avait ceux d'en bas, les puissances mauvaises, maman et Julia, la domestique familiale, qui parlent fort et aigre, se disputent, rendent bruyant tout ce qu'elles tiennent entre les mains ; je souris, et puis je ferai toujours taire ma passion contre maman, et puis – je ne veux pas assombrir ces pages ; mais vrai, ceux d'en bas ne se laissent pas ignorer, ne me laissent pas oublier ma dépendance ; ma chambre s'ouvre largement au-dessus de leurs têtes, et ils sont comme des gens qui sans cesse tireraient la corde,

1. Jean Kahn a adhéré à la Section française de l'internationale communiste, la SFIC, en 1932, nous le reverrons.

pour me rappeler qu'il n'y a pas d'envol possible et qu'à la pureté de ce ciel je n'étancherai pas encore ma soif. Les gestes trop fréquents par quoi maman veut racheter sa justice, si elle sentait seulement qu'ils ne peuvent que raviver ma blessure ; si seulement elle possédait la vertu de discrétion ; mais elle n'a pas cette maîtrise ; voici qu'elle se plaint d'une tristesse qu'elle devine en moi plutôt qu'elle ne l'aperçoit, et qu'elle s'encolère parfois contre mon mutisme ; elle me rend pesants ses remords. À certaines heures, dans cette chambre qui ne demande qu'à m'être amie, qui ne demande qu'un peu de solitude et de silence, leurs cris, leurs entrées à l'improviste, leur insupportable présence et le thème torturant de leurs dires, me forcent à fermer les yeux et me laisser aller à n'importe quel creux d'oubli plutôt qu'aux larmes. »

C'est en lisant cette lettre que Millette m'a questionné sur la nature des remords qui me pesaient. Je lui ai alors dit la vérité, mon frère négligé, rejeté, abandonné, jeté en victime expiatoire à la bonne conscience de cette bourgeoisie à laquelle j'appartiens mais que je n'ai cessé de combattre depuis que j'ai seize ans ; cette bourgeoisie qui, aujourd'hui, se venge et me tue. Tout au long de ma vie, l'image de Maurice m'a obsédé, convoquée chaque fois que j'aurais pu, sinon, suivre l'inclination d'un pardon de ma mère. En septembre 1944, c'est Millette elle-même qui me propose d'en faire le deuxième nom de notre dernier fils Axel. Le souvenir lancinant de cet homme si beau qu'on laissa « claquer » en Afrique pour d'abjectes raisons de convenance et d'un honneur bourgeois étriqué et cruel qui déshonore ceux qui s'en réclament s'impose au cœur d'un poème écrit en 1953 :

« Je suis de toute éternité blessé, le sang de tous les christs me corrode et sourd par mes yeux et ma voix. Je suis en agonie depuis la fin du monde. Il n'y a pas d'amour. Je suis cette dépense folle, l'amour. Mon cœur saigne sur chaque visage. En chaque faiblesse gronde la colère du Tout-Puissant. Si cette image de mon frère mort en Afrique noire et lointaine rougeoie dans mon temps comme une blessure et comme une aube sous tous mes déclins préparés, c'est que l'amour est antérieur à la chair. Je n'ai pas d'autres amis que ceux qui me réveillent, pas d'autre dignité que d'aimer sans comprendre une gloire de défaite et de renoncement. J'ai passion avec toi qui fut faible et violent et maintenant t'imagine dans chaque fibre et dans tout le tissu de mon inexplicable tension d'être. Je suis plus âpre en ma vérité quand m'anime ton souvenir. Tu ne parles pas. Tu parles par moi, quand se rouvre la plaie du cœur et que ton image se présente. L'image naît de l'amour et l'amour est le regard qui, visant l'être, dissout l'être pour introduire la transparence. »

Quand maman bien vieille dut compter pour prendre soin d'elle sur Jean-Claude et moi, secondés par mon plus jeune fils Axel qui est médecin, j'ai fait mon devoir, je ne lui ai jamais manqué, jamais pardonné, non plus. En août 1967, je n'en peux plus, j'écris à Josette, ma Josette[1] :

1. Josette, la dernière compagne de Jean Kahn. Voir plus loin.

« Maman est un monstre de fausseté et de détresse, une “perverse polymorphe”, une enfant méfiante, cruelle et éperdue. Axel et mon frère dénoncent – du confort de l'extériorité d'où ils jugent – la complicité qui lie son possessif besoin de moi, passionné et sans tendresse, à la loi qui m'ordonne de l'entourer d'un minimum de présence sécurisante et attentive. Je vivrai donc toujours dans l'incommode ? Il y a une faiblesse irrémédiable de l'affectivité et des sentiments humains ; c'est que, pour être humains, ils prêteront toujours à être interprétés comme ambigus. Mais peu importe. Je m'entête discrètement à rester présent à autrui, même dans l'incompréhension et en y laissant des plumes, et ne le suis pas le quart de ce que je devrais[1]. »

C'est Simonne qui, en me révélant la vérité sur Maurice Hessens, est à l'origine du calvaire qu'a représenté pour moi le souci d'observer les injonctions de la loi envers une mère qui me révoltait et dont la faute était pour moi inexpiable. Simonne sur laquelle, au fil de ses confidences, j'en ai appris de belles !

1. Blanche Kahn, veuve depuis 1959, vivra jusqu'en 1972. Après une fracture du col du fémur en 1969, elle finira ses jours dans une coquette maison de retraite de Mandres-les-Roses et ne fut jamais informée du décès de son fils Jean, pas plus qu'elle ne lui avait appris celui de son frère Maurice.

2

Les amours tumultueuses et platoniques de Simonne

Entrée en matière poétique

Je fais la connaissance de Simonne en juillet 1930. Mes parents sont partis en vacances à Saint-Palais, sur la côte charentaise, au nord de Royan, et ont prié Mémé, veuve depuis deux ans, de garder durant l'été leur maison de campagne d'Épinay. Ma grand-mère accepte mais exige de son fils Jacques qu'il vienne la retrouver tous les soirs. Quant à moi, j'adore Mémé et préfère rester avec elle à Épinay, lire dans cette maison qui m'est familière, me balader, faire des sauts en train à Paris pour voir des copains, tester l'efficacité de mes jeunes appas intellectuels et virils sur les filles plutôt que m'embarquer dans des vacances familiales que j'anticipe rasoir. Un heureux choix, car c'est à cette occasion que je serai déniaisé vraiment, dans un cadre je dirais non domestique. J'ai reçu déjà un début d'éducation amoureuse gentiment dispensée par l'une des soubrettes de mes parents, comme pratiquement tous les garçons de la bourgeoisie, en ce temps-là. Je l'ai complétée sur le plan théorique en consultant en son absence des ouvrages de l'« enfer » de la bibliothèque de papa[1]. Mais, si cela m'a permis de m'initier aux rudiments techniques de la chose, je reste frustré de la gloire d'une conquête authentique. On me dit charmant, je me sais intelligent, je devrais bien parvenir à apaiser cette frustration. Cela ne me posera en effet guère de problèmes. Nous sommes ce jour-là un petit groupe de copains garçons et filles qui avons décidé de déjeuner ensemble dans une brasserie du quartier des Halles puis d'aller voir un des premiers films parlants venu d'Hollywood ; j'ai oublié son titre, d'autant plus que… je ne le verrai pas. C'est qu'il y a parmi nous une grande fille d'une vingtaine d'années dont la seule présence ruine ce jour ma première prise de contact avec le cinéma sonore. Je ne sais si là réside la cause de ce que, par la suite, je n'aie jamais vraiment dépassé le stade des films muets. Mes enfants prétendent que, pour moi, le chef-d'œuvre absolu en la matière, mon idéal, est resté *L'Arroseur arrosé*. Ils se moquent gentiment, bien entendu, quoiqu'ils n'aient pas tout à fait tort.

1. Enfer : rayon peu accessible de la bibliothèque, souvent le plus haut situé, où l'on range les ouvrages plus ou moins licencieux, parfois franchement pornographiques tel le *Parnasse satyrique* du XIXe siècle. Présent dans presque toutes les bibliothèques bourgeoises.

Pour revenir à la tentatrice qui joua un rôle si négatif dans le développement de mon goût pour le septième art, je me rappelle qu'elle voulait devenir clerc de notaire et était en stage pour l'été dans l'étude d'un ami de la famille. Son assurance, la cambrure de ses reins qui met en valeur une jeune poitrine sans doute assez ordinaire mais que je juge sensationnelle. Sa posture orgueilleuse, sa tête haute, son regard brillant, son sourire assuré, mi-prometteur et mi-ironique, dégagent malgré un sage chignon brun haut situé une impression de féminité qui affole le garçon de quatorze ans que je suis. Je m'efforce de m'asseoir à côté d'elle à la grande table rectangulaire de la brasserie. Au début, elle s'intéresse peu à moi. Cependant je l'entreprends, l'entretiens d'art, de poésie, de politique, j'arrive même à la faire rire, un exploit car l'humour est un don que, si je l'ai jamais possédé dans ma première jeunesse, je n'ai guère développé par la suite. Elle me regarde. Elle doit être touchée par le bel adolescent à peine sorti de l'enfance, ses traits fins, son front large, étonnée de sa maturité apparente. Toujours est-il qu'à la fin du repas c'est elle qui prend l'initiative de m'attirer à l'écart. Et alors : « Jean, veux-tu que nous poursuivions chez moi ? Mes parents sont en vacances. » L'affaire était faite, je la jugeais bien faite et étais assez satisfait de moi, rassuré sans avoir été vraiment inquiet. Je n'ai jamais revu la demoiselle dont je ne me rappelle pas même le prénom. J'étais quand même un bien jeune homme, pour elle ; je ressentais sans doute en ce qui me concerne le mélange de triomphe et de honte légère qui pousse parfois les jeunes garçons à fuir à toutes jambes leur première partenaire sexuelle.

Cependant, cette première expérience me ragaillardit ; associée à l'éloignement de la rue de Lisbonne dont l'atmosphère m'étiole, à la connivence de Mémé qui est hors de toute mesure fière de moi, aux effets des promenades sur les bords de la Seine, je me sens de taille à conquérir le monde. Je me trouve dans ces excellentes dispositions lorsque Jacques amène avec lui, pour passer le dimanche, Simonne dont il s'est résolu à faire la femme de sa vie. Cette résolution n'est à l'époque nullement réciproque. Les relations entre les deux femmes, Simonne et sa future belle-mère, sont exécrables depuis leur première rencontre en mars 1928, peu après le décès de Maurice Dessertenne « senior » ; elles le resteront toujours. Nous voilà donc partis, Jacques et moi bras dessus, bras dessous pour accueillir Simonne à la gare de Brunoy, à trois kilomètres de là. Je vois descendre du train une grande jeune femme blonde assez imposante, dépassant Jacques de quelques centimètres, le visage affirmé, les traits peut-être un peu épais mais la tête ornée d'une superbe crinière dorée, des cheveux longs et soyeux ramassés dans un filet lâche qui ballotte sur le haut de son dos. Ses rondeurs sont de belles proportions mais la demoiselle qui doit aller sur ses trente ans m'apparaît disposée à les défendre avec vaillance. Pour tout dire, ma future tante Simonne n'a pas l'air commode. Elle manifeste quelque dépit en apprenant que nos jambes sont le seul moyen de transport que nous ayons à lui offrir pour nous rendre à la maison d'Épinay. Cependant, notre gaieté, à Jacques et à moi, la déride, nous lui prenons chacun un bras et nous voilà partis, devisant, riant, et même chantonnant. Mes performances en ce domaine déclenchent son hilarité immédiate : « Jean, je ne crois pas avoir jamais entendu personne chanter aussi faux que vous. » Elle ne me vexe en rien, on me l'avait déjà dit. « Simonne, c'est l'émotion d'être au bras d'une aussi jolie future tante ! – Halte là, nous n'en sommes pas encore à ce point ! se défend la belle. Il ne manquerait plus que cela ! » Je fais si bien, aidé par Jacques, que nous dissipons l'appréhension de Simonne de se retrouver en présence de Mémé et semblons très guillerets lorsque nous la rejoignons sur le perron de la belle demeure récemment rénovée et entourée de parterres fleuris dans leur magnificence de juillet. Elle nous attend, l'air renfrogné. Notre bonne humeur lui semble suspecte. Je crois que la présence de son petit-fils chéri l'aide à garder bonne contenance, elle ne pipe mot lorsque je lance : « Mémé, comme je suis content de connaître Simonne, je sens que je vais beaucoup l'aimer. Prenons l'apéritif, buvons à la santé des amoureux ! » Ma grand-mère parvient même à trinquer avec Simonne qui fait un effort manifeste pour apparaître attentionnée et aimable. Nous passons à table, le repas est succulent, Mémé est restée jusqu'à ses derniers jours une excellente cuisinière, limitant cependant au fil des ans la palette de ses menus au rôti de veau. Ce jour-là, elle s'est surpassée avec un pâté de rêve ! Après le repas bien arrosé, nous nous dépêchons, Jacques et moi, de rejoindre le canoë amarré en bord de Seine. Tout en pagayant, il me parle de Simonne et m'avoue que, de ce côté-là, ses affaires n'avancent pas vite. L'hostilité farouche de sa mère à la femme qu'il a choisie ne constitue pas le seul obstacle. La belle est sur la réserve, elle s'en tient strictement à une amitié dont, je puis en témoigner, il est rare qu'elle suffise à satisfaire les messieurs, surtout les galants. De retour, nous trouvons Simonne somnolant dans une chaise longue installée au jardin, sous une tonnelle de clématites. Mémé l'a évidemment sèchement rabrouée lorsqu'elle lui a proposé de l'aider aux tâches ménagères, elle s'est confortablement réfugiée là. Le soir, après avoir raccompagné Simonne au train, nous dînons tous les trois avec ma grand-mère, elle desserre à peine les dents et nous comprenons que lui parler de la visite qui vient de s'achever équivaudrait à de la provocation. Pour ma part, j'en rêve, de Simonne, cette nuit-là ; ça, Mémé ne peut me l'interdire. Et le lendemain, après que Jacques a rejoint son travail à Paris, j'écris à celle qui deviendra ma tante, de quinze ans mon aînée, un poème… galant. Je n'ose demander à Jacques son adresse et, l'ayant obtenue par ruse, n'enverrai mon « œuvre » qu'en septembre.

Le 10/9/30 à Mademoiselle Simonne Péan
Cet écrit lui est destiné
Comme l'Auteur lui est dévoué

Petite Brouille

Du temps où je n'aimais que vous,
Nous faisions des rêves bien doux,

Aujourd'hui regrets superflus,
Vos baisers ne m'intéressent plus.
Du Nid, l'oiseau s'enfuit volage,
Et maintenant tournons la page.
Vous-même, à quoi bon le nier,
Vous saurez bien vite oublier !
Mais là dans vos yeux
Mes yeux anxieux
Troublant aveu
Ont vu poindre des larmes !
Votre cœur épris
À mon piège est pris
Et je souris de tes alarmes
Je n'aime et n'aimerai que toi
Car dans ton regard en émoi,
J'ai vu ton cœur en désarroi !
Oui viens chérie, je n'aime que toi
Viens, tout est fini pour toujours
Amour réponds à mon amour
Viens tout est fini pour toujours

Jean KAHN

À y repenser, j'ai un peu honte, mais souris quand même. Certes, je crois avoir fait par la suite de sérieux progrès dans l'art de la poésie ! Cependant, c'est là l'un des rares exemples de mes talents de versificateur et je reconnais sans peine qu'il n'est pas totalement probant. Et puis je sais que Simonne et mon oncle, quand elle lui a montré ma lettre, ont ri à gorge déployée. Mais voilà, j'avais quatorze ans, je venais de m'éprouver en tant qu'homme de façon concluante, la vie était belle, les femmes aussi. Si j'avais su chanter, j'aurais, comme Don Juan, entonné à tue-tête, dans le jardin au petit matin, au soir couchant au bord de la Seine : « *E viva la Libertà !* »

La longue patience de Jacques

Quoique mes premiers élans poétiques envers Simonne n'aient rencontré qu'une indulgence un peu moqueuse, j'ai été par la suite très lié à elle et à Jacques. Simonne m'a toujours bien aimé. Dieu merci, car, son existence durant, elle est restée redoutable envers ceux et celles qu'elle n'apprécie pas. De plus, j'ai pu grâce à cela, au fil des années, compléter le récit de ses incroyables aventures. Je ne crois pas Simonne mythomane et j'ai recoupé certains épisodes de ses confidences avec d'autres sources. En tout état de cause, les « amours de Simonne » sont si romanesques, parfois cocasses, à l'occasion dramatiques, qu'il m'a toujours semblé qu'on aurait pu en tirer un livre ou un film, avec le risque de l'invraisemblance. Pour ma part, je les crois dans l'ensemble vraies et j'ai été en mesure d'en vérifier certains rebondissements et avatars.

Simonne Péan a vingt-sept ans lorsqu'elle fait la connaissance de Jacques dont le père est mort un mois auparavant, en février 1928. Elle appartient à une grande famille catholique angevine comptant en son sein un chirurgien célèbre, Jules Péan, un trois fois arrière-grand-oncle auquel Léon Daudet a fait une bien mauvaise réputation : le chirurgien de l'hôpital Saint-Antoine à Paris vient de terminer une série d'interventions à la chaîne. « Il avait accompli sa fonction ici-bas, qui était de trancher, d'ouvrir, de réséquer, de désosser et d'éventrer. “Je le tailladai. Dieu le guarit...” La vérité est qu'on ne “guarissait” pas beaucoup chez ce terrible coupe-toujours[1]. » Le père de Simonne appartient à une branche des Péan active dans l'industrie mais dont les affaires ont été ruinées suite à des conflits familiaux. C'est pourquoi Simonne est obligée de travailler, ce qui, quelle que soit son activité professionnelle, est un indice évident de déclassement pour une fille de la bourgeoisie. De plus, cette situation suggère que la future mariée ne sera pas richement dotée, un obstacle majeur pour contracter un mariage dans de « grandes familles ». Simonne, sans dot du tout, se heurtera plusieurs fois à ce mur impitoyable. Malgré l'opposition des parents du garçon, elle doit en janvier épouser Bernard, le digne rejeton d'une noble famille. Une semaine avant la date prévue des noces, le fiancé est attiré dans un piège à Lyon où, lui a-t-on fait savoir, sa mère se meurt. Il n'en est rien, en réalité, il tombe sur un sévère conseil de famille réuni pour la circonstance. La séance est orageuse, les menaces explicites. Un pseudo-compromis aboutit à ce que le fautif d'un tel projet de mésalliance est expédié sur-le-champ et pour deux ans au moins à Bamako, au Mali, pour s'occuper là-bas des affaires du clan. En contrepartie,

1. Léon Daudet, *Devant la douleur*, Nouvelle Librairie nationale, 1915.

il pourra à son retour, s'il en manifeste encore le désir, faire ce qu'il souhaite, en particulier convoler avec sa dulcinée. Avant de s'embarquer, Bernard a juste le temps de griffonner un mot dans lequel il la supplie de l'attendre avec une détermination de femme de marin, lui-même s'engageant à lui rester fidèle. Simonne éplorée se considère par conséquent toujours fiancée.

Elle est à l'époque secrétaire de direction dans une importante affaire d'immobilier et, pour la consoler et la distraire, l'une de ses collègues bridgeuse l'invite à l'accompagner à la rencontre hebdomadaire, le samedi soir après dîner, d'un groupe de jeunes gens passionnés de cartes, des artistes, universitaires et jeunes industriels, qui se réunissent dans l'arrière-salle d'une brasserie, vers Port-Royal. Jacques en est, vêtu de deuil. Vers deux heures du matin, les parties terminées, un groupe de jeunes gens se propose de raccompagner Simonne jusqu'à l'appartement de ses parents, boulevard Pasteur ; Jacques suit le mouvement, elle le remarque et le trouve plutôt joli garçon, élégant mais bien petit, ce à quoi elle aura du mal à se faire. Le rituel s'installe, Simonne assiste tous les samedis aux parties de bridge, on la ramène chez elle, mais rien ne semble se déclencher entre elle et mon oncle jusqu'à ce que deux événements minuscules amènent ma future tante à manifester quelque attention à celui qui est déjà sans doute mordu mais ne sait comment le manifester à cette femme si intimidante. D'abord, Jacques annonce un samedi qu'il n'en sera pas la semaine suivante car il doit faire visiter l'atelier de son père à des amis. Atelier ? Jacques, avec ses chemises blanches à col dur, sa cravate lavallière, ses guêtres couleur crème et son costume trois-pièces sombre n'a pas l'allure d'un fils d'artisan. Simonne se renseigne discrètement. Un artiste décorateur, fils d'un peintre et dessinateur de renom ? Ah, très intéressant, pense-t-elle. Un peu plus tard, il manque un joueur pour compléter une table, on prie Simonne de faire la quatrième. Piètre joueuse, elle se trouve associée à Jacques qu'elle fait perdre, incapable d'annoncer correctement en fonction de son jeu, ne le secondant pas dans ses impasses. Il est furieux : « Mademoiselle, vous jouez au bridge comme une tarte à la crème ! » Ah, l'imprudent, il ne connaît pas la donzelle ! Elle se dresse et lui envoie les cartes à la figure : « Monsieur, si vous saviez ce que la tarte à la crème pense d'un malotru tel que vous ! » Outragée, elle réajuste son chapeau, prend son manteau et sort en claquant la porte. Enfin une excellente entrée en matière ! Jacques profitera d'une rencontre à l'occasion des obsèques d'un ami commun pour renouer avec elle, s'excuser avec contrition de sa grossièreté et l'inviter à dîner à L'Oriental, restaurant de la place Denfert-Rochereau, pour achever de se faire pardonner.

Là, la conversation aborde la question du deuil récent vécu par Jacques. Il évoque Maurice, son père, son art, son talent, l'admiration qu'il lui porte. « Moi aussi, je suis artiste, mademoiselle, je dessine et peins un peu mais n'ai hélas pas le talent de papa. Je suis décorateur, je travaille dans une affaire montée par un ami de mon père. Nous allons décorer les demeures de riches amateurs d'art. Ça marche très bien. » Simonne pourra constater que Jacques, qui a fait les Beaux-Arts, s'il n'est pas en effet un peintre de génie, possède un goût exquis, est doué d'une adresse incroyable et sait presque tout faire, presque bâtir une maison, en tout cas l'aménager et la décorer à la perfection. « Cela vous ferait-il plaisir, mademoiselle, que je vous fasse visiter l'atelier de mon père ? Après la mort de papa, j'ai conservé ce qui a le plus de prix pour moi, tout ce que contient l'atelier, l'ensemble des œuvres. » Simonne accepte, bien sûr. Son émotion est réelle devant les grandes toiles du peintre, le *Louis XI*, ma mère jeune portant mon frère Maurice sur ses genoux, Jacqueline. Il y a aussi une huile puissante représentant une vieille femme aux petites lunettes posées à l'avant de son nez, occupée à sa couture. Évidemment presbyte, elle est penchée sur son ouvrage qu'elle tient de ses mains déformées par l'arthrose ; son nez bourguignon à l'extrémité renflée semble entraîner le visage ridé, attentif et las, vers le vêtement qu'elle reprise. Les habits sont ceux d'une femme modeste : une robe grise, un tablier un peu plus clair, un châle discrètement brodé. Un authentique chef-d'œuvre. « Je vous présente ma grand-mère maternelle, mademoiselle, couturière comme maman. Vous savez, c'était formidable lorsque papa travaillait à l'atelier. Il y avait parfois foule avec lui, d'autres artistes, des jeunes, surtout, certains de ses élèves. Je me mêlais à eux, lorsque je le pouvais. À dix-sept heures, papa rangeait ses pinceaux puis discutait avec ceux qui étaient là, partageait un verre, parfois. À dix-neuf heures, tout le monde se séparait et mon père rejoignait, le cas échéant avec moi, la Closerie des Lilas toute proche où il avait une table réservée à l'année. Il y retrouvait ma mère et Jacqueline, allait saluer les peintres et sculpteurs qui formaient l'essentiel de la clientèle. Puisque je vous ai présenté ma famille, que nous nous connaissons mieux, puis-je maintenant vous appeler Simonne, et vous m'appeler Jacques ? – Bien sûr, Jacques ; c'est très beau. Et ce bel enfant, un garçon aux cheveux longs, presque une queue-de-cheval, qui est-ce ? – Mais c'est moi, Simonne, c'est moi, c'était l'habitude même pour les garçons, quand j'étais petit. » La relation entre Jacques et Simonne a, grâce au talent de mon « grand-père » le peintre, fait un bond en avant. Cependant, elle devait en rester là pendant des années.

Simonne, toujours fiancée à Bernard, n'envisage en rien de manquer à sa parole. Elle se prend d'une amitié réelle pour Jacques mais je me demande si ce qu'elle préfère en lui n'est pas le fils du peintre, le garçon en deuil qu'il s'agit, en toute charité chrétienne, d'aider à surmonter sa peine. Sur le plan physique, elle le reconnaît séduisant mais hélas un peu petit ! En toute éventualité, cette vierge farouche, catholique fervente et pratiquante, ne peut pas imaginer perdre son pucelage avant le mariage. Même après, ce ne sera pas une mince affaire. De plus, cerise sur le gâteau, les premiers contacts de Simonne avec Mémé et maman sont calamiteux. Croyant bien faire, Jacques a décidé de la présenter à sa mère ; il parvient avec peine à convaincre sa belle d'y consentir. Elle devait s'en repentir. Pleine de bonnes dispositions, Simonne arrive avec deux bouquets de fleurs, l'un pour Mémé et l'autre pour une proche amie de la famille qui, curieuse, s'est fait inviter. Ma grand-mère, très sèche, remercie du bout des lèvres. La table du luxueux salon a été dressée par Jacques, il y a mis tout son talent et son amour. Il en faudrait plus pour éviter que le déjeuner ne soit lugubre, malgré les efforts conjugués de Jacques et de l'amie. Mémé adresse à peine la parole à Simonne. En revanche, elle se répand en propos acerbes sur Jacques, qui, contrairement à son père, n'a guère de génie, qui occupe un peu une profession de tâcheron. Ambiance. Simonne, en ébullition, parvient pourtant à se contenir, ce sera l'une des seules fois de sa vie. La poignée de main du départ, à peine esquissée, est glaciale. Lorsque Jacques se retrouve seul avec sa mère, il s'entend dire que « sa Simonne » a l'air bien autoritaire (là, je dois reconnaître que Mémé n'avait pas totalement tort), qu'elle n'est pas tellement jolie, que la bague de saphir entourée de petits diamants qu'elle porte au doigt témoigne bien qu'elle n'est pas une jeune fille sérieuse.

Par la suite, et quatre années durant, la relation « amoureuse » de mon oncle et de la femme après laquelle il soupire n'est guère torride : dîners à L'Oriental le samedi soir avant les parties de bridge, après quoi Jacques raccompagne Simonne boulevard Pasteur. Parfois, après la messe dominicale de onze heures, Jacques vient la chercher sur les marches de l'église, ils déjeunent ensemble, se rendent au cinéma, vont prendre le thé chez la vieille amie de la famille déjà rencontrée, et... c'est tout. Or la vie sentimentale de Simonne est par ailleurs sinon incandescente, au moins plus agitée. En août 1930, elle apprend à quelques jours d'intervalle que son nobliau de fiancé est revenu des colonies depuis quelques semaines, puis reçoit de la part de Jacques de retour de ses vacances à Mussy un pneumatique[1] de demande en mariage fort conventionnel. Bernard lui raconte des histoires quelque peu abracadabrantes : il serait « séquestré » dans la propriété familiale, désirerait se racheter d'on ne sait trop quoi avant de se présenter digne d'elle à sa future femme. Du coup, cette dernière à qui on a toujours eu du mal à faire prendre des vessies pour des lanternes est certes bouleversée mais aussi furieuse. Elle se rend compte que l'affaire est bien mal emmanchée. À supposer que Bernard lui dise, au moins en partie, la vérité, ce dont elle est loin d'être sûre, elle se voit mal faire face sa vie durant à une famille outragée et hostile, à un mari incapable de s'en affranchir. Elle lui fait savoir qu'elle le délivre de son engagement. Lorsqu'il vient à Paris, cherche à deux reprises à la voir, elle le plante là, refusant même de prendre sa main tendue. Du caractère, ma tante,

1. Les pneumatiques, ou « pneus », comme on les appelait, étaient des lettres expresses délivrées en quelques heures dans Paris intramuros. Roulées dans des cylindres mus par l'air comprimé, elles étaient acheminées d'un bureau de poste à un autre à travers un réseau de quatre cent cinquante kilomètres de tuyauteries. Ce système fut – hélas – supprimé en 1984.

ça oui ! On pourrait penser que la rupture de ses fiançailles ouvre désormais la voie à son mariage avec Jacques. C'est mal la connaître. Il est bien sympathique, ce garçon, elle a été touchée par son chagrin, elle l'est maintenant de sa délicatesse, de son assiduité, mais amoureuse, ça non, elle ne l'est pas ! Et puis il est bien petit... L'intraitable Simonne écrit à son soupirant tout cela, sauf en ce qui concerne sa taille ; plus tard elle en sera capable, mais à ce moment-là elle ne s'est pas encore départie du peu de retenue qui lui reste. En bref, elle consent à ce qu'il continue sa cour assidue, à être son amie bienveillante, mais pas à l'épouser. De plus, avec la mère qu'il a... !

La crise boursière, bancaire puis économique d'octobre 1929 gagne la France en 1931. Les riches propriétaires n'ont plus les moyens de faire décorer leurs propriétés, dont beaucoup sont vendues en catastrophe. L'affaire pour laquelle travaille Jacques doit arrêter son activité, il est au chômage et ne retrouvera d'abord que des boulots de dessinateur-graveur incroyablement mal payés. Même si Simonne garde son emploi pour un temps, la crise de l'immobilier qui durera presque jusqu'à la guerre est lourde de menaces, qui finiront par se concrétiser. Il n'est en toute éventualité, dans l'esprit du temps, plus question de convoler. Sur le plan relationnel, les choses continuent par conséquent comme avant, Jacques s'est promis de ne jamais renoncer, Simonne de ne jamais lui céder. Les difficultés matérielles perturbent leur train-train de vieux fiancés, ils compensent par le soutien affectueux qu'ils s'apportent mutuellement.

Jacques ne prend aucune décision sans en référer à la femme de sa vie, il suit en général ses conseils. Cela est encore vrai aujourd'hui.

Roger la tornade

La belle chaleur de ce samedi de juin 1931 s'est atténuée, le soleil a disparu depuis longtemps mais une lumière douce continue d'envelopper Paris. Les tables de bridge sont complètes, Simonne, à qui personne n'a jamais proposé de rejouer, est, un peu à l'écart, absorbée dans la lecture d'une pièce de théâtre publiée par épisodes chaque semaine dans la revue *L'Illustration*. Un cri à plusieurs voix la distrait : « Roger, Roger ! » Les joueurs accueillent un camarade. Elle regarde le nouveau venu, d'emblée saisie. Un dieu, une apparition surnaturelle ! Le plus beau des lieutenants de cavalerie auxquels une femme puisse rêver vient d'entrer dans la pièce. Son uniforme bleu horizon cintré met en valeur son athlétique sveltesse. Les yeux couleur d'azur invitent à l'évasion, la chevelure à la coupe réglementaire possède des reflets auburn. Et puis… il est grand, lui ! Une splendeur d'homme. D'un coup, la pièce qu'elle lisait l'indiffère. Simonne est une habituée des cérémonies de saint-cyriens, polytechniciens et autres étudiants en uniforme ; angevine, elle a plusieurs fois assisté aux reprises du Cadre noir de Saumur. Elle est subjuguée. Le beau lieutenant, en formation à Saumur, a bénéficié d'une permission exceptionnelle, personne ne l'attend, si bien qu'il est venu voir ses amis au bridge sans se changer. Déclinant les propositions de rejoindre une table, il se dirige vers la jeune femme à l'écart et lui tient compagnie en attendant que les joueurs se lassent. Tous sont convenus d'aller ensuite chez Roger ; Simonne ne fait aucune difficulté pour en être, avec son chevalier servant, bien entendu. Pendant que se poursuivent les parties, les deux jeunes gens se présentent l'un à l'autre sous l'œil en coin de Jacques qui se met à mal jouer. Roger sort de l'École centrale et doit reprendre la direction de l'usine familiale de mécanique. Sa famille bourgeoise est restée prospère malgré la crise. Le jeune homme donne bientôt à la conversation le tour badin du flirt mondain auquel Simonne se prête sans effort. Lorsque les bridgeurs en ont fini, ce beau monde se retrouve dans l'appartement de Roger, des bouteilles sont montées de la cave, la nuit s'avance, joyeuse. Excepté pour Jacques qui observe de plus en plus exaspéré que leur hôte s'occupe bien plus d'une personne qui lui est chère que des autres convives. La jalousie est mauvaise conseillère, cela est connu. L'amoureux négligé a observé que Roger revenant de la cave a laissé la clef sur la porte. Il fait passer à ses amis le message que ce serait amusant de faire une blague aux tourtereaux, de les enfermer ensemble « puisqu'ils ne semblent plus guère s'occuper de nous ». Chacun, peu à peu, s'éclipse sans bruit, Jacques le dernier. Il donne un tour de clef et le groupe, s'esclaffant – sauf Jacques, à vrai dire –, se retrouve dans la rue pour goûter la fraîcheur de cette belle nuit d'été.

Le couple met un certain temps à remarquer le silence singulier, et Roger à constater qu'ils sont enfermés. Simonne est furieuse, ou le feint peut-être ; Roger, moins. « Mais comment vais-je faire pour regagner le domicile de mes parents ? – Ne vous inquiétez pas, Simonne, nous sommes bien, ensemble. Si les plaisantins ne reviennent pas nous délivrer, ce qui m'étonnerait, j'appellerai un serrurier dans quelques heures. Et puis si Jacques apparaît irrémédiablement fâché, je vous épouserai ! – Oui, bien sûr… » Baisers, caresses, c'était vraiment une mauvaise idée de les enfermer ensemble, ces deux-là. On vient les libérer au bout d'une heure. Roger lance ironique à un Jacques écarlate : « Vous savez, Jacques, si vous êtes sorti pour acheter des cigarettes, vous auriez dû me demander, j'en ai plusieurs cartouches ici ! » J'imagine que l'atmosphère entre mon oncle et sa belle dut être orageuse. Simonne refuse sèchement d'être raccompagnée par Jacques et, la « partie » terminée, se laisse aller à quelques effusions supplémentaires avec son beau lieutenant, jusqu'à ce que le risque qu'il attente à ses résolutions virginales l'amène à le presser de la reconduire. Un Bernard de perdu, un Roger de retrouvé, et, toujours, Jacques. En effet, le beau militaire n'en a pas fini avec son temps à l'armée et la relation de Simonne et Jacques reprend son cours bien sage et routinier.

Idylle

Roger est démobilisé en septembre, et renoue sans tarder contact avec Simonne qui ne le dissuade pas vraiment de poursuivre sa cour. Elle continue de mener en parallèle sa très platonique affaire avec mon oncle que, décidément, rien ne semble pouvoir décourager. Les deux hommes se rencontrent toutes les semaines au bridge. Jonglant avec ses deux « amis », Simonne s'arrange pour caser dans son agenda, en sus de tout le reste, deux entrevues hebdomadaires avec celui qui a remplacé pour elle son fiancé Bernard, nettement plus tendres qu'avec Jacques. Ils s'écrivent souvent, l'attachement croît, la passion naît. La manifestation la plus tangible en est que Simonne assiste désormais à la messe de dix heures, de sorte que son amoureux puisse venir la chercher à la sortie pour une promenade d'une heure et demie avant le rituel déjeuner dominical avec maman, papa, parfois le petit frère et la petite sœur qu'elle n'apprécie guère et qui le lui rend bien. J'admets que ce sont là les indices irréfutables d'un embrasement amoureux. Même aujourd'hui, dans ce train, je souris en évoquant ces confidences. Cependant, selon ma tante, les relations et projets se précisent à la fin de l'année 1931 et au début de l'année suivante. Le jeune industriel reçoit un coupé cabriolet en cadeau de ses parents, avec lequel il va la promener dans Paris et ses environs. Parfois, une main se pose sur un genou, tant le levier de vitesse est proche. Elle s'y attarde. On se ménage de fins dîners au Lutetia, des déjeuners et goûters tendres au Fouquet's, à La Méditerranée et ailleurs. Roger évoque de plus en plus sa famille, les fiançailles de sa jeune sœur avec le rejeton d'une famille de partenaires industriels, ses affaires, ses projets, et la part qu'il aimerait que Simonne y tienne. C'est là que le bât blesse. On commence à parler mariage, mais quand Roger envisage-t-il de présenter celle dont il veut faire sa femme à ses parents, à son père et à son épouse de quinze ans plus jeune que lui ? Sera-t-elle invitée aux noces de la petite sœur ? Ce que Simonne a connu avec les parents de Bernard ne risque-t-il pas de se reproduire ? Elle s'inquiète, et à bon droit. Les parents de Roger montent sur leurs grands chevaux lorsque leur fils évoque avec une infinie prudence son inclination pour une belle jeune fille... qui travaille. Ils refusent même que Roger la leur présente et organisent dès qu'ils le peuvent une rencontre avec la famille d'une riche héritière qu'il serait souhaitable qu'il épousât plutôt. Les intérêts financiers de cette alliance seraient considérables. Apprenant la nouvelle, Simonne se persuade que tout est perdu, que l'histoire vécue avec Bernard se reproduit, que la malédiction des filles non dotées la frappe à nouveau. Elle décide de prendre les devants et de dire adieu à son bel amour inaccessible, se laissant aller dans sa lettre à une hardiesse qui en dit long sur sa passion et son désespoir, même si, lorsqu'elle m'en a montré le brouillon, j'ai dû me contenir pour réprimer un début de fou rire. « Peut-être eût-il été préférable de ne pas nous rencontrer et ne pas nous revoir, mais pour ma part je ne regrette rien ! Ces moments que nous avons si tendrement partagés me resteront inoubliables, car jamais plus je n'aimerai comme je vous aime. Si je n'avais pas des convictions religieuses aussi profondes, et le respect que je dois au nom que je porte, je me donnerais à vous, mon amour, pour garder à tout jamais l'empreinte de votre corps au plus profond de moi-même. Quel courage faut-il pour vous écrire une telle lettre qui va vous déchirer comme elle me désespère mais, "contre ce qui est écrit", nous ne pouvons rien. Je vous tends mes lèvres, pour la dernière fois sans doute, puissiez-vous y puiser tout l'amour, la tendresse et le désespoir qu'elles vous offrent. Signé Simonne. » Je me demande s'il existait en 1932 beaucoup de femmes capables d'écrire une telle lettre, bien singulière pour moi dont la mère et la grand-mère n'avaient manifestement jamais fait tant de manières !

Roger, cependant, n'a nulle intention de rompre, il assure ma tante de son amour, de sa volonté de faire d'elle sa femme et lui conseille même d'en informer Jacques, conseil qu'elle ne suivra pas. Pour des raisons tactiques de relations familiales, il désire néanmoins voir ce que recouvre le projet de mariage concocté par ses parents et se prête par conséquent à l'entrevue projetée. C'est promis, il résistera et racontera tout à Simonne, à moitié rassurée, quand même. Quatre jours après, Roger vient au rapport. La relation par Simonne du compte rendu de cette réunion familiale est compliquée, je crois en avoir retenu l'essentiel. Le parti est beau, la dot plus que rondelette. De plus,

Roger est invité à prendre la direction de l'entreprise de ses futurs beaux-parents, ce qui permettrait au futur mari de sa jeune sœur, qui cherche un point de chute, de le remplacer à la tête de l'usine familiale. On lui fait miroiter que c'est tout bénéfice pour lui. L'épouse qu'on lui a choisie est fille unique, ils hériteront de tout à la mort des propriétaires actuels. En revanche, il a lui-même deux sœurs, l'affaire sera partagée en trois à la disparition de leurs parents. Une grande histoire de cœur, on le voit ! Roger ne l'entend pas du tout de cette oreille. Il désire continuer de diriger la petite industrie dont il a pris les rênes depuis la libération de ses obligations militaires. Elle a été fondée par son grand-père paternel, il y est sentimentalement attaché. De plus, le jeune ingénieur centralien a des idées précises quant aux évolutions technologiques indispensables, il a embauché deux compagnons pour les mettre en œuvre, installer des prototypes de nouvelles machines. Les ateliers se sont depuis l'origine spécialisés dans la confection de pièces pour le transport maritime, il souhaite conquérir de nouveaux marchés dans l'aviation. Il ne tient pas à abandonner tout ce qu'il a déjà fait et projette d'entreprendre. Il se dit certain de parvenir, grâce à ses innovations, à faire monter en gamme et en puissance cette affaire, la mettre à l'abri de la crise qui n'en est qu'à ses débuts. De toute façon, il est maintenant déterminé à épouser Simonne, même contre l'avis des siens mais, habilement, n'en fait pas état et se contente de décliner l'arrangement façon chaises musicales qu'on a manigancé, il en est persuadé, pour donner sa place à son futur beau-frère. L'atmosphère en ce début de l'année 1932 se tend entre Roger et son père mais n'entame pas sa résolution à ne pas céder et à épouser Simonne. Il l'emmène dans l'une de ces auberges luxueuses en bord de Marne où les riches bourgeois abritent leurs amours ancillaires mais, dans ce cas, pour la bonne cause. Encore que, ma vie durant, je n'aie jamais considéré l'autre comme vraiment mauvaise ; je ne suis pas Simonne, cependant. Roger déclare avec solennité que c'est là pour lui un repas de fiançailles. En larmes, l'élue retire la belle bague qu'elle s'était offerte pour ses vingt-cinq ans, la tend à son nouveau fiancé en le priant de la repasser à son doigt. Me remémorant cet épisode que Simonne m'avait raconté, émue, des années après, me revient le souvenir de la bague façonnée à Verdun sur le champ de bataille et offerte par papa à sa maîtresse qui n'en avait jamais fait aucun cas. Entre une manifestation sentimentale un peu fleur bleue de ma tante au cœur de midinette et le froid réalisme de ma mère, j'ai choisi : pour moi, c'est Simonne. Ce jour-là, le conte de fées se poursuit. Roger conduit sa future femme dans un beau manoir XVIIIe de la famille, un goûter a été préparé par les domestiques, l'avenir paraît dégagé. Je ne crois pas que Simonne pense alors à ce pauvre Jacques que sa sœur, maman, tente à cette période, en pure perte, de caser avec un parti qu'elle a choisi pour lui.

Si la voie d'un mariage semble s'ouvrir pour Simonne, la crise au sein de l'entreprise familiale s'aggrave. Le père, propriétaire et patron, apparaît lorgner les travaux et les innovations de son fils qui craint qu'on ne fasse main basse sur ses brevets avant de confier la direction de l'affaire à celui qui doit devenir son beau-frère. On ne se parle presque plus. Roger déménage en grand secret les prototypes de machines réalisés et testés pour les installer dans un garage de Fontenay-aux-Roses où les deux compagnons recrutés pour cela viennent parfaire leur mise au point. Il y conduit Simonne : « Ma chérie, quoi qu'il arrive, je te présente l'ébauche de ma future entreprise, quand nous serons mari et femme. Je sais que mon père me licenciera comme directeur de l'affaire familiale mais la situation ne peut en tout état de cause durer. » De fait, au point où en sont les relations du garçon avec ses parents, autant ne plus attendre, se marier en secret dans la plus stricte intimité et les mettre devant le fait accompli. Il faut cependant trouver un endroit pour se loger. Ce n'est pas aisé en 1932, le marché de l'immobilier est ravagé, Simonne le vit au quotidien dans l'agence pour laquelle elle travaille. Son amoureux qui n'a pas vraiment de soucis financiers décide alors de louer une suite au Lutetia, d'y organiser le mariage en très petit comité avant mars et de se donner le temps de choisir ensuite le futur domicile conjugal. Roger doit contacter son notaire pour établir un contrat de mariage. Sous le régime de la séparation des biens, Simonne l'exige. Après quoi, ils s'occuperont de la mairie et de l'église. En attendant le grand jour, les virées sentimentales en vallée de Chevreuse se multiplient, Jacques est délaissé. Simonne continue de dîner avec lui le samedi soir à L'Oriental, avant les parties de bridge, mais c'est tout ; elle ne lui a rien dit. Chez le notaire, un ami de la famille de Roger, les futurs époux apprennent que, selon les dispositions du testament de sa grand-mère, la femme du fondateur de l'entreprise, Roger est beaucoup plus riche qu'il ne le pensait. Ses parents, usufruitiers jusqu'à sa majorité de ce que sa grand-mère lui a légué, ne lui ont pas depuis versé ce à quoi il a droit. Quoi qu'il arrive, se disent les fiancés, l'avenir est assuré. Ils se trompent. D'abord, le père de Roger qui faisait suivre son fils par un détective depuis quelques semaines apprend la visite au notaire et son objet. Le détective repère aussi l'atelier de Fontenay-aux-Roses. Le père fait une scène violente à son rejeton et met fin à ses fonctions de directeur, la rupture est consommée. Le fils entreprend en toute hâte de fermer l'atelier, fait mettre machines et matériel à l'abri pour éviter que son père ne fasse main basse sur eux. Il va s'installer dans la suite réservée au Lutetia ; Simonne et lui mettent la dernière main aux préparatifs de mariage.

Les bans sont maintenant publiés, le mariage à la mairie puis à l'église est programmé, les musiques nuptiales choisies. À confesse, le prêtre est étonné de la virginité de la mariée, à son âge ! Cela ne cacherait-il pas quelque chose d'inavouable ? « Ma piété, mon père, mais je dois reconnaître que cela n'aurait peut-être pas duré, il est temps que nous nous mariions ! » Il faut dire que Simonne dîne désormais souvent en tête à tête avec Roger dans sa suite. Les départs nocturnes des deux amoureux pour reconduire Simonne boulevard Pasteur sont de plus en plus difficiles, les aveux se font précis : « Ah, mon amour, le ciel hâte le moment où je serai à vous... » Je brode, ma tante ne m'a en effet jamais avoué cela avec cette précision, je reconstitue à sa manière, je ne dois pas être loin de la réalité. La date est fixée au jeudi 14 février, onze heures à la mairie, midi à l'église. Les habits de mariage sont faits sur mesure : une robe de satin à volants, tombant en biais, un manteau de fourrure de taupe et une toque assortie, échancrée sur sa longue chevelure blonde et surmontée d'une calotte parsemée de fleurs d'oranger. En fermant les yeux, j'imagine ma tante radieuse dans ses atours nuptiaux. Elle aurait rêvé – mérité – de se marier en blanc, mais, dans l'intimité, c'était difficile ! Simonne présente leur futur gendre à ses parents six jours seulement avant les noces ; ils tombent des nues. C'est alors qu'elle se rend compte, catastrophée, qu'elle a oublié les alliances. Qu'à cela ne tienne, le père d'un des camarades de promotion de Roger est orfèvre ; on lui téléphone, c'est réparé, les anneaux gravés seront prêts à temps. Ma tante a prévenu Jacques qu'elle ne pourrait le voir le samedi soir précédant le mariage, elle partage avec Roger un dernier dîner de célibataires. Les jeunes gens éperdument épris vivent cette soirée dans une folle – mais, en un ultime effort, sage – exaltation amoureuse, l'avenir est lumineux, les conflits familiaux sont pour un temps oubliés. Il est prévu que le lendemain, dimanche, Roger viendra chercher sa promise chez elle à dix heures pour qu'ils se rendent ensemble à la messe à Chartres. Les fiancés désirent de la sorte placer leur union sous la bénédiction de Notre-Dame de Chartres à laquelle Simonne voue une dévotion particulière.

Série noire

Simonne se lève tôt, dimanche matin, émue, un peu fébrile mais pleine de joie à l'idée de cette pieuse virée à Chartres. Dès neuf heures quarante-cinq, elle est fin prête, sursautant à chaque bruit dans l'escalier de l'immeuble. Dix heures, rien. Roger est en retard. Très en retard. Il ne vient pas. À dix heures trente, la jeune femme a l'idée de téléphoner au Lutetia et de demander après « M. Roger ». « Il n'est pas là, madame, il n'est pas rentré, hier soir. » Tout s'effondre autour de Simonne. Ma tante, femme d'habitude énergique, est désemparée ; son angoisse, elle ne sait pas encore de quoi, est telle qu'elle se sent incapable de prendre une décision. Elle ne peut décemment pas demander de l'aide à Jacques qu'elle avait choisi de n'informer de son mariage qu'après coup. Elle pense à Georges, un brillant quadragénaire, avocat mondain et play-boy qui a des intérêts dans l'agence immobilière où elle travaille. Il a tenté de l'ajouter à la brochette de ses conquêtes, elle s'en est tirée en évoquant Roger et leur union prochaine, il est par conséquent au courant de la situation. « Attendez-moi, ma chère, j'annule mes rendez-vous et je viens vous chercher pour que nous allions au Lutetia. » Là, on leur apprend que, la veille au soir, « M. Roger est rentré vers minuit trente après avoir reconduit mademoiselle. Il a reçu un appel téléphonique vers une heure et est ressorti en disant au gardien qu'il en avait sans doute pour environ une heure. Il n'est pas revenu. » Simonne sent ses jambes se dérober, Georges prend alors la direction des opérations. « Allons demander au concierge de l'hôtel particulier de la famille s'il sait quelque chose. Il ne me connaît pas, je me présenterai comme un ami inquiet, vous m'attendrez dans la voiture. » Simonne ne sait pas l'adresse exacte mais n'a pas de difficulté à reconnaître l'immeuble boulevard Raspail. Georges revient vite, sombre et l'air soucieux : « Il ne sait rien mais une ambulance de l'hôpital de l'Hôtel-Dieu a ce matin déposé un blessé qu'il a vu passer sur un brancard tout enveloppé de pansements. À l'Hôtel-Dieu ! » Ma tante, une demoiselle Péan, connaît bien l'un des chefs de service qui les reçoit sans tarder. « Qu'as-tu, Simonne ? Tu parais décomposée ! » Non, il ne sait pas mais l'interne des urgences saura, lui. Ce dernier rapporte qu'on a amené vers deux heures du matin un homme mortellement blessé dans un accident de voiture. La description de l'accidenté ne laisse aucun doute, c'était Roger. Sa voiture venant de la banlieue venait d'être autorisée par un préposé à la circulation (il y en avait donc de service en pleine nuit, en 1932 ? En tout cas, c'est ce que ma tante m'a raconté !) à traverser le boulevard des Maréchaux à la hauteur de la porte d'Orléans lorsqu'une grosse cylindrée zigzaguant sur la chaussée, sans doute conduite par un chauffard ivre, l'a percutée à grande vitesse. L'agent a été blessé, le conducteur sans doute tué sur le coup. Le chauffard a pris la fuite. Au bout d'un temps non précisé, l'un des rares passants témoins de l'accident a appelé police secours. Lorsque les catastrophes se sont accumulées, on tend à une sorte d'insensibilité qui permet de retrouver ses esprits. C'est ce qui arrive à Simonne, qui déduit du lieu de l'accident que Roger revenait sûrement de Fontenay-aux-Roses. Mais qu'allait-il y faire en pleine nuit ? Sont-ce ses collaborateurs confrontés à une urgence grave qui l'auraient appelé ? Roger leur a demandé à tous deux de rester sur place pour veiller, ils dorment dans un petit local aménagé. Joints par ma tante, ils confirmeront avoir entendu cette nuit-là le bruit d'un véhicule qui s'est arrêté devant le garage transformé en atelier, maintenant désaffecté, puis a redémarré au bout d'à peine cinq à dix minutes. Mais, non, ce ne sont pas eux qui ont téléphoné, ce coup de fil demeure un mystère. Et si c'était un piège ? Ce doit être un piège ! Le père, qui connaît l'existence de l'atelier de Fontenay ? Sa femme ?

Encore une question : puisque le décès a été constaté aux urgences, pourquoi avoir ramené la dépouille au domicile des parents ? Sollicité par son chef de service et en raison du nom de « Mlle Péan », le directeur de l'Hôtel-Dieu élucide ce point. Il a été réveillé en pleine nuit par un membre du cabinet du ministre de la Santé (ou ce qui en tenait lieu) le sommant de faire transporter le « blessé » chez lui. La famille est intervenue. N'a-t-elle fait qu'intervenir après l'accident ? Les soupçons de Simonne sont forts. Cependant, l'affaire sera vite classée sans suite, simple et dramatique accident de la circulation provoqué par un ivrogne qui a pris la fuite et n'a pu être retrouvé. Après un déjeuner rapide où seul lui peut avaler quelque chose, Georges et Simonne se rendent au Lutetia pour informer le personnel du drame et reprendre des affaires auxquelles ma tante tient, avant tout ses lettres à Roger. À l'hôtel, tout le monde est au courant, l'air affligé de chacun en témoigne. Les parents sont venus et ont fait vider intégralement la suite occupée par leur fils. Les roses du dîner de la veille et les lettres ont disparu, elles aussi. Simonne, qui imagine la réaction moqueuse de ceux qui les liront, est accablée. Elle rentre chez elle, apprend la nouvelle à ses parents et s'enferme dans sa chambre, en pièces comme son rêve brisé. Pendant huit jours, elle ne sort pas de chez elle, presque pas de sa chambre où elle écrit, en particulier des poèmes qu'elle déchire bien vite. La livraison le mardi des habits de mariage décuple son chagrin. La journée du jeudi prévue pour les noces est vécue en apnée, comme une longue noyade dans des eaux glauques. L'immensité de sa détresse se résume par un aveu : elle a durant ces jours amèrement regretté d'avoir conservé sa virginité ! Ma tante est malgré tout une femme du genre indestructible. Dès le dimanche qui suit cette quête éperdue de Roger disparu, son souci principal est de décider de la tenue de deuil qu'elle va porter pour retourner au bureau. De retour à l'agence, une lettre de Georges l'attend. Elle est bien étonnante : le notaire, à qui il s'était présenté durant la semaine comme le représentant de son amie, lui fait demander d'être présente à l'ouverture du testament de Roger. Elle ne comprend pas ; le contrat de mariage est d'une part caduc puisqu'ils ne sont pas mariés, et d'autre part était établi sous le régime de la séparation des biens. En quoi les dispositions testamentaires de son amour qui n'a pu être son mari la concernent-elles ? Anticipant l'hostilité que lui porteraient les parents de Roger, elle demande au notaire si sa présence est indispensable. « Elle l'est, mademoiselle. Mais ne vous inquiétez pas, vous n'aurez pas de mauvaise surprise. Je précise : mauvaise ! »

Retournement

Georges et sa « cliente » arrivent à l'étude du notaire en même temps que la famille : les parents, la petite sœur et son fiancé. La grande sœur Catherine est absente. Simonne reconnaît dans la voiture dont ils descendent celle avec laquelle Roger est venu la voir à son retour à la vie civile, elle se fait lourde au bras de Georges. Le notaire place la famille à sa droite, Simonne et son conseil à sa gauche. L'attitude des parents est dure et méprisante, ils ne saluent pas Simonne, la dévisagent par regards brefs, un air de dégoût inscrit sur le visage, font le plus souvent semblant de ne pas la voir. Le notaire va chercher une enveloppe cachetée, l'ouvre et annonce qu'il va procéder à la lecture du testament. Il s'attire immédiatement les protestations du père : son fils n'était pas marié, son héritage revient de droit à ses ascendants, il n'y avait pas lieu de tester. « Ce sera à vous de le faire valoir, monsieur, rétorque imperturbable le notaire. Pour l'instant, je suis dépositaire d'un testament de votre fils, fait devant témoins dans l'heure qui suivit sa rupture définitive avec vous, et qu'il tint à faire enregistrer le jour même. Il est de mon devoir de vous en donner la lecture. » Les dernières volontés du défunt éclatent comme un coup de tonnerre qui stupéfie les participants. Roger lègue à sa fiancée, Mlle Simonne Péan, qu'il devait épouser le 14 février 1932 en la mairie du XVe arrondissement, tout ce qu'il a hérité de sa grand-mère, à l'exception du tiers des dividendes de l'entreprise qui lui revient depuis sa majorité, qu'il lègue à sa sœur Catherine. Après un moment de sidération, le père explose et crie au scandale ; il suggère, compte tenu de l'intrigante à qui profite l'accident, qu'il serait opportun de se pencher sur ses circonstances. Georges fait remarquer que sa cliente ne savait rien de ce testament, qu'il est invraisemblable qu'elle ait ourdi un complot quelques jours avant un mariage dont elle avait tant à attendre. L'accusation est indigne, il proteste. « Et puis votre fils était majeur, il avait le droit de léguer ses biens, en cas de malheur, à sa fiancée. – Mais cette fille n'était rien pour lui ! Où ira l'argent ? s'emporte le père dont le teint vire au violacé. – Monsieur, je vous somme de retirer vos propos. J'ai, moi, le sentiment que Mlle Péan était tout pour votre fils. Sa disparition semble d'ailleurs vous affecter beaucoup moins que la perte de son argent ! » lance, glacial, Georges. Silence de mort. Les parents se lèvent, le père et la mère furibonds, la petite sœur un peu absente, son fiancé l'air gêné. Simonne est, elle, sous le coup de la stupeur, dans l'impossibilité de mettre la moindre idée en forme et de sortir un seul mot. Elle s'apprête elle aussi à se retirer avec Georges mais tous sont retenus par le notaire : « Un moment, encore ! Mademoiselle, le défunt m'avait demandé, en cas de malheur, de vous remettre cette lettre après lecture de son testament. » Il tend une enveloppe à la jeune femme qui, incapable de la lire elle-même, en charge Georges.

Simonne m'a montré cette lettre écrite par Roger, elle atteste l'authenticité de cette incroyable histoire et est bien entendu très émouvante : « Ma Simonne chérie, mon pur et tendre amour [...] J'espère que cette lettre ne te parviendra jamais mais, s'il en était autrement, cela confirmerait, hélas, que mes craintes étaient justifiées, et que je ne serais plus là. » Après avoir résumé le conflit familial, ses craintes, Roger rappelle la création de sa petite société de Fontenay, « la Société industrielle de Recherche pour les pièces œuvrées », que sa fiancée avait proposé d'appeler la SiRo, Simonne-Roger. Il en vient alors à l'objet principal de la lettre : « Tu m'aurais aidé, je le sens, dans la création de cette affaire que je te supplie de ne pas abandonner. Tu le peux, épaulée par un ingénieur de Centrale ou d'ailleurs, que tu choisiras avec discernement, je le sais, et l'avis favorable de nos amis et de mes collaborateurs, qui jugeront très vite s'il est à la hauteur. [...] Quand le fardeau sera trop lourd, appelle-moi, mon trésor chéri, et, s'il y a quelque chose là-haut, je viendrai à ton secours. » Roger ajoute que son legs donne à Simonne les moyens de payer les salaires des deux collaborateurs, du futur directeur qu'il s'agit de recruter, et d'engager tous les investissements nécessaires avant que l'affaire ne devienne rentable. Ma tante est abasourdie et se sent d'abord incapable de mener à bien une telle tâche qui n'est guère dans ses cordes. Cependant une nouvelle agression du père la pousse à se rebiffer : « Cette lettre est un faux ! Mon fils ne peut avoir écrit cela ! » À travers ses larmes, elle toise l'agresseur : « À vous de le prouver, monsieur. Pour moi, je sais quel est mon devoir. » Elle se retire ensuite, accablée mais digne, avec son conseil. Son devoir ? Elle n'est en réalité pas bien sûre de ce qu'il est vraiment. Dehors, Georges la supplie de tout faire pour honorer les volontés posthumes de Roger. Le notaire les rejoint, il s'engage à l'aider autant qu'il le pourra. Ma tante demande quelques jours de réflexion, confiante dans la promesse de son amour : « Quand le fardeau sera trop lourd, appelle-moi mon trésor chéri et, s'il y a quelque chose là-haut, je viendrai à ton secours. » Roger sera là, elle ne peut le décevoir, elle accepte.

Je n'ai pas un souvenir exact des suites de cette extravagante aventure. Je crois me rappeler que Simonne et ses supports ont fait alliance avec Catherine, la grande sœur. Cette dernière a obtenu l'aide du directeur de l'École centrale pour repérer un jeune diplômé de qualité, disponible et tenté par l'aventure. Il s'est mis au travail. Sur la suite, je n'ai aucun élément tangible pour confirmer la version de ma tante. Peut-être en a-t-elle rajouté au romanesque de la situation. Selon son récit, l'avenir de la SiRo, l'entreprise de Roger, a bénéficié de l'explosion en vol de sa famille. Le futur gendre se serait déclaré dégoûté de l'atmosphère pourrie et aurait quitté la direction de l'usine qu'il assurait depuis le départ de Roger, rompu ses fiançailles avec sa jeune sœur, et aussi une liaison cachée et ancienne avec sa mère qui s'en serait trouvée fort abattue. Ma tante m'a ensuite affirmé que, apprenant son infortune, le père s'est suicidé, ce qui a officiellement été transformé en un décès consécutif à une crise d'apoplexie. Il a laissé un testament dans lequel il dépouillait sa femme infidèle et transférait l'essentiel des équipements et des locaux de l'usine familiale héritée des grands-parents de Roger à la SiRo. En l'occurrence, cet héritage facilita grandement la tâche confiée par Roger à son amour, si bien que, dès 1934, ma tante put laisser la jeune entreprise, désormais stabilisée et installée sur le site de l'affaire familiale, voler de ses propres ailes. Il est certain que, après un déroulement un tantinet rocambolesque, toute cette histoire m'est apparue connaître une chute trop idyllique pour être réelle. Les choses se passent-elles jamais comme cela, dans la vie réelle ? Dans la mienne, certes non ! Pourtant, un détail important me conduit à penser que Simonne n'a pu tout inventer de ce *happy end* comme disent aujourd'hui mes élèves. Ma tante, cela a été à l'origine des échecs de ses projets matrimoniaux, n'avait pas de fortune. Elle a toujours prétendu, après 1934, n'avoir rien gardé de l'héritage de Roger. Peut-être ne m'a-t-elle pas dit toute la vérité. En effet, de 1934 à 1943, Simonne peut, en plein marasme économique puis durant la Seconde Guerre mondiale, alors qu'ils n'ont plus tous deux que des situations mal rémunérées, financer sans difficulté apparente les projets de son époux : achat d'une voiture ; d'un terrain à Senlis ; construction d'une maison sur ce terrain ; réfection luxueuse d'un appartement-taudis en haut du boulevard Saint-Jacques ; en 1942, acquisition et transformation d'un local commercial et d'une habitation avenue du Parc-Montsouris (avenue René-Coty, aujourd'hui). C'est là que le couple ouvre un magasin pour artistes, toujours prospère, où je me rappelle avoir rencontré Georges Braque, Fernand Léger, le couple Denise et Raymond Peynet auquel ils sont toujours restés très liés, bien d'autres dont le nom m'échappe. Fils d'un peintre, Jacques est parvenu, grâce à Simonne et, sans doute, à l'héritage de Roger, à reconstituer l'atmosphère des artistes du quartier Montsouris-Denfert-Rochereau-Montparnasse qui a bercé son enfance.

Enfin...

Après la mort de Roger, Simonne poursuit assez mollement sa relation platonique avec son « ami » Jacques. Ce dernier est bien entendu au courant de la disparition dramatique de Roger, son copain et partenaire de bridge. Pour des raisons que l'on peut comprendre, mon oncle et ma tante n'en parlent pas,

Jacques ne fait aucun commentaire sur les habits de deuil de Simonne. Avec délicatesse, et sans doute timidité, par petites touches, il renouvelle son vœu de l'épouser dès que leur situation financière (il ne sait rien de l'héritage de Roger) et professionnelle le permettra. Sa mère ne cesse en effet de lui faire comprendre qu'il n'est qu'un bon à rien, lui assène parfois qu'il ne devrait pas même songer à s'établir en ménage tant que son statut social ne se rapprochera pas de celui de son père défunt. Je pense que l'emprise méprisante de sa mère, ajoutée à la distance que Simonne conserve avec lui depuis bientôt quatre ans, ne contribue pas à son assurance et ruine à l'époque sa confiance en lui. On serait complexé à moins. Simonne, occupée par ailleurs au sauvetage de l'affaire de Roger, entourée pour cela de gens énergiques et décidés, dont Georges qui a profité des circonstances pour tenter à nouveau sa chance avec elle, est exaspérée par l'apparente inconsistance de son vieil amoureux. Elle désire en finir avec lui, tirer de la sorte un trait sur une période flamboyante et tragique de sa vie. Elle a pourtant de l'affection pour Jacques et ne sait comment s'y prendre. Une invitation à déjeuner pour Pâques rue de la Santé lui suggère une stratégie audacieuse, bien dans sa manière. Ce ne sera pas Pâques, qu'elle doit depuis longtemps passer en famille, mais va pour le 1er mai, fête de saint Jacques le Mineur. Un peu rosse (elle le restera toujours), ma tante pense que cette fête va comme un gant à son amoureux. D'ailleurs, n'est-il pas un peu petit… ? Le déjeuner avec Mémé et la même amie qu'à la première rencontre ne se passe pas beaucoup mieux qu'alors, il y a juste quatre ans. Chacun s'efforce de faire bonne figure jusqu'à la fin du repas. C'est là que Simonne a choisi de placer sa botte, elle doit permettre d'interrompre cette relation qui se traîne avec Jacques sans qu'elle-même apparaisse en porter la responsabilité. Elle se lève : « Madame, cela fait quatre ans que Jacques et moi nous connaissons, cette situation ne peut se poursuivre. Alors, soit nous nous marions tout de suite, soit le mieux est de mettre un terme à une relation qui s'étire et ne peut que s'étioler. » Jacques est abasourdi, changé en statue de sel. L'amie plonge son nez dans son assiette. Mémé est stupéfaite, le teint pâle, Simonne s'attend à ce qu'elle explose. Non, elle ne dit rien, se lève et passe dans le salon à côté. Chacun imagine qu'elle est partie chercher le chapeau, les gants et le sac de Simonne pour la jeter dehors, c'est en l'occurrence l'issue qu'elle a prévue, la touche gagnante de son plan. Mais non, Mémé tient juste en main un carnet qu'elle jette à Simonne à travers la table, avec violence : « Eh bien, mademoiselle, faites comme vous l'entendez. Si vous voulez qu'il ait une chemise blanche, vous l'achèterez ! » Et elle se retire en claquant la porte de la salle à manger. Simonne se saisit de l'objet : c'est le livret de famille, il marque l'échec retentissant de sa stratégie. Elle est coincée.

Elle tente pourtant un dernier coup. À Jacques qui, désemparé, lui demande une fois dehors ce qu'ils doivent faire maintenant, elle rétorque : « Eh bien, nous marier, si tu veux. Cependant, avec la situation que tu as, et sur ce point je suis sur la même longueur d'onde que ta mère, il n'est pas question que nous ayons des enfants. Tu connais mes convictions religieuses, tel est pour moi le but réel, l'unique objet de l'union d'un homme et d'une femme dans le mariage. Ce dernier, si tu désires qu'il ait lieu, restera par conséquent platonique entre toi et moi. À toi de décider. – C'est tout réfléchi, je suis prêt à accepter n'importe quoi plutôt que de te perdre. – Tu sais à quoi tu t'engages ? – Évidemment ! » Simonne m'a avoué avoir d'emblée eu honte de cet épisode. Si elle ne voulait pas faire cadeau de sa virginité à Jacques, la volonté d'éviter une naissance n'y était pour rien. De façon plus prosaïque, elle n'avait aucun désir pour lui, celui de Roger qui l'avait consumée était encore bien trop puissant. Tout le monde, à commencer par ses parents, tente de convaincre Simonne qu'elle fait une sottise à épouser sans amour cet avatar d'artiste gentil mais falot, sans talent et presque au chômage. J'ai souvent pensé à cela comme un exemple éclatant de l'évolution imprévisible des cœurs et des reins de nos semblables : le couple de Jacques et Simonne fut si fusionnel, et l'est encore, qu'ils ont été l'une des sources d'inspiration des amoureux de Raymond Peynet qui leur a d'ailleurs dédié nombre de ses dessins. Voilà donc Jacques et Simonne dans les démarches pour ce mariage en pointillé dont une incertitude supplémentaire, et non la moindre, est que les futurs époux n'auront d'autre solution qu'habiter rue de la Santé avec Mémé, cette future belle-mère que Simonne redoute déjà. Jacques obtient un prêt de son beau-frère André, mon père, pour au moins aménager avec ses amis décorateurs une belle chambre, elle sera leur seul domaine propre dans le vaste logis parental où Mémé règne. Papa avait comme témoin, à son mariage avec Blanche, Maurice, le peintre et père de Jacques. Juste retour des choses, André sera le témoin de son beau-frère Jacques, à la mairie et à l'église où les mariés se présentent en tenue de ville. Simonne est hantée, durant les cérémonies, le 9 juin, par les fantômes de ses amours évanouies, Bernard et Roger ; elle vit cette journée comme un rituel absurde et décalé, elle s'imagine avec eux à s'observer, goguenarde, occupée à une pantomime sans but ni réels spectateurs. Le déjeuner de noces qui réunit les familles, les témoins et un couple d'amis rue de la Santé évoque plutôt celui qui clôt des funérailles. Seuls papa et les amis se montrent vraiment aimables avec Simonne, sa propre famille est gênée. Quant à Mémé et à sa fille Blanche, maman, elles rivalisent d'hostilité envers l'intruse. Les nouveaux époux doivent prendre le train le soir même pour Mussy. Sa mère lui remet à son départ un billet de cinq francs en lui recommandant de ne pas le dépenser ! Un bon repas pour deux coûte à l'époque autour de quarante francs.

Le trajet pour Mussy passe par Troyes où l'on prend un tortillard, direction Châtillon-sur-Seine. La gare, aujourd'hui désaffectée, se trouve à une extrémité d'une grande promenade herbeuse bordée de tilleuls, installée depuis 1787 sur les anciens fossés comblés du château des Évêques de Langres, les suzerains du bourg depuis le Moyen Âge. La maison familiale de Millette est toute proche. Il faut parcourir environ quatre cents mètres pour parvenir, à l'autre extrémité de la promenade, à la maison Dessertenne, étroite bâtisse sur trois niveaux, que l'on atteint par un jardinet où les pivoines et les roses sont en pleine floraison. Mémé s'en occupe avec amour quand elle est là, un jardinier l'entretient le reste du temps. Simonne pénètre avec émotion dans cette maison dont Jacques lui a tant parlé. Elle découvre à tous les étages des tableaux du peintre qu'elle ne connaît pas, des paysages notamment ; ils la charment et la déridant un peu. Au deuxième niveau, la chambre de Jacqueline, sanctuaire inviolé, est restée dans l'état où elle se trouvait à sa mort. Jacques fait ensuite l'honneur à Simonne de la pièce mansardée des garçons, lui et Maurice junior, mon frère aîné. Les époux dormiront dans la chambre parentale, à côté de celle de Jacqueline. Elle aurait dû, en principe, être cette nuit-là hissée à la qualité de chambre nuptiale. Hélas. Le contact entre les époux est limité à un effleurement de ses cheveux lorsque, longtemps après qu'elle s'est couchée, Jacques vient la rejoindre. Je m'amuse intérieurement, avec quelque cruauté, à imaginer les insomnies de Jacques aux côtés de son intraitable épouse. Il y avait une forme de stoïcisme chez mon oncle dont j'eusse été tout à fait incapable ! Les visites protocolaires et amicales sont rares, beaucoup des personnes à qui Jacques tient à présenter sa femme les reçoivent sur le pas de la porte. Sans doute Mémé est-elle passée par là pour faire une bien pauvre réputation à sa bru. Le temps est magnifique durant tout le séjour. Mon oncle fait découvrir à sa jeune épouse la beauté des rives de Seine, les coins propices à la pêche à la truite, les coteaux plantés de vigne, la forêt profonde et giboyeuse où les girolles commencent à pousser ; elles abonderont bientôt. Mimile, le pâtissier-traiteur, s'occupe des croissants le matin et de tous les repas, agrémentés des belles truites pêchées par Jacques. La cave du père Dessertenne est bien fournie. Le lieu plaît tant à Simonne qu'elle prolonge d'une semaine cette parenthèse nuptiale avant un retour à Paris qu'elle appréhende. Elle conserve tout compte fait un bon souvenir de ce singulier voyage de noces. Le sentiment est sans doute plus mitigé en ce qui concerne mon oncle, un épisode assez cocasse en témoigne. Occupée à ranger son linge, Simonne tombe sur une corbeille remplie de chaussettes d'homme trouées. Tenant à montrer que, hors de l'essentiel, elle peut être une femme parfaite, elle entreprend de les repriser. Rentrant de la pêche, Jacques s'étonne. « Mais, mon chéri, c'est bien la tâche d'une bonne épouse, n'est-ce pas ? Pourquoi sont-elles toutes dans cet état, pourquoi y en a-t-il tant ? – Eh bien, maman ne m'a jamais reprisé une chaussette. Alors, quand j'allais voir des filles, j'en achetais une nouvelle paire. » Puis, d'un air jaune, Jacques ajoute : « Des filles, il faudra d'ailleurs peut-être que j'aille en revoir... »

Simonne est fort anxieuse de cohabiter avec sa belle-mère. Comme elle a raison ! C'est l'enfer. Les accrochages se multiplient. Les jeunes époux dînent seuls quand Simonne rentre de son travail mais sa belle-mère les cantonne bientôt à la cuisine. Là, elle vient les accabler de remarques acerbes, de reproches mesquins. Pour échapper à ce harcèlement, le couple prend l'habitude de dîner vite puis, la vaisselle expédiée, de partir pour une longue promenade dans le quartier : le parc Montsouris tant que dure la belle saison, Montparnasse – on se retrouve à La Coupole avec des amis. Une fois en octobre, la soirée se prolonge plus tard que d'habitude. De retour rue de la Santé, Jacques et Simonne trouvent les portes closes. Les verrous intérieurs dont ils n'ont pas emporté les clefs ont été fermés. On sonne, une fois, deux fois, sans résultat. Il faut se rabattre sur une pauvre chambre d'hôtel de Montparnasse. Au matin, Simonne hors d'elle annonce à son époux que trop, c'est trop, elle n'est plus disposée à supporter sa mère, elle rentre chez ses parents. Elle le fait. Jacques vient y dîner le soir, puis regagne tristement son domicile où Mémé l'attend pour se gausser d'un fils, un raté qui ne sait même pas se faire respecter de sa femme et la garder. Simonne l'envoie un samedi, avec son frère et sa sœur, récupérer ses affaires, elle ne cédera pas. Mémé non plus. Papa tente une conciliation, qui échoue. Alors il emploie, contre l'avis de Blanche, la demi-sœur de Jacques, les grands moyens : « Belle-maman, le duplex que vous habitiez avec votre époux et vos enfants est très vaste, le loyer est cher. Si Simonne ne revient pas, il vous faudra y faire face seule. Or ce que vous a laissé Maurice n'est pas considérable, vous allez vous trouver en difficulté. Si cette affaire ne s'arrange pas avec votre bru, ne comptez plus sur moi pour vous aider. La maison de Mussy est à vous, vous l'aimez, pourquoi n'allez-vous pas y habiter ? » Mémé est certes aussi irréductible que sa fille, que Simonne, aussi, une catégorie de femmes d'influence et d'autorité, volontiers âpres, d'avant le féminisme. Elle sait compter, cependant ; elle se résout après un mois de conflit à céder la place et à se retirer dans son fief champenois. Ce sera pour le 5 novembre. Elle déjeune avec son fils au milieu des malles avant qu'il rejoigne l'entreprise qui l'exploite comme photograveur. Son labeur se termine avant celui de Simonne, il passe rue Daguerre pour acheter les ingrédients d'un bon repas : il convient de fêter le retour de Simonne dans ce qui devient, enfin, leur domicile. André leur a promis de les aider à faire face au loyer. Simonne elle-même est plutôt contente de quitter l'appartement de ses parents et rejoindre son mari. Elle arrive rue de la Santé peu après dix-neuf heures, sonne. Pas de réponse. Utilisant son jeu de clefs, elle entre et s'engage dans l'escalier.

Jacques est là, assis sur une marche, en pleurs. Il a gardé son chapeau sur la tête, de travers, son filet à provisions gonflé des victuailles qu'il vient d'acheter traîne à ses côtés. La scène ressemble à la caricature comique d'un journal satirique qui voudrait illustrer le retour impromptu du petit mari cocu. Ce ne peut être cela, pourtant ! « Mais qu'est-ce qui t'arrive, mon pauvre chéri ? – Monte, tu verras ! » Simonne gravit les dernières marches de l'escalier. Le spectacle est dantesque, renversant, inimaginable ! Une horde sauvage a tout ravagé. Plus de meubles, ni de rideaux, les tentures ont été arrachées, le papier peint lacéré, les lampes ôtées, certains fils électriques coupés. La cuisine est vide, tous les ustensiles ont été déménagés. Ce n'est pas une horde, non, c'est Mémé ! Dans sa grande mansuétude, elle a respecté la chambre de son fils et de sa bru. Sinon, plus rien. Elle a demandé à des déménageurs de vider l'appartement après le départ de Jacques. Une partie de l'ameublement et de l'équipement doit être transportée à Mussy, le reste vendu à un brocanteur. Les tableaux, propriété de Jacques, ont été décrochés et empilés dans un coin. Ensuite, avant d'aller prendre son train en fin d'après-midi, ma grand-mère s'est déchaînée. Bon, les époux savent au moins où dormir. Dîner sur place, il n'en est plus question. Ils vont donc tristement se restaurer à L'Oriental, font un petit tour par l'avenue du Maine vers Montparnasse et, par le boulevard du Montparnasse, puis de Port-Royal, regagnent le logis dévasté. Une fois dans leur chambre, couchés l'un à côté de l'autre, Simonne saute le pas, elle se rapproche de Jacques, le prend dans ses bras, l'embrasse avec tendresse. Jamais les choses ne s'étaient présentées de la sorte, mon oncle demande, n'osant encore y croire, s'il peut « prendre son épouse ». « Mon pauvre chéri, après un tel désastre, n'est-ce pas la seule chose qui puisse te consoler ? » La virginité plus que trentenaire de Simonne aurait pu intimider Jacques alors qu'il franchit avec précaution les derniers pas qui le séparent d'un sommet qu'il avait fini par croire inaccessible. Il l'atteint, pourtant, et, de là, contemple un paysage immense. Ce couple-là n'eut pas d'enfants mais a toujours été pour moi et ma famille, où la stabilité conjugale est loin d'aller de soi, un modèle des plus mystérieux. Simonne m'a bien souvent fait la confidence que Jacques sut l'aimer comme « le plus fou des amants ».

3

Crise et révolte

Jeudi noir et horizon rouge

Je suis en troisième à Carnot lors du « Jeudi noir » de la Bourse américaine, le 24 octobre 1929. Malgré mon jeune âge – treize ans et demi –, je lis déjà les journaux et m'intéresse à la vie politique. Cependant, l'avis général de la presse est que cet événement anecdotique ne fait que refléter l'immaturité de ces grands enfants que demeurent les Américains. Papa a toujours suivi avec attention l'évolution du taux de la rente et le cours des actions, ses intérêts sont en jeu. Durant la Grande Guerre, il en déduisait même de quel côté tournait le sort des armes. Il en parle à table le vendredi 25, à ma mère et moi. Il nous explique que le plus grand aventurisme monétaire et financier a toujours régné outre-Atlantique, créant là-bas des crises à répétition mais sans conséquences sur le reste du monde. Cela s'est déjà produit en

1921, tout a redémarré avant qu'aucune répercussion soit perceptible en Europe. Tout va bien en France, nous affirme papa, le franc-or est solide, Raymond Poincaré a redonné confiance à tous les investisseurs, nous nous développons même plus vite que les Anglais et les Américains. Presque jusqu'à la fin de l'été 1931, les pronostics optimistes de papa semblent se confirmer. Cependant, la dévaluation de la livre sterling, monnaie de référence, et son décrochage de l'or plongent alors le pays comme l'Europe et le monde entier dans ce qui va se transformer jusqu'à la Seconde Guerre mondiale en la Grande Dépression. Elle accélère ma prise de conscience politique. Peu porté sur les sciences, je me suis en revanche très tôt intéressé au lycée certes à la poésie et la littérature, mais aussi à l'histoire. Les fréquentes références de papa aux circonstances européennes à l'origine de la Grande Guerre alimentent cette appétence. Le malaise ressenti devant le monde bourgeois dans lequel je suis immergé, monument de conventions rigides et sans âme, souvent sans cœur, et l'obstacle que j'y vois à mon épanouissement, voire à mon bonheur, m'ont amené à m'intéresser aux mouvements socialistes. J'ai commencé à étudier leurs doctrines, à les comparer les unes aux autres. Le chômage n'existait presque pas dans mon enfance, il apparaît en 1932. J'en apprends les conséquences et décide d'aller les toucher du doigt hors des beaux quartiers où je vis et étudie. J'ai l'impression que le monde de mes parents, celui de la bourgeoisie hautaine et cupide, s'effondre, qu'il fait beaucoup de dégâts dans sa chute, je n'en suis plus la principale victime. Je comprends que c'est cette bourgeoisie qui a mené le monde à la guerre, et suis persuadé qu'elle l'y mènera à nouveau bientôt. Je ne connais pas à l'époque les aventures de Simonne, nul doute que cela eût sinon accru mon dégoût pour le fric et tous ceux qui ne vivent que pour le posséder, quel qu'en soit le prix pour les autres.

La prise de conscience du chômage m'amène à mieux établir le lien entre le système bourgeois et le mode de production capitaliste. Je ne me suis en réalité jamais vraiment intéressé à l'économie et n'ai pas lu en détail *Le Capital* de Marx, je suis en revanche fasciné par les rapports de domination. Le concept marxiste d'aliénation me passionne, là m'apparaît très tôt résider la clef de la lutte des classes. Les diverses versions du socialisme utopique me semblent pécher en ce qu'elles sous-estiment la puissance, le cas échéant la sauvagerie des classes possédantes que je connais si bien et que j'associe désormais au capital. De même, je pense le réformisme des sociaux-démocrates incapable de les affronter avec la force et, le cas échéant, la violence indispensables. Ma vie durant, la voie qu'il convient d'emprunter pour se conformer à la loi, et en amont de cela pour la connaître, m'est apparue si étroite que seul un petit groupe de personnes, des élus en quelque sorte, peut s'y engager. Jamais je n'ai accordé le moindre crédit à la vertu de je ne sais quel spontanéisme des masses. Je souscrivais à l'image de l'avant-garde consciente du prolétariat, seule capable d'entraîner une classe laborieuse aliénée à prendre conscience de son intérêt historique à se saisir du pouvoir ; l'idée d'un passage nécessaire par la dictature du prolétariat me convient. J'adhère en 1932 à la Section française de l'Internationale communiste, SFIC, le futur Parti communiste français. Dès ma classe de première, et surtout en terminale, la philosophie me subjugue. Ma conviction de l'existence d'une loi générale qu'une minorité seulement peut découvrir et qui doit, dès lors, s'y conformer m'amène à souscrire au concept de sens de l'histoire de Hegel, puis de Marx. Mon intérêt pour ces deux philosophes est accru par l'adéquation naturelle entre la dialectique et ma méthode de raisonnement fort antérieure à mes premiers contacts avec la philosophie. Je suis de manière naturelle un être de contradictions, elles s'imposent à moi dès que je m'efforce de résoudre tout problème complexe. M'étant très jeune résolu à ne pas me complaire dans l'indécision, mes choix ont toujours découlé d'un dépassement de mes contradictions originelles, ce processus est devenu celui même de ma pensée. Aujourd'hui, ma décision d'entreprendre ce voyage, puis de l'interrompre, en est l'ultime illustration. Josette, mes enfants, mes élèves, ce que je crois être pour eux. Mais aussi l'évidence de mon exclusion progressive d'un monde qui ne me laisse plus de place, d'un temps qui semble n'avoir jamais été le mien. Je tombe dans une crevasse d'où il me devient impossible d'observer la loi. Or, sans elle…

Papa

Dès le premier trimestre 1932, je vois mon père de plus en plus sombre. Le soir, il nous parle peu mais nous comprenons que ses affaires lui causent bien des inquiétudes. Beaucoup des amis de mes parents connaissent le même souci. J'apprends que l'un d'entre eux, assez lointain à dire vrai, s'est donné la mort, ruiné et criblé de dettes auxquelles il ne pouvait faire face. Ce hideux « honneur » bourgeois qui fera mourir mon grand frère comme un chien ! Son empreinte est pourtant bien perceptible chez moi, elle me pousse peut-être à quitter la partie, dans un instant. La contradiction de trop que je n'ai sans doute pas su dépasser. Maman paraît un peu déboussolée par cette atmosphère, elle ébranle une citadelle qu'elle s'était donné tant de peine à investir et qui était devenue son univers indépassable et, croyait-elle, indestructible. Elle recouvre cependant toute son énergie pour m'agonir de reproches lorsqu'elle découvre mon engagement communiste. La lingère a trouvé dans un vêtement un tract ronéotypé que j'y ai par étourderie oublié. Elle-même scandalisée, elle l'a remise à sa patronne. Maman m'est tombée sur le paletot dès mon retour du lycée. Elle aurait mis la main sur des photos pornographiques m'impliquant directement dans de torrides ébats homosexuels, cela n'eût pas été pire. Elle explose : je suis un fils perdu, un ingrat, un traître, je souhaite leur mort, je suis complice de ceux qui s'efforcent de les ruiner, qui rêvent de les égorger. La violence de ses accusations et l'horreur des perspectives qu'elle évoque l'excitent encore plus, relançant sa colère quand elle était sur le point de s'essouffler. Stoïque dans la tempête, je reste silencieux, un temps suffisant pour témoigner de mon respect filial, puis vais m'enfermer dans ma chambre, toujours sans prononcer un mot. J'appréhende le dîner familial. De fait, mon père informé par maman me morigène, lui aussi, sur un ton plus maîtrisé et construit. Il est heurté par la nouvelle de mon affiliation à un mouvement révolutionnaire internationaliste auquel il est résolument hostile. En tant que riche bourgeois rentier et partisan de l'ordre, bien entendu, mais il n'y a pas que ça. Mon patriote de père milite depuis la fin des années 1920 dans l'association des Croix-de-Feu, initialement réservée aux titulaires de la Croix de guerre, ce qui est son cas, mais étendue ensuite à tous les combattants qui ont passé plus de six mois au feu. Papa, comme tous ses camarades anciens combattants, a été sincèrement indigné de la manifestation communiste à l'Arc de triomphe, après l'exécution de Sacco et Vanzetti en août 1927. La tombe du Soldat inconnu y a été profanée, ce qui a été à l'origine de l'unification de nombreux mouvements d'anciens combattants. André se sent particulièrement en phase avec le patriotisme antiallemand du colonel François de La Rocque, son nationalisme exigeant mais modéré, dénué de tout antisémitisme, son attachement à la République et son hostilité certes aux communistes mais aussi à l'Action française et aux autres ligues d'extrême droite antisémites et bientôt pronazies. Le programme social de La Rocque – association capital-travail, salaire minimum, congés payés – convainc un peu moins papa qui demeure cependant fidèle au leader des Croix-de-Feu. Il arbore, quand il se rend à ses réunions, l'emblème du mouvement, la croix orthogonale de six langues de feu barrée de deux glaives ; il lit sa revue *Le Flambeau*. Après 1936 et la dissolution du mouvement, papa suivra nombre de ses membres vers le nouveau Parti social français, le PSF. Que son fils adhère à l'Internationale communiste dont la section française a profané la tombe du Soldat inconnu heurte papa, il y voit une sorte de trahison, non seulement de son propre héroïsme sur le front, mais aussi de la France. Sa peine est sincère. J'ose répondre à papa, avec lui c'est plus facile. Non, je ne suis pas un ennemi de la France, au contraire. Je lui rappelle cette déclaration de Jaurès, qui n'est à vrai dire pas sa tasse de thé mais dont il respecte la mémoire et les combats : « Un peu d'internationalisme éloigne de la patrie ; beaucoup d'internationalisme y ramène. Un peu de patriotisme éloigne de l'Internationale ; beaucoup de patriotisme y ramène. » Je lui affirme enfin – et c'est tout à fait vrai – que je défends les Croix-de-Feu auprès de mes nouveaux camarades ; enfin, pour être plus exact, j'affirme qu'il ne faut pas les confondre avec les ligues fascistes qui s'agitent de plus en plus. J'ai raison mais les communistes ne l'admettront jamais. Le mouvement de masse en lequel se transforme la formation de La Rocque est en effet pour eux un dangereux concurrent. Je ne prétends pas avoir convaincu papa mais, au moins, le lien ténu entre nous n'est pas rompu.

Rien ne va. Alors que les faillites bancaires se succèdent, que le cours des actions est au plus bas, je devine que, cette fois, les affaires de papa sont dans la tourmente. La fortune familiale dont il a hérité est placée dans une petite banque d'affaires dont il est l'actionnaire principal, en actions et dans l'immobilier. Sa banque doit elle aussi déposer le bilan, ses titres ne valent presque plus rien, le marasme sur la pierre est profond, ma tante Simonne l'a éprouvé en plein. André aux abois commande à ma mère furieuse de se séparer de tous les domestiques sauf une. Ce sera Julia, cuisinière et femme de ménage. L'humeur de Blanche est exécrable, elle se déverse sur mon pauvre papa déjà accablé. Un après-midi, alors que je suis au lycée, maman reçoit un coup de téléphone du cabinet d'affaires qu'il dirige. La secrétaire a entendu un coup de feu provenant de son bureau. Elle sait l'ampleur de l'effondrement de ses biens, le voyait gravement préoccupé, elle craint le pire et se précipite. Papa est affalé sur son bureau, la tête ensanglantée. Son bras droit pend sur le côté du fauteuil, un revolver gît sur le tapis. Il est vivant, cependant. Aux urgences de l'hôpital Beaujon où il est transporté, en ce temps-là rue du Faubourg-Saint-Honoré dans le VIIIe arrondissement, à deux pas de ses bureaux, on constate une plaie horizontale qui forme un sillon profond et sanguinolent de la tempe vers l'occiput. La balle n'a pas pénétré dans la boîte crânienne. Papa était aussi maladroit que moi, il s'est loupé. Je suis bien sûr prévenu par maman qui peut me joindre à Carnot ; nous nous donnons rendez-vous devant l'hôpital. Mon père est choqué, suite au traumatisme physique et émotionnel, mais conscient. Il se sent incapable de nous parler. Le lendemain, je le laisse en tête à tête avec maman mais, le jour suivant, m'arrange pour lui rendre visite seul alors que je sais maman occupée. Jamais je n'oublierai l'heure que nous passons ensemble, la conversation que nous avons. Il me fait asseoir à côté du lit et me prend la main. « Jean, je te demande pardon. Je t'aime, c'est fou d'avoir pris le risque de te laisser. Nous n'avons pas souvent discuté, tous les deux, tu as grandi si vite ! J'ai l'impression d'être allé travailler, un matin, en laissant un enfant à la maison, et d'avoir trouvé en rentrant un adulte à sa place. Et en plus, un adulte communiste ! C'est intimidant, tu sais. » Des larmes perlent à ses yeux, glissent lentement sur sa joue ronde. « Parle-moi de toi, Jean, de tes "camarades", dis-moi ce que tu cherches, explique-moi, montre-moi ! » J'en suis stupéfait. J'ai un père, papa m'aime, il souffre. Malgré la distance qui nous sépare, il s'interroge, cherche à comprendre et non plus seulement à condamner. Je lui parle, lui explique ce qui m'a conduit à vouloir briser la chaîne à laquelle je me sentais cadenassé. Il admet que l'on puisse ressentir cela, que lui-même, jeune déjà, et maintenant dans la tempête qu'il a cherché à fuir, l'a éprouvé, même s'il n'en a pas tiré la même leçon que moi. L'essentiel de ma relation à papa s'est exprimé là, à l'hôpital Beaujon, durant ces instants où, nous tenant par la main, nous avons échangé. À dire vrai, elle est là tout entière. Aucune nostalgie, cependant, à cette pensée, tant de parents et d'enfants ne vivent pas même de toute leur vie une heure comme celle-là ! Je me suis pour ma part efforcé d'en reproduire l'authenticité et l'intensité avec mes fils, d'une certaine manière aussi avec mes élèves. Y suis-je parvenu ? Je l'espère, de toutes mes forces, avant d'abdiquer.

Sorti de l'hôpital, papa réorganise sa vie sur un train plus modeste qu'auparavant mais suffisant pour assurer à sa famille une belle aisance. Il reprend son métier d'avocat et se sert de son carnet d'adresses et de ses relations pour se spécialiser dans les contentieux financiers. Mes parents peuvent continuer d'habiter rue de Lisbonne jusqu'à la mort de papa en 1959, et ma mère au-delà. Je n'avais, bien entendu, pas convaincu mon père d'adhérer à l'Internationale communiste, il resta un bourgeois de droite, patriote antiallemand et membre des Croix-de-Feu. Cependant, son mécontentement à mon égard a disparu, la tension entre nous s'est dissipée et nous partageons même, à l'occasion, quelques idées.

Le militant

Les conséquences politiques de la crise, en France et en Europe, fournissent au jeune communiste que je suis l'occasion de se plonger dans la bagarre. Mussolini est au pouvoir en Italie depuis 1922, le fascisme dont il est l'initiateur devient partout un modèle pour les franges extrêmes de la droite nationaliste, en particulier pour les nazis en Allemagne et, bientôt, les franquistes en Espagne. Le chancelier Hitler est appelé au pouvoir en janvier 1933, le Caudillo lance ses troupes à l'assaut de la République espagnole en juillet 1936. Comme en Allemagne, les ligues françaises, fascinées par le modèle fasciste, prospèrent aussi sur un fond antisémite ancien. Les soubresauts et divisions de l'affaire Dreyfus ont laissé une forte empreinte dans l'opinion. L'extrême droite française, royaliste et fasciste, est également antisémite et dès lors prête à jeter son nationalisme aux orties pour se rapprocher de l'Allemagne nazie. Bachelier à seize ans, j'entre en hypokhâgne à Condorcet en 1932 mais ne supporte plus la condition de lycéen des classes préparatoires que je juge infantilisante, loin du cœur de Paris. J'entre en octobre 1933 à la faculté des lettres de la Sorbonne, au cœur du Quartier latin qui bouillonne. C'est désormais là que j'étudie, mais aussi, et surtout, que je milite. Plus que les cours en amphithéâtre, je me rappelle avec netteté les rendez-vous avec des camarades, à la bibliothèque Sainte-Geneviève, à la terrasse des cafés, dans l'attente du signal. Nous nous levions alors tous comme des diables sortant de leurs boîtes et nous nous précipitions pour contrer des groupes de Camelots du roi ou autres ligueurs se déversant en vagues de la faculté de droit vers la rue des Écoles et le boulevard Saint-Michel. « Mort à la gueuse et aux brigands ! » criaient les royalistes.

« Vive la république, vive la révolution, le fascisme ne passera pas ! » répondions-nous. Les bagarres étaient brèves mais parfois violentes, elles se prolongeaient souvent par des courses-poursuites éperdues, à perdre haleine. Selon les cas, j'étais, avec les miens, gibier ou chasseur. Je me rappelle, en janvier 1934, m'être trouvé dans la seconde situation, un montant de bois récupéré sur un chantier en main, courant sus à un groupe des Jeunesses patriotes en dévalant à toutes jambes la rue de la Montagne-Sainte-Geneviève. Un jeune fasciste fort enrobé s'est laissé rattraper, il est à terre, un petit groupe de camarades véhéments autour de lui. Je suis l'un des leurs, mon bâton en main, prêt à le lever, levé déjà en réalité. Et puis en un éclair, je suis saisi d'une incroyable honte. Ce n'est tout de même pas moi qui m'apprête à frapper ce garçon au sol, avec les autres ! Mon bras retombe, je tremble, la sueur de la course devient chape glacée. « Allez, camarades, il est vaincu, lui, ne perdons pas de temps, continuons plutôt de chasser le reste de la bande ! » Nous abandonnons tous le jeune factieux qui, peut-être, je n'en suis pas sûr, me lance un regard reconnaissant. Plus jamais cet épisode minuscule ne quittera mon esprit tant il illustre l'incroyable péril qu'encourt le juste lorsqu'il fond sa volonté dans celle du groupe, de la foule dont tous les membres procèdent de la sorte. J'en ai par la suite tiré la résolution de ne plus jamais m'investir tout entier dans mes engagements collectifs, d'être capable en même temps certes d'agir, de partager cette action, mais aussi de savoir l'observer, la juger comme un observateur distant.

Tout le mois de janvier 1934 est agité de manifestations de plus en plus massives à l'instigation de l'Action française. Elle voit dans le suicide le 8 janvier de Stavisky, dénoncé comme un assassinat, et dans l'instabilité parlementaire depuis la victoire relative du Cartel des gauches aux élections de 1932, le moyen d'ébranler la gueuse, puis d'abattre la République. Les affrontements avec la police autour du Palais-Bourbon sont durs, la confusion à son comble. Le 27 janvier, des ouvriers communistes se mêlent aux troupes de l'Action française, des Jeunesses patriotes et de la Ligue des contribuables, ils défilent en réclamant l'instauration des soviets et en chantant *L'Internationale*. J'apprends que l'explication à la direction du Parti est houleuse ! Le remplacement fin janvier de Camille Chautemps, lié à Stavisky, par Édouard Daladier à la tête d'un nouveau gouvernement pourrait calmer la situation. Il n'en est rien car le préfet de police Jean Chiappe, apprécié par la droite et les ligues, est muté au Maroc le 3 février. Les ligues, au premier rang desquelles l'Action française, font alors courir la rumeur que cela est le prélude d'un vaste limogeage des responsables civils et militaires patriotes. Le nouveau cabinet doit être présenté à la Chambre le 6 février. Les ligues mobilisent, rejointes par les anciens combattants, la Ligue des contribuables et, ce qui m'inquiète au plus haut point, le puissant mouvement des Croix-de-Feu auquel appartient papa. Quoique ce dernier ait renoncé à manifester, je décide de me faire discret mais d'y aller voir. Le matin, les ligues et autres forces mobilisées manifestent place de la Concorde, boulevard Saint-Germain, place de l'Hôtel-de-Ville mais ne tentent pas de franchir les cordons de gardes républicains, de gendarmerie mobile et autres policiers à pied et à cheval. L'après-midi, les troupes du colonel de La Rocque, peut-être les plus nombreuses, sont massées sur l'esplanade des Invalides, noire de monde. Cependant le leader des Croix-de-Feu refuse de marcher sur le Palais-Bourbon et appelle ses partisans à se disperser. J'en suis soulagé : sans eux, le coup d'État avec occupation de l'Assemblée me semble impossible, je rejoins au Quartier latin mes amis et camarades, disponible comme eux au cas où le Parti aurait besoin de nous. Ce n'est donc que tard le soir et le lendemain que j'apprendrai la violence de l'émeute conduite par les Camelots du roi, bras armé de l'Action française, les Jeunesses patriotes et autres émeutiers qui attaquent les gardes mobiles avec des bâtons hérissés de couteaux ou de lames de rasoir, qui coupent les jarrets des chevaux, bombardent les forces de l'ordre de boulons d'acier. Des coups de feu sont tirés, les policiers ripostent. On me parle d'une dizaine de morts, il y en aura plus.

La première manifestation de masse interdite à laquelle je participe est organisée par la SFIC et d'autres organisations communistes le 9 février, en riposte à la démonstration de force des ligues factieuses trois jours auparavant. Avec d'autres étudiants nous avons sillonné tout l'après-midi le quartier de la gare du Nord à la Bastille pour repérer les concentrations de forces de l'ordre. La foule de près de cinquante mille personnes se réunit dans les rues qui convergent vers la place de la République après vingt heures. Les étudiants communistes se sont donné rendez-vous rue des Archives, qu'ils remontent jusqu'à la place déjà occupée par une dizaine de milliers de manifestants. Les affrontements débutent très vite, ils sont violents, parfois sauvages. Beaucoup d'ouvriers communistes sont venus avec des banderoles tendues entre de solides gourdins dont la fonction change aux premiers heurts. Certains ont garni leurs poches de billes d'acier prélevées sur les stocks de leurs usines. On s'attend en effet à ce que l'affaire soit rude. Le 6 février, le mouvement des anciens combattants proche de la SFIC avait appelé lui aussi à manifester mais, en ce qui le concerne, pour « défendre la République ». Les échauffourées avec la police et l'Action française avaient été vives, faisant un mort. Cette fois, les militants ont pris leurs précautions. Les gardes républicains chargent à cheval, accueillis par une pluie de projectiles. Je ne fais pas moi-même le coup de poing, ce n'est pas l'activité politique que je préfère, mais manque, boulevard Magenta, à peu de distance de la gare de l'Est, de rouler sous les pieds d'un cheval. Dans ce secteur les affrontements sont les plus violents et durent une partie de la nuit. En effet, ici, le petit peuple de Paris prend fait et cause pour les militants poursuivis par les policiers, il les bombarde d'objets divers depuis les fenêtres et balcons, dispose des poubelles et matériels de chantier en travers de la rue pour gêner les charges de la cavalerie et des fantassins. Vers minuit, je dois à cette aide de la population de ne pas rejoindre les mille manifestants arrêtés. Il y a hélas quatre à six morts, des centaines de blessés. Pour moi, un baptême du feu, en quelque sorte. Cette dure confrontation du 9 février et ses victimes ne seront pas politiquement inutiles puisqu'elles joueront le rôle d'un puissant catalyseur du rapprochement entre la SFIO et la SFIC, puis entre les deux branches sœurs ennemies de la CGT, prélude à la réunification syndicale et au Front populaire. Je participe bien entendu aux défilés du 12 février, date de la grève générale antifasciste à laquelle ont appelé la vieille CGT socialiste et la CGTU communiste. La SFIO a convoqué les manifestants porte de Vincennes, d'où ils doivent rejoindre la place de la Nation. La démonstration a été autorisée. La SFIC n'a au départ pas prévu de défiler mais plutôt de disposer tout au long du parcours des communistes chargés de distribuer des tracts et de haranguer les socialistes pour qu'ils les rejoignent. J'en suis. Cependant, les choses ne se passent pas du tout comme prévu. Le racolage communiste n'est pas un franc succès, nous nous attirons partout une réaction unanime : « Unité, unité ! » Cours de Vincennes, le cortège socialiste à gauche de la large avenue est bientôt accompagné d'un cortège de la CGTU qui emprunte, lui, la contre-allée droite. Je décide de m'y mêler. Arrivé place de la Nation, une vive inquiétude me saisit ; les dirigeants socialistes en tête de cortège, écrira Léon Blum, ressentiront la même. D'importantes forces de cavalerie sont disposées avenue Daumesnil. Venant de l'intérieur de

Paris par la rue du Faubourg-Saint-Antoine, débouche un cortège de la SFIC convoqué à la hâte mais qui a gonflé tout au long du chemin. Communistes et socialistes vont-ils s'affronter, donnant à la cavalerie un prétexte pour charger ? Un désastre, j'en tremble. Mais non, de toutes les poitrines le même cri retentit : « Unité, unité ! » Puis, à gorge déployée, c'est *L'Internationale* qui jaillit alors que s'agite une forêt de drapeaux rouges et tricolores. Les trois cortèges se mélangent, les gens s'embrassent, rient, moi aussi, mon cœur est gonflé à exploser, je suis bien, je suis heureux. J'apprendrai le lendemain que partout en France le même phénomène s'est produit : le peuple a imposé l'unité aux appareils. Le Front populaire est sur les rails. J'avoue que cette journée, dont je garde tous les détails en mémoire, a été pour moi l'occasion d'exercer mon agilité dialectique. Je suis au fond de moi convaincu du rôle essentiel des « avant-gardes éclairées », des élus, et me méfie de la spontanéité populaire. Mais, le 12 février, c'est la seconde qui a fait l'histoire en s'imposant aux premiers. La voie réside sans doute dans le dépassement de cette contradiction.

Vers le Front populaire et la guerre

Après l'exaltation des journées de février, je me consacre un peu plus à mes études, un moment délaissées. J'hésite entre la philosophie et l'histoire et penche un temps pour cette seconde voie. Je vise l'agrégation. De toute façon, les violences ont baissé d'un cran, en France, sans que s'atténue en rien l'opposition radicale entre une droite qui continue de se radicaliser et une gauche engagée dans la construction de son unité. Un pacte d'unité d'action a été conclu fin juillet 1934 entre les socialistes et les communistes, j'aime son mot d'ordre : « Pain, paix et liberté. » Laval au gouvernement impulse une politique déflationniste absurde, la situation économique et sociale s'aggrave. Chacun est un peu tétanisé par ce qui se joue outre-Rhin : le référendum en Sarre dont la population décide à une écrasante majorité de rejoindre l'Allemagne, le réarmement du Reich en contradiction du traité de Versailles, le désastreux accord naval germano-britannique qui le viole sans vergogne. J'avoue manquer singulièrement de perspicacité à ce propos. J'écris à Millette :

« Je note les dernières nouvelles d'Allemagne. Je ne crois pas qu'elles doivent avoir de grosses conséquences directement par elles-mêmes. Et je me méfie des emballements, des intuitions, des prophéties. Il faut garder devant le trouble du monde une absolue mesure ; s'interdire tout jeu d'imagination ; essayer de peser le pour et le contre et de comprendre, avec la plus forte volonté possible d'objectivité : l'important n'est pas de prévoir, mais d'être prêt devant n'importe quelle situation ; demeurer dans une grande réserve. S'éparpiller en discours à propos de ces événements me paraît ridicule et odieux. Ne croyez-vous pas (je suis communiste et n'aime pas Hitler) que l'Allemagne ait une attitude assez forte et juste ? Peut-être sera-t-il nécessaire de la combattre. J'aime croire que nous n'aurions pas agi autrement qu'elle à sa place ; j'entends que ses revendications territoriales sont profondément réelles ; qu'une Allemagne communiste n'eût pas plus que celle-ci accepté l'idiote humiliation, l'étouffement stupide imposé par le traité de Versailles. Le peuple allemand se juge frustré, diminué. Et cela est très grave : que l'Allemagne se tourne contre l'URSS et veuille lui prendre l'Ukraine, cela a une bien plus profonde réalité, un plus profond enracinement que l'hostilité entre fascisme et communisme. Nous sommes solidaires de l'URSS. Il s'agit de ne pas confondre la politique allemande avec le peuple allemand, qui, trompé, n'en reste pas moins une masse humaine à regagner : du moins c'est à nous qu'il appartient de défendre jusqu'au bout la paix. »

Il est temps pour moi de faire mon autocritique, c'est le moment où jamais. Je ne me suis guère révélé brillant dans l'art difficile des prévisions politiques et géostratégiques. Mes fils s'en amusent. Ils prétendent que je leur suis très utile pour envisager le cours des choses. Il leur suffit de me demander mon avis et d'en exclure les prévisions de leurs propres analyses. Ils exagèrent mais pas tant que cela. J'ai beaucoup de difficultés, il est vrai, à ne pas considérer toutes les dimensions contradictoires d'un problème et à en établir la hiérarchie ; dialecticien, je préfère les considérer toutes et les dépasser. L'expérience a démontré qu'en matière de prospective ce n'était pas la meilleure approche ! Au début de l'année 1936, je décide de reprendre un peu plus de service militant. Les obsèques de Jacques Bainville m'en donnent l'occasion. Cet académicien, historien royaliste et figure de l'Action française, meurt en ses appartements de la rue de Bellechasse en février, il doit être enterré en Normandie le 13. L'Action française a été excommuniée par le pape Pie XI en 1927 en raison, en particulier, de la position de Charles Maurras, son plus incontestable maître à penser. Cet agnostique professe la prééminence du politique sur le religieux et voit surtout dans le catholicisme le moyen d'une unification de la nation française. Bainville ne sera par conséquent pas enterré à l'église. L'Action française a décidé néanmoins de lui rendre un hommage solennel boulevard Saint-Germain, entre la rue de Bellechasse et les quais qu'emprunte le convoi pour se rendre à la gare de l'Alma. La foule est là, impressionnante. Je me campe près du métro Solférino et, à l'approche du cortège, grimpe sur le muret qui supporte les grilles de la station. Là, à tue-tête, de tout mon cœur, j'entonne une vibrante *Internationale*. Je ne me rappelle plus si j'étais sous le coup d'une déception et plongé dans une dépression profonde : ma provocation est suicidaire ! Pourtant, rien ne se passe, les royalistes rassemblés, et même les Camelots du roi qui assurent le service d'ordre, me regardent seulement d'un air étonné. Ils pensent sans doute que j'ai entonné un chant d'action de grâces en l'honneur du disparu mais ils ne l'ont pas reconnu ! Je chante si faux ! Très vexé, je descends de mon perchoir et m'apprête à me retirer de cette foule où je n'ai vraiment rien à faire lorsque, à l'angle de la rue de l'Université, je perçois du remue-ménage. Une automobile a cherché à traverser le boulevard, le service d'ordre l'a bloquée et, maintenant, la foule semble s'acharner sur elle, les vitres sont cassées, on crie, on conspue. Tout le monde s'excite, ça devient chaud, je me retire par la rue Saint-Dominique. J'apprendrai le soir à la radio que Léon Blum et Georges Monnet étaient dans le véhicule, qu'on les a reconnus et que l'affaire a failli être dramatique. Blum n'a tout compte fait été que légèrement blessé. Un Conseil des ministres exceptionnel est convoqué le soir même. Il dissout toutes les organisations de l'Action française. Le dimanche qui suit les obsèques de Bainville et mes exploits de provocateur chantant faux se déroule une grande manifestation pacifique du Front populaire que je décris dans une lettre à Millette :

« Absolument impossible aujourd'hui de plus longtemps vous écrire, ma chérie. Nous avons défilé cet après-midi, à 300 000, pendant quatre heures, du Panthéon à la Nation, dans une maîtrise épatante, dans une force qui semblait enracinée au sol, faire corps avec la ville. De violente, que leur revendication du bonheur. Nous étions vraiment le peuple réel : absolument pas une cohue, mais une masse ayant apporté dans la rue, par un acte de grande confiance et comme une preuve, tout ce qui la fait elle-même : une masse venue toute liée déjà entre elle : hommes et femmes par couples, les enfants tenus à la main ou portés sur les épaules : un immense groupement de cellules sociales se comprenant, s'intégrant dans une commune volonté de vivre mieux. Cette masse avait son visage et sa vigueur propres, qui nous dépassaient et nous réalisaient ; elle avait sa conviction serrée comme le lin d'une toile et son poids vivant de persuasion : elle prouvait, elle nous imposait au monde ; les chants étaient arrachés de chaque bouche et nous entretenaient comme une nourriture qui nous eût pénétrés tous d'un seul corps. Il se faisait un travail auquel chacun se dominait dans sa solitude, et qui nous était rendu à tous, fondant notre communauté. »

Je crois que l'atmosphère de cette démonstration du 16 février 1936 était déjà celle du 14 juillet de l'année précédente, à laquelle je n'avais pu assister car en vacances à Mussy chez Mémé, congé au cours duquel je fis la connaissance de Millette et se noua notre relation. Après la nette victoire du Front populaire, le 3 mai, l'impressionnant défilé au mur des Fédérés, le 24 mai, prend une tonalité différente : c'est un rassemblement de combat, communard, les drapeaux rouges flottent au vent, les chants révolutionnaires fusent, les grandes grèves vont éclater aussitôt. Je suis ce conflit avec passion, bien entendu, me réjouis des accords de Matignon. Pourtant, je conserve la nostalgie de l'atmosphère des mois qui ont précédé la victoire de mai, cette assurance paisible d'une foule joyeuse et sûre d'elle-même qui a déjà vaincu mais n'a pas encore cueilli les fruits de la victoire. C'était là une belle période de fiançailles où tout n'est que promesse et pas encore souci, où le bel et vif espoir exclut encore l'insatisfaction d'un accomplissement nécessairement imparfait. Tout au long de mon existence, j'ai ressenti cela. À cinquante-quatre ans, je doute d'ailleurs qu'il puisse en aller autrement. En tout état de cause, jamais pour moi. Je suis une fois de plus à Mussy, occupé à préparer mon mariage, lorsque Franco déclenche les 17 et 18 juillet son putsch militaire. La situation en Espagne ajoutée à mes préparatifs matrimoniaux détourne un peu mon attention de la situation en France. Je suis bouleversé et indigné par la politique de non-intervention imposée par la Grande-Bretagne et signée par Blum. Intoxiqué par la vigueur des attaques de mon parti contre son partenaire socialiste, j'ignore la difficulté de la situation que le gouvernement doit gérer et ne sait rien des efforts qu'il consent malgré tout pour armer en sous-main la République espagnole. J'envisage un moment de m'engager dans les Brigades internationales mais renonce rapidement. Je tiens à épouser Millette, je ne peux pas lui faire cela. De plus, je me crois courageux mais ne suis pas un guerrier. La guerre pourtant est prête à me rattraper.

4

Millette et la guerre

Rencontre musséenne

Plus rêche avec beaucoup d'autres, ma grand-mère maternelle, Mémé, m'a toujours adoré. Je lui ai depuis mon enfance rendu son affection. Je passe de ce fait presque chaque année quelques semaines à Mussy, chez elle. En froid avec son fils Jacques, témoignant d'une hostilité durable envers sa bru Simonne, qui la lui rend avec intérêts, elle est en revanche restée très liée à mes parents, sa fille Blanche et André qui lui font eux-mêmes des visites régulières. La petite cité de Mussy est aussi de ce temps-là une sorte de laboratoire social pour un jeune communiste comme moi. Située à la frontière entre la Bourgogne et la Champagne, c'est-à-dire, à partir du XIIIe siècle, entre le duché de Bourgogne et le royaume de France, Mussy-l'Évêque, son nom jusqu'à la Révolution, a une histoire ancienne, riche et agitée. Ce fief et résidence d'été des évêques de Langres a été conquis, perdu et reconquis maintes fois par les puissances opposées, France, Bourgogne et domaine épiscopal. La guerre de Cent Ans a été particulièrement terrible pour Mussy qui garde pourtant de son histoire de superbes vestiges, et surtout une église en forme de petite cathédrale gothique, Saint-Pierre-ès-Liens, construite d'un seul tenant à la fin du XIIIe siècle. En son intérieur, je ne me lasse jamais d'admirer une fabuleuse statuaire, école de Mussy du XIVe siècle et beau XVIe troyen. Deux pièces restent gravées dans ma mémoire, je les vois toutes deux lorsque je ferme les yeux, même maintenant, dans ce train. De la première époque, un saint Jean Baptiste à la longue barbe, couvert d'un manteau de laine, annonce la crucifixion. Ses mains fines et allongées sont d'une élégance toute féminine, il arbore un sourire énigmatique mais confiant. De l'école troyenne, le chef-d'œuvre est sans conteste un bouleversant Christ aux liens couronné d'épines et les poignets attachés. Le sang ruisselle sur son visage qui exprime un paroxysme de souffrance subie et anticipée mais dont les yeux grands ouverts semblent comme détachés, au-delà de la terreur. Mussy était par tradition et depuis le Moyen Âge un bourg de vignerons dont l'activité est ruinée à la fin du XIXe siècle par le phylloxéra. Lorsque la technique de la greffe de plans nobles sur un porte-greffe américain naturellement résistant au puceron permet de replanter la vigne, Mussy choisit plutôt la voie du développement industriel. En 1936, ce chef-lieu de canton de mille huit cents âmes compte, avec un village limitrophe, plus de mille emplois industriels dans le bois, la literie, l'huile et moutarde, la fabrique de clous et la mécanique. Le maire est, comme d'habitude ici, de droite, patron de la plus grosse entreprise de la cité, une fabrique d'emballages, panneaux et caisses employant entre cinq et sept cents personnes. Pourtant, les luttes sociales qui agitent le pays n'épargnent pas Mussy où la CGTU et les communistes sont puissants. On manifeste le 12 février 1934 et le 14 juillet 1935 est l'occasion d'une démonstration de force de la gauche.

En face, la droite est bien organisée autour des industriels et petits patrons, du châtelain local et du curé de choc de la paroisse, l'abbé Tinet. Cet homme énergique et coléreux est un meneur d'hommes, à vrai dire surtout de filles pieuses. Sous sa gouverne, le patronage organise maintes activités, une chorale, une troupe de théâtre, des sorties, etc. Pendant le Front populaire, les filles et femmes des ouvriers communistes apostrophent souvent celles du patronage lorsqu'elles partent en promenade ou participent à une procession : « Tiens, les poules à curé défilent. » Cela n'empêche pas la population de Mussy d'être très attachée à l'abbé Tinet, même les plus anticléricaux. Quand il meurt, ses cousins originaires de Cussangy refusent de payer les frais d'enterrement ; la Madeleine, une communiste de choc, apprend qu'il va être enterré dans la fosse commune à Troyes. Elle est outrée et rend visite à une famille de Mussy : « Qu'est-ce que j'apprends ? Tinet dans la fosse commune ? Vous qui êtes religionesque, vous allez faire quelque chose ! Nous, les communistes, on a déjà fait une quête. Il y a tant. » L'abbé repose au cimetière de Mussy, grâce à la communiste et à la religionesque. Sur le plan politique, les Croix-de-Feu, puis le PSF, de François de La Rocque sont la force politique principale en laquelle la droite se reconnaît. Beaucoup de filles du patronage sont aussi membres des sections féminines du mouvement. Tel est le cas de Camille Ferriot, fille d'un petit industriel du jouet prénommé lui aussi Camille ; leur maison et les ateliers attenants sont situés près de la gare, à l'extrémité nord de la Promenade dont la demeure de Mémé occupe l'extrémité sud. Pour tous, à Mussy, la fille Ferriot, c'est la Millette. Le verbe haut, adorant le spectacle, riant à gorge déployée des farces qu'elle aime faire aux autres, pleine d'une énergie communicative, elle est une sorte de vedette parmi ses copines.

En vacances, j'aime faire quelques pas au petit matin avant de déjeuner, et aussi le soir après dîner. La Promenade de Mussy s'y prête à merveille. Herbeuse, plantée de tilleuls, elle se dirige depuis chez Mémé vers le nord, en direction d'une ancienne porte de la ville, aujourd'hui hélas détruite, qui se trouve en face de la maison Ferriot. En chemin, on jouit à droite d'une belle vue sur le clocher de Saint-Pierre-ès-Liens. Plusieurs fois, j'ai croisé Camille Ferriot, adepte elle aussi de ces instants de détente et qui parcourait le trajet en sens inverse, parfois seule, d'autres fois tenant la main de son petit frère. En juillet 1935, j'ai dix-neuf ans, elle en a vingt et un. Elle n'est pas ce que l'on appelle une très belle fille et seule la répétition de nos brèves rencontres marquées de très conventionnels

« Bonjour, mademoiselle. – Bonjour, monsieur » m'amène, après je ne sais combien d'occasions similaires, à lui lancer, un jour qu'elle se promène sans son frère, des banalités de circonstance : « Il fait doux, n'est-ce pas, mademoiselle ? La journée devrait être belle, elle vous appartient de droit ! – Quoi, monsieur, laissez-vous entendre que je ne saurais sinon m'imposer au vilain temps ? Vous me faites là un bien singulier compliment ! » Surpris par la vivacité de la repartie, je proteste, pour n'être pas en reste : « Le vilain temps, la pluie et l'orage, le froid et le vent, je vous vois bien les apprivoiser, les dominer. Mais aujourd'hui, cette luminosité de juillet, la rosée du matin, l'ardeur du soleil dans quelques heures, les oiseaux qui nous font fête, les fruits ailés des tilleuls qui frémissent dans le vent, tout cela est à vous, sans effort, de plein droit. Comment vous appelez-vous, mademoiselle ? – Camille, comme mon père, mais on m'appelle Millette. Vous, c'est Jean, le fils des Parisiens qui viennent souvent chez la dame du bout. Voyez, je vous connais déjà. – Puis-je vous raccompagner jusque chez vous, Millette, ou bien prolonger la Promenade en votre compagnie afin de faire plus ample connaissance ? » Fini dès lors de se croiser, on marche côte à côte dès qu'on s'est trouvés, allers-retours entre les deux demeures, répétés trois, quatre fois. Puis, on s'enhardit. Millette et moi partons presque tous les après-midi nous balader, empruntant d'abord la petite route de Plaines, en bordure de Seine, puis dans les bois par la colline d'Essoyes, par le fond du Val-du-Puits, vers la ferme de Champ-Cadot, etc. Les mains se trouvent, quelques baisers sages sont échangés. Tout en marchant, nous nous dévoilons l'un à l'autre. Millette est surprise de savoir que le jeune bourgeois en vacances chez sa grand-mère est un bolchevik. D'abord choquée, elle s'en amuse bien vite, elle me demande où j'ai caché le grand couteau que je suis censé tenir entre les dents. Millette est très drôle, elle est une conteuse-née. Durant nos longues promenades, elle me raconte les « histoires de Mussy », et en rit elle-même à s'en décrocher la mâchoire. Sans doute ces historiettes sont-elles pour la plupart inventées, elles font néanmoins partie de la culture collective de la petite cité. Elles évoquent le gros Riton, si gros que, le jour de ses obsèques, les croque-morts doivent faire deux voyages. Ou bien la Madeleine dont le mari se meurt. Pour avoir le choix, et profiter de prix plus avantageux, elle profite d'un voyage à Troyes pour acheter une belle couronne mortuaire, qu'elle tient cachée dans la remise. L'époux, cependant, traîne, il tarde à partir. Un jour, la Madeleine, n'y tenant plus, prend la couronne et entre dans la chambre de l'agonisant qui n'en finit pas de mourir : « Tiens, mon cher mari, je te la montre, que tu puisses au moins en profiter de ton vivant ! » Le Martin est très avare, il a un âne qui, trouve-t-il, lui coûte bien cher. Il décide alors de l'habituer à la frugalité et diminue chaque jour ses rations. C'est trop bête, juste au moment où il allait l'accoutumer à se contenter de rien, l'animal crève ! Et puis il y a l'Irène – et c'est là un épisode réel –, à peine plus âgée que les filles du patronage de l'abbé Tinet. Elle est vilaine, mais alors vilaine ! Les dents qui avancent, les cheveux filasse, un strabisme notable, un embonpoint prononcé. Elle se met en tête de remplacer la bonne de l'abbé qui vient de mourir. Cependant, être bonne de curé exige d'avoir atteint ses quarante ans, âge canonique qui marquait, selon l'Église, la fin, pour toute femme, de son pouvoir de séduction. Il faut par conséquent une dispense à l'Irène, qu'elle va quémander à l'évêque de Troyes. Quand ce dernier la voit, il la lui accorde immédiatement, ce dont se vante l'Irène auprès des copines pliées en deux dès qu'elle a le dos tourné. Millette est intarissable. J'ai toujours regretté qu'un recueil exhaustif de ces plaisantes histoires musséennes n'ait pas été publié. La jeune femme se raconte aussi, longuement.

Millette

Millette n'a pas eu une enfance heureuse. Cécile, sa mère, blonde éclatante aux yeux bleu profond, aux longs cils et aux formes pleines, obéissait à tous les canons de la beauté germanique. Elle était flamboyante. De fait, trois de ses grands-parents étaient allemands ou suisses-allemands. L'un de ses aïeux, uhlan dans l'armée prussienne, avait participé à l'invasion de la France en 1870, Millette en a admiré le casque à pointe. La belle, institutrice fraîche émoulue de l'école normale, vient à l'automne 1912 d'être affectée à l'école de Mussy. Elle fait jaser dans le bourg, tous les grands frères et jeunes papas se pressent pour aller chercher les bambins à la fin de la classe, les Musséennes, filles de Mussy, grognent et cancanent. Personne ne connaît, au-delà des on-dit, la vie amoureuse de la jolie institutrice à Mussy. Il est cependant certain, puisque Millette devait en naître, qu'elle se laisse séduire par le jeune Camille Ferriot à l'occasion des feux de la Saint-Jean, le 24 juin 1913. Les jeunes gens ont dansé, les garçons ont témoigné de leur vaillance en sautant par-dessus le grand feu allumé sur la place du village, la boisson a coulé à flots. Camille et Cécile s'éloignent vers le vallon de la Vignolle, à l'orée des petits bois qui dévalent de la colline d'Essoyes. Il fait encore bien bon, en pleine nuit, en ces premiers jours de l'été, la prairie est épaisse et fleurie, la lune quasi pleine. Le garçon et la fille s'aiment goulûment. Millette naît à Paris presque neuf mois après, le 3 mars 1914. Camille a épousé Cécile pour que le bébé ait un père mais rien ne réunit ces deux-là, ils se séparent presque avant d'avoir jamais vécu ensemble. Cécile semble ensuite avoir élevé sa petite fille chez ses parents en Suisse alémanique ou en Forêt-Noire, je ne me le rappelle plus très bien. Millette parle allemand ; à Noël, elle chante « *O Tannenbaum, o Tannenbaum, wie grün sind deine Blätter ! Du grünst...* » Quand Millette a cinq ou six ans, sa mère se met en ménage avec un juif allemand très riche et fort gentil avec elle dont elle se rappelle la luxueuse propriété sur le flanc d'une colline et non loin d'un petit lac entouré d'une forêt de pins, au cœur du *Schwarzwald* (la Forêt-Noire). Puis, la belle Cécile épouse un médecin militaire français de l'armée d'Afrique du Nord. Mère et fille, âgée de huit ans alors, l'accompagnent à Tébessa, belle cité de l'Est algérien au riche patrimoine romain et byzantin. Là, le beau-père, qui a quitté l'armée, installe son cabinet privé. Millette a beaucoup d'affection pour celui qu'elle appelle Parrain et qui semble de son côté s'être sincèrement attaché à sa belle-fille. Ce lien lui permet de supporter mieux l'indifférence, puis l'hostilité, de sa mère qui apparaît mal tolérer cette fille beaucoup moins jolie qu'elle et dont elle donne l'impression d'avoir un peu honte. De plus, la fille, en grandissant, souligne l'âge de sa mère, ce que cette dernière ne supporte pas. Je crois revivre, en écoutant les souvenirs de Millette, le drame qu'a représenté pour moi l'« abandon » de mon frère Maurice par maman, un flot de sympathie nous rapproche. Pendant que la blonde Cécile mène une vie mondaine active dans la petite communauté des colons européens de Tébessa, donne des récitals privés de chant (discipline qu'elle a perfectionnée jeune fille au conservatoire), Millette est un peu laissée à elle-même. Elle garde de bons souvenirs de ses jeux d'adolescente avec les filles de là-bas, celles des familles coloniales surtout, car un apartheid règne de manière impitoyable. Il y a aussi une communauté juive assez importante dans laquelle Millette se serait bien fait des amies si sa mère ne lui avait pas interdit expressément de les fréquenter : en dépit de son ancien amant de Forêt-Noire, juif mais très fortuné, Cécile est d'un antisémitisme virulent que ne partage pas Parrain. Ce dernier est plutôt bonhomme, il soigne sans distinction les Européens et les « indigènes » (terme consacré chez les colons), leur demande de régler les consultations et soins en fonction de ce qu'ils peuvent payer, parfois une poignée de dattes ou des confiseries arabes. Lorsque Millette n'en peut plus de la froideur de sa mère, du reproche d'exister qu'elle croit lire dans ses yeux, elle va dans le cabinet de Parrain, s'assoit dans la salle d'attente et profite du bref intervalle entre deux patients pour aller se faire dorloter un peu : il est le seul à le faire.

Lorsque sa fille a dix-huit ans, Cécile, qui en a un peu plus de quarante mais en avoue beaucoup moins, décide de briser le miroir de son âge réel. Elle lui annonce sèchement qu'elle n'a plus rien à faire avec elle. Tout dans son physique démontre qu'elle est une Ferriot et pas vraiment de son sang. Qu'elle retourne donc chez son père : c'est là-bas, chez elle ! En fait, Millette elle-même n'en peut plus, elle est soulagée de prendre le bateau à Alger, direction Marseille et, de là, Lyon, Troyes et Mussy. Arrivée en 1932, elle peut commencer à vivre enfin. Camille, son père, a épousé la « grande Germaine » dans les années 1920, ils ont eu ensemble un fils, Guy, âgé de quatre ans au retour de Millette qui est d'emblée en adoration pour son petit frère. Sous une apparence bourrue, Germaine est une femme bienveillante et sensible. Elle comprend d'instinct que la grande fille de son époux a été meurtrie, qu'il faut impérativement l'aider à se reconstruire. Elle accepte par conséquent de « partager » son garçon avec sa belle-fille. De fait, Millette est comme une fleur presque fanée que l'on replonge *in extremis* dans un vase empli d'eau pure : elle renaît. Son père, Germaine, le petit Guy, les ouvrières de l'atelier paternel avec lesquelles elle travaille souvent, le patronage de l'abbé Tinet, les copines, tous contribuent à transformer le chat écorché et triste en la jeune fille rayonnante de vie, intellectuellement vive et drôle que j'ai abordée sur la Promenade. Je n'avais auparavant pas détaillé son visage auquel on ne s'arrête pas au premier abord. Maintenant que j'ai à plusieurs reprises déposé des baisers sur ses lèvres, je peux en parler avec précision. Des yeux noisette pétillants – ah le regard mutin de Millette ! –, un sourire espiègle, une brune et dense chevelure coupée court au carré, à la garçonne, détonne avec la voluptueuse cascade de boucles dorées de sa mère ; elle encadre un bel ovale, malgré un menton rond assez fort dont la surface frémit légèrement sous le coup de l'émotion et un nez en effet plus bourguignon que germanique. Son expression vive et mobile, tour à tour songeuse, interrogative, concentrée ou rieuse, crée une harmonie d'ensemble, un paysage changeant et chatoyant qui m'émeut. Millette est loin d'être vilaine, ce n'est cependant pas son physique qui me séduit d'entrée de jeu. Son enfance si cruelle la rapproche en mon esprit de mon frère aîné, de tous ceux rejetés par leurs mères. Maurice en est mort, Millette est là, bien vivante, il faut qu'elle vive, elle mérite une revanche. Et puis, elle est l'antithèse de tout ce que je hais, cette bourgeoisie parisienne des beaux quartiers, guindée, hautaine, volontiers méprisante, au mieux condescendante. Les grands-parents Ferriot de Millette ont été bistrotiers en Bourgogne septentrionale, des gens simples. Son père est petit patron, maintenant. Son affaire de jeux de société en bois, dadas, oie, échecs et dames, de plumiers et boîtes à chaussures pour la pension, tourne bien, il possède désormais quelque bien. Sa grande fille n'hésite cependant pas à revêtir la blouse grise des ouvrières et, avec Ghislaine, la contremaîtresse, et les autres, à encoller les boîtes autour du plan de travail qui trône au milieu de l'atelier. Et puis Millette est spontanée, elle est gaie, elle ne s'empêche jamais d'éclater de rire, elle aime discuter de tout, elle est la quintessence de ce que je n'ai jamais connu. Une occasion que je décide de saisir pour faire d'une pierre deux coups : quitter la rue de Lisbonne, m'affranchir de ce qu'elle représente et qui m'a tant pesé, et en même temps épouser une jeune femme dont la vitalité et la vivacité m'impressionnent. Sa gaieté est contagieuse, je suis épris. Il m'est difficile de définir ce que recouvre ici le terme « épris ». Depuis mon adolescence, j'ai désiré presque toutes les femmes que j'ai rencontrées et n'ai guère été frustré. Millette ne fait pas exception, je sais d'emblée que le chemin de sa couche passe par monsieur le curé, elle est sous cet aspect semblable à ma tante Simonne. Là ne réside cependant pas l'essentiel de mon sentiment pour Millette, profond, sincère mais sans doute dénué de passion. Elle est, pour moi, en 1935 et 1936, la femme avec qui je dois franchir ce pas du mariage, de l'indépendance et de la famille, une évidence, la forme que revêt en cette circonstance

« la loi », c'est-à-dire la voie que la nature me pousse à emprunter. Sous cet aspect, jamais je n'ai regretté ce choix.

Communion

Je commence à parler mariage à Millette avant même la fin de l'année 1935. Je la crois flattée mais elle a les pieds sur terre, comme, selon l'expérience que j'en ai, les femmes en général. Elle nous trouve – moi en particulier – bien jeunes, note que je suis étudiant, qu'il convient d'attendre que j'aie un métier pour subvenir aux besoins d'une famille qu'elle ne conçoit pas sans plusieurs enfants. Je ne suis de toute façon pas encore majeur ! Cependant, nous nous promettons dès cet instant l'un à l'autre. La famille Ferriot est très vite informée de nos projets puisqu'elle s'est trouvée aux premières loges pour observer la naissance de notre relation et est témoin des lettres plurihebdomadaires que, de retour à Paris, j'envoie à ma promise. Mémé aussi sait tout. J'obtiens de son amour pour moi qu'elle ne dise rien à mes parents, je prévois un déchirement lorsque je leur annoncerai mon départ. Jean-Claude, mon petit frère chéri, est mon confident. Je promets à Millette, en attendant notre union, de lui rédiger une sorte de cahier de ma vie parisienne, d'y exprimer mes impressions, mes aspirations, mes analyses, d'y faire part de mes révoltes, d'y peindre la beauté de la ville, la solitude parfois. Curieuses lettres d'un homme à sa fiancée, en effet, l'amour y semble peu présent, la passion en est absente. Pourtant, elles vont au-delà, je crois. Je désirais signifier à Millette que, même si j'admettais impossible de vivre tout de suite ensemble, je l'invitais à partager sans tarder ma vie comme elle habitait déjà mon esprit et mon cœur. Ce cahier représente autre chose d'essentiel dans mon existence : l'écriture. De ce moment, où que je sois, je n'ai cessé d'écrire. J'ai rempli de ma petite écriture régulière et élégante à l'encre bleue, presque sans ratures, des milliers de pages : feuillets type papier bible, carnets de poche, calepins, papier à lettres, cahiers, feuilles volantes, bouts de nappes de restaurant, versos de pages de livre, en particulier des évangiles de poche dont je ne me suis jamais séparé. Plusieurs fois durant ma vie j'ai cherché à exprimer ce qu'écrire représente pour moi, et pour la première fois dans mes cahiers à Millette :

« Jeudi 13 février

« En vous écrivant, mardi, lorsque je commençais à être pris par la vision de plus en plus envahissante du Panthéon, il m'est venu aux lèvres cette phrase surgie sans escales : "Écrire, c'est lutter contre le mensonge des choses." Elle était si neuve et incontrôlée qu'elle semblait prononcée par un autre tout près de moi ; mais aussitôt elle m'apparut comme la clef de ce que j'étais justement en train d'essayer de vous traduire, et vraie aussi pour toujours. Elle était un signe de grande confiance, une réelle clarté sur beaucoup de choses. Écrire sera toujours lutter contre le mensonge, et d'abord en moi. Croire sérieusement en ces lignes c'est ne pas me permettre de mentir, c'est traquer le mensonge, sa facilité, son attirance vers le Malheur. »

« Vendredi 14 février

« Je vois bien que le combat dont je vous parlais hier (vous comprenez combien il a pour moi d'importance) se trouve pour une grande part contre l'imagination. J'ai été entraîné par elle à beaucoup de fausseté, d'involontaire fausseté et d'erreurs dans mes rapports avec la vie. À Mussy, au soir d'une journée où nous avions passé un court moment ensemble, j'avais noté à propos de nous mes méfiances contre l'imagination, puis aussi ce que je lui devais, parce qu'elle est un don, une merveilleuse puissance d'intuition et de sympathie, si je l'intègre toujours à l'expérience vécue et en interdis les vaines, éreintantes et désespérantes envolées. »

Par touches, comme un impressionniste, je dis beaucoup de moi à Millette dans ces lettres. Mon attention à l'humain, son rapport avec la morale :

« Savez-vous, lorsque je vous promettais, il y a près de quinze jours, que "l'expression du prochain cahier vous apporterait une surprise" : je rêvais et j'étais tracassé du désir de vous raconter une histoire ; des histoires ; il m'en courait en foule dans la tête, vécues ou surgies de la vie même ; tant de visages rencontrés dans les rues me disent de trop légers et de trop lourds secrets ; je voudrais faire s'ouvrir les uns comme des fleurs japonaises et partager de tout mon cœur la charge des autres. Tant de visages un instant sous mon regard sont comme des portes poussées sans aucun bruit ; mon orgueil serait en effet d'avoir la clef de beaucoup de visages ; dans les yeux de cette petite fille j'ai trouvé le chemin d'un merveilleux voyage ; je pourrais rester comme en prière à le raconter. Il n'y a plus d'attitude morale qui compte : fardé, gonflé de mensonge, le visage d'une prostituée m'appelle à comprendre, sans juger, sans pitié extérieure, sa dure expérience de la vie. La seule profonde pitié : ne pas pouvoir rejeter, refuser une âme vivante ; la comprendre au-delà du bien et du mal. »

Je tente de faire saisir à Millette la force de l'engagement, au risque de se brûler, de se briser, mon attachement pour ces « acrobates » de la vie et, en creux, ma soif d'être l'un d'entre eux :

« Comprenez-vous le trouble de penser que certains ne peuvent vivre qu'à se brûler, que cela leur est donné ? Il n'y a pas de recul de ma part ni l'effroi du public devant des acrobates. Tels qu'ils sont je les aime et je crois à l'importance de leur aventure. Ils se jouent pour une plus sûre connaissance de la réalité ; le plus vivant espoir et un désespoir mortel se rejoignent dans un coup de dés. Ils sont plus profondément engagés que nous, attendant plus du ciel que de leur conscience, mais provoquant le ciel : "Ainsi soit-il", disent-ils, et ils se jettent dans le vide ; ils n'acceptent de vivre qu'à coups de miracles. Ils demandent à la vie qu'elle ne cesse de les révéler à eux-mêmes. »

Arpentant dans le froid de février le Quartier latin, de la place du Panthéon et de la bibliothèque Sainte-Geneviève à la Contrescarpe, je conte à Millette ma lutte pour conjurer le désespoir et chercher le bonheur que je traque dans la beauté des pierres et la banalité des choses. Je lui dis la force du rêve : dans la morsure du gel, de la rue qui serpente, le printemps débouchera :

« En vous quittant, hier soir, je suis monté à la bibliothèque Sainte-Geneviève, une longue boîte illuminée, à gauche de la place du Panthéon ; un froid qui brûlait doucement les doigts et les oreilles. Chaque soir, sortant de Sainte-Geneviève un peu avant dix heures, je vais, par la rue Clovis et la rue Descartes, place de la Contrescarpe, qui est le lieu de départ de mon autobus. Mardi, je me trouvais au seuil de la bibliothèque, Paris glacé de verglas. On marche alors à pas de danse ; il me prend une folle envie de faire des glissades ; on écoute le sang battre chaud sous l'écorce frissonnante ; le froid joue comme un chat contre le visage ; le vent rase les pavés, s'accroche aux murs, tourbillonne dans la nuit ; il coule partout comme une pelote qu'on dévide. Il semble à chaque pas qu'on brise de très minces fils un peu déchirants. La place du Panthéon dans la nuit avec son vide, ses coups de vent, les lumières penchées comme des signaux aux plus hautes fenêtres des maisons, et, dans le fond, Saint-Étienne-du-Mont agenouillé qui nous fait son appel de clocher d'une voix tremblante, toutes les heures. Un des lieux où depuis trois ans j'ai le plus intensément vécu avec moi-même : m'ouvrant, je me souviens, et y laissant se perdre et se retrouver mon désespoir ; la place oscillait autour comme ivre de notre peine ; je la retrouve qui n'a pas oublié ; mais gagnée à ma lutte calme pour le bonheur... Mauvais souvenir – je ne veux plus avoir de Paris qu'une connaissance où ce soit lui (le bonheur) que je cherche et trouve, et plus jamais une douloureuse musique autour de moi. Place du Panthéon, j'y suis monté dans le trimbalement de l'autobus ancien, et passant par le salut du café aux lumières fardées. Puis la nuit pure aux façades désertes, avec seulement le sifflement du gaz dans le silence, son faux éclat, non sans veule tendresse. Les rares passants marchent le dos penché, serrant leurs manteaux battus de vent. Un ciel bas, agité, blanc, vert et noir, semble plaqué des deux côtés du Panthéon comme dans une image pour livre d'aventures. Je sens Paris de toute part faire sa diverse rumeur ; elle éclate là-bas en aigrette et presque comme un rire nerveux ; elle gonfle au loin cette rue profonde qui vient du boulevard en ligne brisée ; elle circule entre les murs, se perd peu à peu dans le silence ; de ce côté, elle n'arrive que très douce comme un air de printemps qui se pose et répand sa charge de graines. Il faut s'arrêter et longtemps donner ses yeux au-devant de la place, d'une aussi dure beauté, d'une aussi cruelle douceur que les images surgies du domaine des rêves : on entend alors le cri d'une locomotive vers le nord, ou peut-être, plus proche et souvent abattue, la chanson d'un bal, rue de la Montagne, ou, précise comme un ver luisant, dans les touffes d'ombre et l'enchevêtrement des murmures, la sonnette de l'autobus qui repart de la Contrescarpe. »

Parfois, ma quête est vaine, le désespoir et la peine me saisissent à nouveau, je doute. Je m'en ouvre à Millette :

« Tout ce que je fais, ce que j'écris et que je lis de moi me pèse. Ce qu'il est difficile d'obtenir un travail qui contente ! La fatigue met en moi un immense dégoût. Je suis habitué, il faut attendre en patience. Ne pas bouger. »

Pourtant, revient dans ces moments ce qui me guide et me perd à la fois :

« Il ne doit pas être impossible de découvrir les lois qui commandent en chacun de connaître et de créer ; pas impossible mais délicat et compliqué. »

Me rappelant ces lignes, je suis stupéfait qu'elles résument si parfaitement, alors que je n'ai pas vingt ans, le combat éperdu de mon existence, la quête de cette loi immanente à toute chose et à tout être, principe même d'une nature qui ne nous est hélas jamais offerte dans sa nudité, que je me suis épuisé jusqu'à cet instant à toujours découvrir. J'ébauche, en ce mois de février 1936, quelques pistes pour affronter ce défi :

« Ne répond à l'idée de possession que ce qui se fait joyeux à être découvert. Que toute connaissance soit une expérience vécue qui lui donne une démarche d'aventure, une connaissance aventureuse. Elle se développe dans l'obscur, risquée, offerte à l'inconnu du voyage ; attirée par l'inconnu ; elle s'exaspère d'être soumise aux étapes, à un cours tracé, lorsque tant de merveilleux aperçus proposent une impossible appréhension totale. Grandeur et faiblesse de ma pensée : suivre la route dure, et se douter que les intuitions, avec la joie qui les accompagne, ne sont jamais qu'effusions devant de l'insaisissable. Ne pas s'abandonner aux effusions, s'arracher aux inutiles attirances. Ensuite on éprouve que cette connaissance douloureuse et conquise à force de nécessaires désillusions est stable et semblable à la solide pierre aimantée dont parle Platon. »

J'imagine combien mes abattements, mes hésitations, parfois mes moments de découragement, intriguent Millette, si forte et joyeuse, positive, depuis qu'elle est revenue vivre à Mussy. Alors, tel le phénix, je renais au printemps. S'il tarde, je le débusque, je le crée, je m'envole et plane, l'avenir est beau, il est nôtre :

« Peut-être aurai-je paradoxalement gagné [de pensées] si arides, une plus familière accointance avec le bonheur ; déjà je puise en elles ma douceur, il me semble mérité pour m'être refusé au désespoir et à toute violence : jamais encore je n'ai si facilement compris l'intelligible chant des couleurs et des lignes ; ce ciel qui entre par la fenêtre ouverte et qui m'embrasse, je ne l'avais pas connu si confiant, je ne me savais pas à lui si fidèle. Dès que je suis debout, je vois le plein pays jusqu'à la douce levée des collines. Il faut me taire pour ne pas tromper cet accueil, la frémissante et trop parfaite joie bue. Hier m'apparaît toujours plus pauvre ; peut-être ai-je trop grand souci de devenir. D'autres parlent de crises traversées ; je n'éprouve qu'un profond mouvement par quoi je me fais sans cesse plus digne de mon désir. M'expliquerais-je par là que me passionne si peu et me donne si peu d'inquiétude la métaphysique ? Il existe un troublant problème de liberté : je n'arrive pas à m'en effrayer, pas même à le poser dans mon cœur. Peu me chaut de considérer ma faiblesse, c'est ma force seule que je sens. Entendez bien qu'il n'y a pas là de complaisance : je connais mon humaine condition ; mais justement, il n'est pas question d'agir autrement que selon mes moyens et selon moi, jusqu'au bout. »

Jusqu'au bout, c'est vrai. J'ai, de toutes mes forces, de toute mon âme, agi selon mes moyens, j'ai cru en ma force. Et je n'en peux plus, je suis arrivé au bout.

À bras-le-corps

En accord avec Millette, la date de notre mariage a été fixée. Ce sera en septembre 1937, je serai majeur depuis quelques mois et ne dépendrai plus d'une autorisation de mes parents ; jamais je ne l'aurais obtenue. Tout reste à faire, néanmoins. Je n'ai pas d'emploi, mes études sont loin d'être terminées, je n'ai pas passé le concours de l'agrégation. Nous n'avons pas de logement. Par chance, les parents d'un ami de faculté possèdent à Viroflay une petite propriété qu'ils n'utilisent plus guère et qu'ils se proposent de me louer à des conditions avantageuses. C'est inespéré. Je tombe aussitôt sous le charme de cette maisonnette de meulière posée au fond d'un jardinet dont je vois encore la charmille qui conduit aux deux marches d'une porte légèrement surélevée. Un véritable domaine de poupée, Millette y sera bien. À la belle saison, notre premier enfant pourra dormir dehors tout son soûl, protégé dans son berceau par l'ombre des arbustes. Je souris à cette évocation. Nous n'étions pas mariés, Millette et moi, nous ne nous étions bien entendu pas bibliquement connus, et pourtant l'image d'un bébé dormant sous la tonnelle du jardin s'est imposée à mon esprit. C'est ainsi que les choses devaient être, j'en suis d'emblée persuadé. Le loyer est modeste, certes, encore faut-il que j'aie les moyens de m'en acquitter, ceux aussi de subvenir aux besoins de notre couple, de notre famille. Je sais que Millette apportera une petite dot que son industriel de père tiendra à lui assurer. J'ai cependant toujours été hostile à cette pratique si répandue, dans ma jeunesse, au sein de l'aristocratie et de la grande bourgeoisie, et tiens à n'en dépendre en rien. J'ai commencé dès 1936 à donner des cours particuliers de littérature et de philosophie à des élèves de terminale, fils d'amis de mes parents ou de ceux de copains. L'un d'entre eux est élève dans une école privée qu'a créée au début des années 1930 une enseignante issue de la bourgeoisie tourangelle, Marie-Blanche Godéchoux. Femme énergique, infirmière militaire durant la guerre de 1914-1918, un brin autoritaire, elle a installé son cours secondaire, le cours Godéchoux, dans un hôtel particulier de quatre étages à deux pas de la tour Eiffel. La cour de récréation s'ouvre par un imposant portail au 10, avenue de la Bourdonnais, à deux pas de la demeure où est mort Jean Rostand. La loge du gardien est transformée en économat. L'arrière du bâtiment donne sur un jardin miniature que seule une grille sépare du Champ-de-Mars où le professeur de gymnastique donne ses cours sous la surveillance placide de la grande demoiselle d'acier qu'Eiffel a plantée là. On y cherche, me dit mon élève, un professeur remplaçant de lettres et de littérature française. Il peut demander à sa mère, une connaissance de Mme Godéchoux, de me recommander. Il me fallait un emploi stable, je tente ma chance. Je n'ai jamais été timide, je fais de toute évidence bonne impression à cette femme d'une quarantaine d'années au strict chignon châtain dont la petite taille ne dissimule pas l'habitude du commandement ; elle m'embauche. Je n'imagine pas alors que « le Cours » verra s'épanouir jusqu'à il y a peu une aventure pédagogique à laquelle je me suis donné avec passion, une passion *in fine* mortifère.

Un logement, un travail, il ne reste plus qu'à se marier, bien entendu à l'église. Les fiançailles officielles sont brèves. Maman est au départ très hostile à ce mariage auquel elle ne peut plus s'opposer mais, les premières manifestations d'un désespoir bruyant dissipées, les larmes séchées, elle fait plutôt bonne figure face à Millette. Papa, à son habitude, est aimable, il tente de mettre sa future belle-fille en confiance, de l'aider à surmonter sa gêne compréhensible lorsqu'elle est reçue pour la première fois rue de Lisbonne. Par la suite, le soutien de papa à Millette ne lui manquera jamais. Comme attendu, l'accueil de Mémé est plus distant mais je dois reconnaître qu'elle fait un effort. Du côté de la famille Ferriot, qui me connaît déjà, tout est amical et simple. Le petit frère Guy me fait fête. En revanche, mes relations avec la mère de Millette sont des plus réduites. Je ne la rencontrerai qu'une seule fois, lorsque je lui rends visite avec sa fille dans une petite maison qu'elle habite alors à Ris, Ris-Orangis aujourd'hui. Elle a quitté l'Algérie après la mort de son mari médecin, le « Parrain » de Millette. Quoique sa fille m'en ait parlé, sa beauté intacte, celle d'une femme mûre habituée à impressionner, à subjuguer, presque à régner, m'intimide, d'autant qu'elle m'inspecte en détail de ses yeux bleu profond, la tête un peu relevée et son casque d'or bouclé retombant sur ses épaules. Je perçois qu'elle me juge fort consommable mais son sourire est plus énigmatique que prometteur. Déjeuner en sa compagnie est agréable mais je ne sais jamais si elle cherche vraiment à me séduire ou bien plutôt à me faire sentir que, si elle le désirait, elle ne ferait de moi qu'une bouchée ; cela n'est pas fait pour dissiper mon malaise. La blonde Cécile ne viendra pas à notre mariage, arguant de je ne sais quel prétexte. La réalité est qu'elle désapprouve formellement que sa fille prenne le nom de Kahn, un nom juif qui lui fait horreur. Millette lui présentera une fois Jean-François, notre premier fils. Elle n'aura pas même la satisfaction de constater qu'Olivier, notre deuxième fils, a hérité d'elle sa belle chevelure blonde. Le mariage a lieu à Viroflay, Millette en blanc, en présence de mes parents, de mon frère Jean-Claude, des

Ferriot et de quelques amis de Millette et moi. Sans être fastueuse, la cérémonie est sympathique. Nous déjeunons dans la petite maison louée et profitons du jardin en cette belle journée de la fin de l'été. Comme je l'avais toujours imaginé, Jean-François naît neuf mois après, le 12 juin 1938. Il dormira à l'ombre de la charmille. Nous sommes bien.

Guerre et défaite

Appartenant à la classe 1936, je bénéficie d'un sursis qui est bien entendu résilié à la déclaration de guerre, le 3 septembre 1939. Je suis l'instruction en tant que soldat de deuxième classe à l'École d'application de l'artillerie ; ma maladresse insigne aboutit à un épisode cocasse. Nous sommes cinq troufions allongés pour un exercice de tir à soixante-quinze mètres, avec cinq coups à tirer chacun. Après que nous avons tous épuisé nos munitions, l'instructeur relève le résultat. Ma cible ne contient que trois impacts, celle de mon voisin de gauche six ! Par souci d'équité, j'aurais au moins pu gratifier chacun de mes collègues proches d'un coup supplémentaire au lieu d'envoyer une balle je ne sais où ! Que voulez-vous, je tire à gauche... Encore que, je dois le reconnaître, cette affirmation mérite d'être discutée. En août, je n'ai pas fait partie des communistes qui ont protesté contre le pacte germano-soviétique, je me suis sans difficulté rangé à l'argumentaire des dirigeants de la SFIC. Certes, je ne crois pas avoir jamais crié ni pensé « Vive Staline, vive Hitler ! », cependant je manifeste en 1939 une indulgence que j'ai ensuite admise coupable envers la politique du Reich ; pour moi, le peuple allemand a été victime d'une effroyable injustice lors de la signature du traité de Versailles alors que sa responsabilité dans le déclenchement de la Première Guerre mondiale ne m'apparaît pas plus grande que celle des alliés franco-britanniques. Sans les approuver, je comprends de ce fait les prétentions hitlériennes pour obtenir réparation de la spoliation originelle. Habitué à l'antisémitisme de la droite catholique et de l'extrême droite française, je n'ai pas porté une attention suffisante à la forme exacerbée qu'il revêt en Allemagne, je n'ai jamais entendu parler de *Mein Kampf*. Certes, je me sens solidaire des communistes allemands victimes de l'impitoyable répression nazie mais, je n'arrive pas aujourd'hui à me l'expliquer, n'en tire pas de conclusion définitive sur la nature du régime. De plus, ma sensibilité au rôle dans l'histoire des avant-gardes éclairées, d'initiés constituant le fer de lance d'une sorte d'aristocratie à laquelle il incombe de guider les peuples, trouble sans doute, j'ai honte à le reconnaître, mon analyse du mouvement national-socialiste. Enfin, fidèle à l'image fantasmée de l'Union des républiques socialistes soviétiques, je crains avant tout qu'elle ne soit attaquée par les Franco-Britanniques ou par les Allemands. Une fois de plus, ma vision politique et géostratégique ne brille pas en ces temps dramatiques par sa lucidité. Je dois reconnaître que Millette est, elle, plus consciente que moi de ce qui se joue.

Les militants mobilisés de l'organisation communiste, clandestine depuis sa dissolution en septembre, ont reçu consigne de tenter de devenir sous-officiers ou officiers selon le niveau universitaire. Je suis par conséquent volontaire pour intégrer l'École des chars de combat de Versailles où je suis affecté avec le grade d'élève aspirant de réserve le 5 mai 1940, cinq jours avant le déclenchement de l'offensive allemande. Autant dire que mon instruction est brève, je ne sais pas conduire un tank. C'est dommage, c'est le seul véhicule à moteur que j'aurais appris à piloter : je n'ai jamais été automobiliste, imité d'ailleurs en cela par mon fils Jean-François. En ce qui concerne les chars d'assaut, cela ne m'a pas vraiment nui après la guerre ! Je ne participe pas aux combats mais, en revanche, bien vite, à la retraite vers le sud lorsque l'armée allemande fonce sur Paris. Ma compagnie franchit la Loire le 11 juin et caserne quelques jours dans la région de Gien. C'est là que j'apprends l'entrée de la Wehrmacht à Paris, je suis effondré. Mon Paris, mon Quartier latin, ma Sorbonne sous la botte de l'ennemi pour lequel je ne manifeste alors plus aucune indulgence. J'ai l'impression d'une souillure et suis de plus extrêmement inquiet pour papa qui a refusé de partir et doit être quelque part dans Paris ou sa banlieue. Millette et Jean-François ont, eux, quitté Viroflay fin mai pour rejoindre Mussy. Cependant, je me doute bien que les troupes allemandes ne vont pas tarder à envahir Troyes et l'Aube en poussant vers la Bourgogne, soit à partir de Paris en remontant la Seine, soit avec des contingents frais venant d'Allemagne et qui, après avoir contourné la ligne Maginot par les Ardennes, envahiront l'Est de la France via la Lorraine ou l'Alsace et la Champagne. Le 14, la retraite reprend, dans une cohue de civils à pied, poussant des carrioles, des landaus, des poussettes, de petits chariots, portant des valises, des sacs et des baluchons. Il y a des voitures surchargées, quelques camions, et même des attelages de chevaux et de bœufs tirant de grosses charrettes où toute la famille a pris place au milieu de meubles et de matelas. On voit aussi des vélos avec remorque, des triporteurs, le spectacle est saisissant. Notre compagnie est réduite à deux voitures militaires légères, une dizaine de transports de troupes et quelques petits tanks, une unité pas vraiment glorieuse qui se retire sans avoir jamais été engagée. Elle rencontre les pires difficultés pour se frayer un chemin, le klaxon bloqué des véhicules n'impressionne plus personne. Plusieurs fois durant ces journées de panique et de désorganisation, le bruit des avions allemands amène la foule et les soldats à se mettre à couvert dans la forêt de Sologne que nous traversons, laissant véhicules et animaux de trait en plan sur la route. Touchés par des tirs de mitrailleuse, parfois par une bombe lâchée par un Stuka en piqué dont le sifflement strident terrorise bêtes et gens, quelques véhicules flambent. Nous perdons deux camions. L'alerte passée, on déblaie et on repart. À une allure de tortue, nous arrivons à Bourges dont l'arsenal a été intensément bombardé, puis à Châteauroux le 17 juin. Là, d'assez nombreuses troupes sont rassemblées. Quelques haut-parleurs ont été installés sur un champ de manœuvres, soldats et officiers écoutent en direct l'allocution du maréchal Pétain, nouveau chef du gouvernement depuis la veille. C'est la capitulation. Le mot m'assomme, je n'en saisis d'abord pas toute la portée. La physionomie des militaires autour de moi suggère qu'ils partagent mon hésitation : on lit dans leurs yeux plus de stupéfaction et d'incrédulité encore que d'abattement ou de colère. Pendant plusieurs minutes, la parole du Maréchal est suivie d'un silence épais, les têtes sont baissées, ou alors les regards se cherchent. Puis, quelque part dans la foule, une voix s'élève, sourde, comme expirante : « Mon Dieu, tout est fini, on est battus, c'est foutu ! » Certains se mettent à pleurer, qui en tentant de le cacher, qui à gros sanglots sonores. La plupart des hommes, cependant, réagissent en entrant dans leur coquille, s'enfermant en eux-mêmes, j'en suis. Chacun tente de s'isoler, ce qui est impossible dans cette cohue, de se fondre au moins dans des groupes anonymes. Quelque chose vient de rompre. J'ai juste vingt-quatre ans mais sais qu'un monde s'est écroulé, qu'il était le mien, que là s'achève ma jeunesse.

Nous n'irons pas plus loin que Châteauroux. La retraite désordonnée a laissé place à une morne attente, d'un ennui insondable. Les pourparlers sont en cours en forêt de Compiègne, nous n'en attendons rien de bon. Il n'y a presque plus de discipline dans ce qui reste des différentes unités, chacun fait ce qu'il veut. Je déambule en ville à la recherche de journaux et de victuailles pour améliorer l'ordinaire, je tâche d'envoyer des plis à Millette et à mes parents ; les joindre par téléphone est impossible. En fin d'après-midi le 22 juin je bois une bière dans une brasserie. Écouter Radio Londres n'est pas encore interdit, c'est ce que fait le tenancier. On y parle en français d'un appel qu'aurait lancé le général de Gaulle quatre jours auparavant et qu'il doit préciser puisque l'armistice vient d'être signé (c'est ainsi que je l'apprends) et que les conditions en sont connues. Puis on lui passe la parole. J'avais déjà entendu sa voix une fois à la radio puisqu'il faisait partie du cabinet de Paul Reynaud depuis le 6 juin, je ne la reconnais pas. L'allocution est longue, je n'en ai retenu que quelques phrases, à moins que je ne les aie apprises par cœur par la suite :

« Beaucoup de Français n'acceptent pas la capitulation ni la servitude pour des raisons qui s'appellent l'honneur, le bon sens, l'intérêt supérieur de la patrie. Je dis l'honneur, car la France s'est engagée à ne déposer les armes que d'accord avec ses alliés. Tant que ses alliés continuent la guerre, son gouvernement n'a pas le droit de se rendre à l'ennemi. [...] Oui, nous avons subi une grande défaite. [...] Mais il nous reste un vaste empire, une flotte intacte, beaucoup d'or. [...] Il nous reste des alliés dont les ressources sont immenses, et qui dominent les mers. [...] J'invite tous les militaires français des armées de terre, de mer et de l'air, j'invite les ingénieurs et les ouvriers français spécialistes de l'armement qui se trouvent en territoire britannique ou qui pourraient y parvenir, à se réunir à moi. J'invite les chefs, les soldats, les marins, les aviateurs des forces françaises de terre, de mer, de l'air, où qu'ils se trouvent actuellement, à se mettre en rapport avec moi. J'invite tous les Français qui veulent rester libres à m'écouter et à me suivre. Vive la France libre dans l'honneur et dans l'indépendance ! »

Ce message me bouleverse et me galvanise. J'étais communiste, patriote, certes, mais aussi en pleine confusion depuis la signature du pacte germano-soviétique. J'entends là une voix qui indique le chemin, et la nécessité supérieure de le suivre. C'est la loi de l'instant, elle s'impose à moi. J'ai été depuis ce 22 juin 1940 fidèle à de Gaulle, jusqu'à ma mort, jusqu'à aujourd'hui. Cette fidélité représente même, en y réfléchissant, l'élément le plus constant de mon action depuis juin 1940, peut-être le seul. C'est décidé, je rejoindrai de Gaulle à Londres, il me faut établir mon plan. De retour au cantonnement, je tente de prendre des renseignements auprès d'un autre élève aspirant avec lequel j'ai sympathisé, un jeune professeur certifié, admirateur de Léon Blum, sans lui préciser mes intentions. Du moins, telle est mon intention. Je compte gagner Toulouse, de là l'Espagne, l'Afrique du Nord puis, je ne sais encore comment, la Grande-Bretagne. Je n'aurai pas à préciser ce point… je ne dépasserai pas Pau. Y aller se révèle facile. Dans le cadre de la réorganisation des armées de la zone libre selon les dispositions de l'armistice, ma compagnie et d'autres unités stationnées à Châteauroux sont envoyées à Toulouse pour y être démobilisées. Du 29 août au 4 décembre, je réside dans la Ville rose, logeant dans une chambrette réquisitionnée chez un couple âgé charmant. Le désœuvrement est total, que je mets à profit pour visiter la ville, m'émerveiller de l'harmonie de Saint-Sernin, de l'incroyable élégance des nervures qui prolongent les fines colonnes de l'église conventuelle gothique des Jacobins, dessinant de somptueux palmiers de pierre. Tôt le matin sur les quais de la Garonne, je rêve, je pense et, de retour dans ma chambre, couche sur le papier ce que mon esprit a évoqué. J'écris des nouvelles empreintes d'une sensualité où se mêlent le souvenir de Millette et mon idéal de la femme absolue :

« C'est une chambre féconde, non aux pâles rêveries, mais aux fortes vocations où le passé revit et, comme cette lumière l'ombre, émeut l'absence. Les mots ne se pressent maintenant sur mes lèvres que parce que tu peux les entendre. Que tu dormes ou non, au plus haut de la maison, dans le grand lit en forme de conque, et qui te porte sur les flots de la nuit ; qu'endormie tu rêves ou que sous le drap à peine soulevé par ta présence tu te sois resserrée sur ton cœur et l'écoutes, les yeux encore ouverts, le regard perdu dans sa profondeur ; je t'appelle ; je brûle, j'abolis l'espace et l'absence. Ta chambre maintenant communique avec la mienne et je me tiens debout sur le seuil de ma poitrine, à te regarder ; debout sur la dernière marche du craquant escalier qui joint au reste du monde notre retraite aérienne. Debout dans le profond silence et juste en retrait du cercle d'or flou de ta lampe, à te regarder, tenue sur la houle nocturne qui bat nos rives. Il n'est pas besoin que tes yeux se lèvent pour voir ma présence. Elle est en eux. Je veux seulement sur tes lèvres que naisse le sourire par lequel je sais que tu m'as entendu, ce sourire entre nous deux seuls, et deviner à l'imperceptible frémissement du drap ton accueil. »

J'ai aussi tout le temps nécessaire pour prendre des contacts avec les correspondants toulousains d'un réseau de passeurs béarnais qui n'ont guère chômé depuis la dernière année de la guerre d'Espagne. Une fois libéré, je devrai me rendre à Pau où je serai contacté. Mon renvoi à la vie civile est acté le 5 décembre ; le 6, je suis à Pau, hébergé par un contact du réseau de passeurs. Le temps est brumeux, on ne peut du boulevard des Pyrénées admirer la cime blanchie des montagnes, le château d'Henri IV est fermé. J'attends, j'écris. Le 15, enfin du nouveau, on vient. Hélas, ce ne sont pas les montagnards espérés, censés me conduire en vallée d'Ossau pour me faire passer en Espagne par des chemins muletiers encore peu enneigés, à l'est du col du Pourtalet ; ce sont deux gendarmes qui viennent me cueillir. Il semble que le capitaine de ma compagnie a été informé de mes intentions via une indiscrétion de mon camarade enseignant. Tout a changé depuis juin, le régime de Pétain s'est organisé, le général de Gaulle a été condamné à mort par contumace en août, les autorités veillent au grain pour empêcher que ne partent de France de nouveaux volontaires de la France libre. Après deux jours passés en cellule, on m'expédie à Argelès, le camp ouvert en 1939 pour parquer de façon ignominieuse les républicains espagnols défaits qui fuient leur pays. Une petite partie du camp a été réservée aux Français dans ma situation en attente d'une décision sur leur sort. Dans mon cas, cette décision ne tarde pas. J'achève, en attendant, de rédiger une analyse des conditions psychologiques qui nous ont amenés au désastre. Me remémorer ce texte n'est pas difficile, j'ai passé avec Josette une partie de l'année passée à trier mes « œuvres », après qu'elle les a toutes retapées. Je souris et pleure en utilisant, par autodérision, ce terme d'« œuvres ». Qui les connaîtra jamais ? Pourtant, j'aime bien ce que j'ai rédigé à Pau, puis à Argelès, j'y ai mis beaucoup de moi, de ma conviction que seule l'élévation à laquelle s'astreint l'élu peut lui permettre d'échapper à l'obscurité, à la médiocrité, à la défaite, à la mort de l'esprit :

« Restait donc l'angoisse pure, notre essence. Il avait fallu les décevants prestiges de la guerre, dont s'éprenait votre adolescence, puis, au sortir, le dégonflement rapide, insensible et fatal des vertus soufflées, des artifices, par lesquels avaient été maintenus pendant plusieurs années dans une vocation de héros des milliers d'hommes qui se hâtaient maintenant de rentrer dans leur peau de citoyens, et qui se révélaient, ce qu'ils n'avaient cessé d'être que par illusion sentimentale, des indifférents, des étrangers. Il fallut, après ce bris d'ailes, la parfaite nullité de la politique de la société française d'après-guerre, cette écœurante platitude et médiocrité de vainqueurs, ce relâchement, cet abandon, cette négligence et cette imbécillité peut-être unique dans l'histoire, pour que ceux que tourmentait une exigence de vie, de manifestation de soi dans la vie, rompant le contact avec ce monde croupissant, se retrouvent seuls, fiers de leur solitude et de leur détachement comme d'une condition de pureté ; mais seule et sans foi, sans but, sans respect – ayant été dupés comme on se jure qu'on ne le sera pas deux fois, sans autre fondement ni principe qu'un "moi" à la dérive. »

Je profite de mes quelques semaines d'internement pour tirer les conclusions de cette réflexion en ce qui concerne la légitimité de l'action, de ses limites. En d'autres termes, l'élu peut-il s'engager dans l'action, le doit-il et, dans ce cas, à quelles conditions ? La réponse que j'apporte alors me guidera toujours par la suite, dans l'organisation communiste tant que j'y serai, dans mon soutien à de Gaulle et au sein de mouvements que je rejoindrai :

« Nous pouvons rentrer dans l'action sans rien sacrifier de cette possibilité de l'individu que vous nous avez transmise (je fais allusion aux hommes de l'entre-deux-guerres qui ont choisi de rompre avec un "monde croupissant") comme la seule authentique valeur et la seule créance. Aucune doctrine, aucune mystique, aucun culte, ne peut prétendre désormais à notre adhésion. À votre suite nous mettons notre fierté à servir sans illusion. Nous considérons lucidement et notre irréductible présence au temporel et la dépendance où nous sommes par rapport à lui. Nous savons que, notre éternelle angoisse d'hommes, notre seule dignité, l'époque la rebute ou l'absorbe et que les conditions de notre temps lui donnent les formes où elle s'exprime quand elles ne provoquent pas les modes de sa révolte ou de sa sécession, nous savons que notre essentielle possibilité dépend pour la forme de sa manifestation des conditions historiques et sociales. Nous serons de notre temps, lucidement. Nous avons une fois pour toutes distingué nous et notre temps, conscients de l'interaction des deux termes. Que la synthèse maintenant nous réintègre. »

Moi et le temps, ma permanence et mon évidence confrontées à sa fluidité, ce temps que je ne puis ignorer ni déserter mais auquel il importe que je ne me laisse jamais aller. Je m'étonne, à quelques secondes de quitter le temps de façon définitive, de cette lucidité qui m'habitait alors que, jeune père de famille de vingt-quatre ans, j'étais ballotté par des événements sur lesquels j'avais si peu de prise. Après un interrogatoire en règle, je suis libéré début janvier 1941 sans avoir pu prendre contact avec les combattants espagnols dont nous sommes strictement séparés. Aussitôt, je remonte vers le nord en zone occupée : Paris, puis Mussy, via Troyes.

Le conquérant et les nôtres. 1941

« Dans la salle d'attente, à la gare de Troyes, nous passons la nuit réunis à quatre ou cinq autour du poêle chauffant à peine. Des groupes d'Allemands, au pas puissant, passent derrière les battants lâches de l'entrée ; puis retombe le silence. Notre coryphée, un mécanicien de locomotives, un Français anguleux, positif ; et toujours ce goût de disserter à voix indubitable. L'écoutent deux vieux cultivateurs, épais bonshommes, et d'indistincts et pâles jeunes ouvriers de ville, qu'on dirait enterrés dans leurs manteaux. Je sens le fort enracinement de haine contre eux chez notre mécanicien, qui raconte leur arbitraire, leurs abus ; met en lumière le systématique épuisement de nos ressources, qu'ils pratiquent : réquisition du charbon ; réquisition des chevaux dans les campagnes. Les deux vieux sont prêts à croire tout venant ; et l'acquiescement des autres – les témoins de l'humanité des villes industrielles en misère –, il ne pèse pas d'un grand poids. Dans un compartiment du petit train de campagne vers Mussy, un vieux villageois à peau tannée, l'air faraud et matois, opine de son nez long, tandis que ses yeux considèrent le vague. Le wagon est rempli de jeunes Allemands imberbes, frais, animalement gentils et vivants. Le villageois est plein de prévenances et baragouine avec force sourires. Eux sourient placidement et se montrent aimables comme des enfants bien élevés. "Au printemps, vous serez rentrés dans vos familles", leur dit le vieux, et se tournant vers nous : "Ils en ont assez, tout comme nous." Puis il les regarde : "Peut-être qu'ils ont la guerre dans la peau plus que nous. Nous on ne sait que fuir." Vient alors le discours sur la guerre qu'on fait pour les capitalistes, suivent les réflexions ironiques sur les gens qui déclarent les guerres sans les avoir préparées. Je regarde les visages. Ces jeunes visages paisibles, lisses et pleins, ces ennemis qu'il faut combattre mais qui, là, dans ce petit train, inspirent presque la sympathie. Quelle absence d'inquiétude ; quelle indifférence ils respirent. Ce sont des masques de bonne santé, de bonne conscience et d'inconscience. Nombre de visages français me reviennent en mémoire. Des hommes du peuple. Des traits creusés, tourmentés, déformés en tous sens ; des regards fuyants, méfiants, jaloux. Et devant moi l'étrange et limpide uniformité des regards. Ils donnent véritablement l'impression d'une espèce, cultivée, soignée, conduite vers un point de perfection uniforme comme espèce. Nous, cette diversité, cette singularité des visages. On sent dessous la passion individuelle les travailler, les dévorer, en pétrir les formes. Des visages de gens qui depuis plusieurs générations n'existent que pour eux, ne pensent qu'à eux ; qui vivent hors de toute communauté, qui se sont retirés du courant de l'espèce ; chez qui n'ont cessé de s'atrophier les instincts de conservation et de domination du groupe. Les Français, des individus. Ils devraient être bien plus attachants et fournir à l'observateur une matière plus riche que ces jeunes hommes dans la paix de leur certitude et de leur animalité. Mais pourquoi de ceux-ci se dégage une telle impression de noblesse et des nôtres, d'une multitude de figures françaises, une si saisissante et si terrible impression de vulgarité – de laideur vulgaire ? Laideur morale de l'homme du commun en France. Laideur d'une dégénérescence des âmes et d'un dessèchement de la générosité. L'homme du commun, l'homme sans génie (ce n'est pas sa condition sociale qui le caractérise), dans l'impossibilité de triompher par lui-même de la bassesse de ses appétits et de sa nature, ne peut-il être aujourd'hui sauvé que par l'impulsion du groupe ? Par les fins mensonges que lui propose l'impulsion du groupe ? Ne retrouve-t-il une générosité que dans les violentes et aveugles passions dont le groupe le nourrit ? Violentes, aveugles, fausses, mais qui le fertilisent et seules tirent de ce sol ingrat la vie, la puissance de don, une dépense hors de soi. »

Relisant il y a quelques jours ce texte rédigé à Mussy et qui relate mon voyage pour retrouver Millette et Jean-François, en janvier 1941, j'ai tâché de comprendre mon état d'esprit, ma dureté envers les nôtres vaincus et sous la botte allemande, cette fascination étrange que je semble ressentir encore pour l'ennemi vainqueur. Il y a là, sans doute, mon immense admiration pour la culture germanique. Kant, Hegel puis Marx ont été mes premières références philosophiques. Avec Rimbaud, mon univers poétique est empli de Novalis, Goethe, Heine, Hölderlin, Rilke, Schiller, ... Bach, Mozart, Schubert, Brahms et, plus que tout, Beethoven résument la musique que je vais écouter au concert. Joue peut-être aussi l'empreinte de la confusion dans laquelle le pacte Molotov-Ribbentrop m'a plongé. De plus, joue sans doute mon sentiment ancien que, pour être tirée de son insondable médiocrité, la masse a besoin de l'initiative d'élus à défaut de l'impulsion du groupe. Surtout – et cela atténue un peu mes remords d'avoir tenu de tels propos, beaux, je crois, mais scandaleux –, il y a ce que j'ai vécu depuis l'entrée en guerre. J'ai perdu mon temps pendant la « drôle de guerre », ainsi que nos armées, dans une routine insouciante. Après le déclenchement de l'offensive allemande en mai, mon unité n'a jamais été engagée, elle a d'emblée battu en retraite sans combattre. Sa fuite n'a été freinée que par la cohue des civils éperdus et hagards. J'ai constaté combien, depuis le 17 juin, l'immense majorité de la population – dont mon père et Millette – semblait soulagée de l'arrivée au pouvoir du Maréchal. Un copain militaire de gauche et mon capitaine m'ont empêché d'aller rejoindre de Gaulle, j'ai été arrêté par des gendarmes français, interné. De plus, dans un camp où la République française parquait dans des conditions indignes des combattants antifascistes espagnols, eux qui avaient, à Guernica, avant nous, subi les bombardements aveugles des avions de Hitler et de Mussolini, à qui on avait refusé de s'engager pour combattre les Allemands à nos côtés. Début 1941, les soldats de la Wehrmacht étaient de fiers conquérants ennemis qui tenaient la zone occupée et le gouvernement de Pétain dans leur main de fer ; cependant, la résistance ne s'était presque pas manifestée (je n'avais pas appris la répression des manifestations estudiantines du 11 novembre à Paris), il n'y avait pas encore d'exactions ni de représailles, les soldats allemands étaient dans l'ensemble corrects. Il ne faut pas oublier ce contexte.

Millette et Mémé dans l'exode

Millette est à Mussy depuis la dernière semaine de mai 1940. Elle dort le plus souvent dans la maison paternelle mais va prendre son déjeuner avec ma grand-mère à l'autre bout de la Promenade, elle y passe quelques nuits. Le 5 juin, Mémé fait un faux mouvement en jardinant et ressent immédiatement une violente douleur au niveau de la colonne lombaire, qui irradie dans la fesse et jusqu'à l'extrémité du pied droit : lumbago aigu et sciatique presque paralysante, elle ne peut pratiquement plus marcher. Millette décide alors de s'installer chez elle avec Jean-François pour s'en occuper, faire les repas, l'aider à se lever, l'installer au fauteuil, la recoucher. Tous suivent les opérations militaires à la radio et dans le journal local, *La Tribune de l'Aube et de la Haute-Marne*.

Le 12 juin, la IVe armée française installe son poste de commandement dans la banlieue de Troyes afin d'y organiser une dernière ligne de résistance à l'invasion. Avec son pont sur la Seine, un important nœud ferroviaire et un croisement routier, la ville a une valeur stratégique. Cependant, dès le 13, les panzers allemands franchissent la Seine à Romilly, suivis des régiments d'infanterie *Germania*, *Deutschland* et *Der Fürher*. Leur offensive en remontant la Seine est précédée par des bombardements massifs, elle prend sans difficulté en tenaille les forces françaises qui commençaient à se regrouper, elle les balaie. La Wehrmacht entre dans Troyes le samedi 15 juin, à peine ralentie par quelques poches de résistance héroïques mais sporadiques et désespérées. La cité des comtes Thibaut de Champagne est désertée depuis la veille au soir, seuls quatre mille des quatre-vingt mille habitants restent sur place autour du maire et de l'évêque. La rapidité de l'avancée allemande, l'intensité des bombardements et la rumeur d'exactions ont semé la panique et jeté femmes, enfants et vieillards sur les routes, comme je l'avais moi-même vécu entre Gien et Châteauroux. Le général Requin, commandant de la IVe armée, tout son état-major, le préfet, le chef de corps des pompiers, la police nationale ont fui dès le vendredi. Les pompiers ont même refusé de laisser au maire la disposition des motopompes, le Quartier bas flambe. Pendant que Troyes est prise, la petite ville de Châtillon-sur-Seine, à seize kilomètres au sud de Mussy, est sauvagement bombardée par la Luftwaffe. Deux vagues d'avions ennemis écrasent, à quinze puis à dix-huit heures, le quartier de la gare et le centre de cette sous-préfecture de la Côte-d'Or, qui, comme Troyes, possède un nœud ferroviaire et un important carrefour routier. Tout est détruit ou en flammes sur un kilomètre de long et plusieurs centaines de mètres de large, il y a des dizaines de victimes. Ce samedi 15 et le lendemain voient la population de Mussy, rejointe par la foule des réfugiés troyens, prendre la route à son tour en tâchant d'éviter Châtillon.

Le père de Millette décide de rester pour tenter de protéger son usine. Mémé est affolée, elle crie que les Boches vont violer les femmes, embrocher les enfants sur leurs baïonnettes, qu'il faut fuir. Les mêmes rumeurs avaient déjà cours en 1914. Millette est inquiète pour Jean-François qui a juste deux ans. Mémé ne peut pas marcher. Mon épouse se procure chez son père une remorque de bicyclette, y installe Mémé, place Jean-François sur sa poitrine ou sur son dos, noué dans un grand foulard comme elle l'a vu faire aux femmes du bled algérien. Et les voilà partis. Lorsqu'elle est trop fatiguée, Millette installe parfois son fils avec son arrière-grand-mère dans la remorque, ou bien le laisse marcher quelques pas. Heureusement, il ne fait pas trop chaud et la colonne ininterrompue de réfugiés hagards n'est pas attaquée par l'aviation. On passe par la petite route de Molesme, on franchit la rivière Laigne, et s'arrête pour la nuit dans la forêt profonde. Heureusement, la grande Germaine a donné des provisions à sa belle-fille, ainsi qu'un peu de lait pour l'enfant. Les jours suivants, la fuite droit devant, au sud-ouest, se poursuit en direction du bourg de Laigne, de Ravière, qui a été bombardée, puis de Noyers. On dort où on peut, dans des granges, des cabanes, dans les bois. Les cerisiers sont pris d'assaut, les salades des jardins mangées telles quelles ; on se procure parfois quelques œufs, des quignons de pain rassis, du lard et de la couenne. Il faut une semaine à la troupe disparate, épuisée et affamée pour atteindre Avallon, occupée par l'armée allemande depuis plusieurs jours.

Millette, notre fils et un groupe de réfugiés trouvent abri dans un local déserté en sous-sol qui donne par un soupirail sur une petite rue en bordure de la vallée du Cousin. Les ventres sont vides, il n'y a plus de lait pour Jean-François. Quelques patrouilles allemandes quadrillent la ville, il en passe parfois devant le soupirail, tout le monde se terre. Millette n'y tenant plus déclare qu'ils ne peuvent plus rester dans cette attente, que son garçon doit manger, qu'elle va sortir et, puisqu'elle parle couramment leur langue, demander aux responsables allemands rencontrés ce qu'ils doivent faire. C'est une protestation unanime, elle va les faire massacrer. Mémé s'exclame que cette fille est folle, qu'il faut l'empêcher de sortir. Celle ou celui capable d'empêcher Millette de faire ce qu'elle a décidé n'est pas né, elle sort avec Jean-François dans les bras, va vers le centre-ville et tombe sur un Unteroffizier, tout jeune homme blond. « Sergent, je suis là avec mon fils de deux ans et d'autres Français réfugiés. Allez-vous tous nous tuer ? » s'enquiert-elle dans la langue de Goethe. Le sous-officier rit et la rassure, non, ses hommes ne leur feront aucun mal. Mieux, ils vont l'aider, elle, à trouver de quoi nourrir son petit garçon, et les autres personnes à se sustenter. Ils peuvent tous sortir de leur trou. Des ordres sont donnés, du lait et des pains sont réquisitionnés, quelques rations militaires ajoutées. Millette retourne auprès des autres pour leur apprendre la bonne nouvelle. Elle est accueillie au départ avec hostilité et méfiance, elle a pactisé avec les Boches. Cependant, l'incitation des ventres vides est la plus forte, on sort, tout se passe bien avec des soldats fort corrects, voire serviables. Ils font assez civilement installer la troupe disparate dans la halle du marché couvert, font apporter des brocs d'eau fraîche et distribuer les quelques victuailles réunies. Le retour vers Mussy sera moins pénible et hasardeux que la fuite. Le père Ferriot, peut-être joint au téléphone, envoie une camionnette de l'usine chercher sa fille, son petit-fils, Mémé et, pour faire bonne mesure, quelques habitants de Mussy ou des environs. De retour chez elle, Mémé dont le lumbago et la sciatique se sont plutôt améliorés durant leur épopée et qui retrouve de l'autonomie, se répand alors dans le voisinage en horribles médisances sur ma femme. Cette fille de Boche se serait donnée ou vendue, elle ne saurait le dire, à un gradé schleu pour profiter de sa bienveillance et de ses largesses. On la connaît bien, la Millette, à Mussy, les gens n'accordent guère d'importance à ce que raconte la vieille. Mais quand même ! Ma femme en est outrée, ses relations avec ma grand-mère resteront fraîches. Je suis obligé d'aller voir Mémé, de hausser la voix, de l'engueuler, en somme, de lui faire honte. Il faut qu'elle se calme. De fait, elle n'ose s'opposer à son petit-fils chéri, et se calme.

La haine des nazis

Libéré de mes obligations militaires, puis du camp d'Argelès, je me repose à Mussy jusqu'au début de mars 1941 ; nous retournons ensuite en famille dans notre petite maison de Fontenay. Je n'ai pas vu mes parents depuis la débâcle et suis heureux de retrouver papa, préoccupé mais globalement confiant. Il est depuis la bataille de Verdun un fidèle de Pétain, dont l'arrivée au pouvoir l'a rassuré. Papa hait les Allemands, qu'il appellera toujours les Boches, la défaite l'a affecté. Comme toute la droite française, il la met sur le compte de l'effondrement de l'esprit patriotique, du Front populaire et des bolcheviks qui se sont alliés aux Boches. Cependant, André Kahn fait confiance à Philippe Pétain pour préserver l'essentiel, berner les Boches, préparer les conditions de la revanche. De nombreux amis et collègues juifs de papa ont quitté Paris dès l'offensive allemande de mai 1940. Ils se sont réfugiés à Toulouse, Marseille, Nice, Sanary, ailleurs dans le Sud, voire ont quitté la France lorsqu'ils en avaient la possibilité. Papa a refusé. Il a été un poilu héroïque, un ancien combattant qui se rappelle l'enfer des Flandres, de la Somme, de l'Artois, de la Champagne, de Verdun. Son maréchal est au pouvoir, il le protégera, lui le père de tous les soldats de la Grande Guerre. Millette aussi, ancienne Croix-de-Feu comme son beau-père, a au tout début un jugement plutôt positif sur Pétain. Il représente en revanche pour moi l'archétype de ce que je hais. Un grand bourgeois conservateur, anticommuniste, capitulard, qui a fait condamner à mort par contumace le général de Gaulle. Cependant, les illusions pétainistes de Millette et d'André, et celles de nombreux Français, se dissipent dès le milieu de l'année 1941. Le premier statut des juifs d'octobre 1940 et les décrets des autorités d'occupation ont déjà imposé à tous les israélites de France de se faire enregistrer. Ma mère a obtenu du curé de l'église Saint-Philippe-du-Roule un certificat de baptême pour papa. Malgré cela, et quoique marié à une non-juive, il est comme les autres assujetti à cet enregistrement. Le second texte vichyste du 2 juin 1941 va beaucoup plus loin puisqu'il limite sévèrement l'exercice par les juifs de nombreuses professions libérales, leur accès à l'enseignement et à l'Université. L'activité de papa en est gravement compromise. On apprend en mai que d'importantes rafles ont ciblé, à Paris et en province, les juifs étrangers qui auraient été transférés on ne sait où. Les premiers attentats dans le pays donnent lieu à une répression. Ils vont se multiplier à partir de l'invasion en juin de l'Union soviétique par les troupes du Reich. Parisien à cette époque, je suis aux premières loges pour suivre les péripéties de l'exécution par Pierre Georges (alias colonel Fabien) et un commando de l'OS (Organisation spéciale, communiste) d'un officier de la Wehrmacht au métro Barbès, en août. D'autres actions suivent, sept gradés allemands tombent, vingt otages communistes sont exécutés. Le cycle attentats-représailles ne s'arrêtera plus, le gouvernement de Vichy engagé dans sa politique de collaboration mène la chasse aux résistants, fournit des otages. Millette est bouleversée, son indulgence initiale pour Pétain se mue en une haine farouche. Elle n'a pas les mêmes raisons que moi de se sentir fidèle à Charles de Gaulle, elle n'a pas entendu son appel et se met à associer tous les militaires dans un même rejet. À la Libération, elle se rapprochera de la démocratie chrétienne puis entamera une évolution à la gauche de plus en plus prononcée. Millette demeure une femme de foi sincère dont les positions sont aujourd'hui sans doute plus gauchisantes que les miennes. Papa quant à lui ne dit rien mais cesse définitivement de défendre Pétain, il est comme perdu, ce sera bientôt pire. Pour ma part, cette trouble fascination envers le fier guerrier germain que j'ai pu ressentir un instant se métamorphose en une horreur sans nom de sa bestiale brutalité, sa capacité à se transformer en une machine à tuer sans état d'âme et sans remords, sa propension à faire de la décérébration du soldat l'idéal de la fidélité au Führer. Je me rends compte que tel a toujours été le cas, en fait, au point de rencontre entre l'obéissance militaire et les valeurs du fascisme. Ils n'étaient en rien des élus, ces soldats allemands, plutôt du matériau humain grossier concassé selon les fantaisies de chefs dont l'objectif est d'abaisser, de soumettre, jamais d'élever à la connaissance et de construire leurs fidèles en tant qu'êtres. Quel aveugle ai-je été !

J'ai, dès notre retour à Paris, renoué avec Mme Godéchoux qui en est heureuse ; elle me propose de reprendre mon enseignement sans attendre la rentrée scolaire de l'automne 1941. Il faut cependant surmonter une difficulté. Que je m'appelle Kahn ne la dérange en rien, elle n'est pas antisémite et m'aime beaucoup, de plus en plus comme un fils. Les lois raciales ne me concernent pas. Non circoncis, baptisé, fils d'une catholique non-juive, je n'ai aucune difficulté à obtenir un certificat de non-appartenance à la race juive. Mais un nom pareil ne fait pas vraiment bon effet auprès des parents d'élèves du très aristocratique et bourgeois VIIe arrondissement, il entraînerait à coup sûr des réactions hostiles. Je serai par conséquent, jusqu'à aujourd'hui en fait et pour deux générations d'élèves, Jean Dessertenne, « M. Dessertenne », le nom de mon grand-père de cœur, le peintre, le patronyme qu'on imposa à mon frère Maurice de porter. C'est aussi pour moi le moyen de célébrer cette fraternité dont notre mère nous a privés. Sur le plan de mon activité politique je ne connais aucun réseau gaulliste alors que mes contacts sont nombreux avec des membres de l'organisation communiste clandestine. Je m'en rapproche. Jusqu'à la libération de Paris, j'exécuterai différentes missions d'agent de liaison, ferai circuler du matériel de propagande, des tracts mais ne participerai à aucune action armée. Ma mésaventure avec mon copain de compagnie à Châteauroux et mon arrestation à Pau m'ont incité à manifester en toute occasion une prudence de Sioux. Je ne dis rien à Millette ni à personne de mes activités, reste très neutre dès que la conversation aborde le sujet de la Résistance. Ne sachant pas conduire, j'exécute mes missions en me déplaçant en autobus ou en métro, les documents dissimulés dans la doublure de mon manteau ou de ma veste, parfois glissés au milieu des copies d'élèves dans ma sacoche. Je ne suis qu'une seule fois pris dans une rafle alors que j'ai à transmettre un pli compromettant, justement mélangé à une épaisse liasse de copies. Il n'est pas découvert. Parfaitement en règle dans mes différents papiers de police et d'identité, je suis relâché sans problème après le contrôle et l'interrogatoire. Je ne serai pas inquiété de toute l'Occupation. De la chance, sans doute, mais aussi mes précautions et la grande expérience de la clandestinité acquise avec les réseaux communistes. Millette m'apprendra après la guerre qu'elle a un jour senti quelque chose en brossant l'un de mes manteaux. Elle avait découvert des tracts dans la doublure, les y avait replacés puis avait recousu le vêtement. Elle ne m'en avait pas parlé. De ce jour, m'avouera-t-elle, l'inquiétude ne devait plus la quitter.

Étoile jaune, une famille française

Au printemps 1942, on parle depuis plus de six mois de l'application en France du décret nazi de septembre 1941 obligeant les juifs allemands à coudre sur leurs vêtements une étoile jaune, marque d'infamie instituée initialement par les Arabes de Bagdad et reprise après les croisades çà et là dans la chrétienté. Une certaine incrédulité règne dans la communauté israélite française à ce propos, on garde l'illusion que les Allemands n'oseront jamais, que Vichy s'y opposera, que les Français non juifs protesteraient alors. Pourtant, la huitième ordonnance allemande du 29 mai 1942 impose à tous les juifs de la zone occupée de porter la fameuse étoile jaune au centre de laquelle le mot « Juif » est écrit en caractères imitant la calligraphie hébraïque. Cette mesure ne rencontre aucune opposition et ne suscite guère de protestations. Quoique, en principe, une exemption soit prévue pour les mariages mixtes, mon père, je ne sais trop pour quelle raison, se voit contraint de faire coudre l'ignominieux insigne sur ses vêtements à compter du dimanche 7 juin. En revanche, j'imagine que sa double qualité de citoyen français et d'époux d'une catholique non-juive contribue à lui éviter la déportation. C'est le lendemain de la date fatidique, le lundi 8 juin, alors que je suis au Cours, que, ainsi affublé et totalement désemparé, il rend visite en début d'après-midi à sa belle-fille, rue Bonaparte dans le VIe arrondissement où nous venons d'emménager. Millette, bouleversée, m'a conté la scène en détail. Elle est à sa fenêtre et l'a aperçu alors qu'il arrive dans la rue, la grosse étoile jaune sur son veston. Papa est hagard, il marche comme un somnambule ; ma femme a compris, elle sort de l'appartement et l'attend sur le palier, lui ouvre l'ascenseur, l'aide à entrer. Le regard fixe, un regard d'aveugle, mon père s'avance dans le salon, se dirige vers le grand fauteuil, s'y laisse choir lourdement. Il ne dit rien, continue de regarder devant lui sans rien fixer, Millette ne sait pas quoi faire, ni quoi dire. Le silence est pesant, il ne peut durer. « André, puis-je vous servir quelque chose ? » Pas de réponse, papa reste là, anéanti. Millette garde comme un trésor quelques grains de vrai café, elle les moud et prépare deux tasses du précieux breuvage. Elle les dispose sur un plateau, avec les quelques morceaux de vrai sucre qu'elle conserve, ajoute une part de la tarte aux prunes qu'elle avait confectionnée pour le repas dominical. C'est l'occasion que saisit Jean-François qui faisait sa sieste pour se réveiller et rejoindre sa maman et « pépé André », se frottant les yeux du dos de la main, le petit visage tout chafouin encore. Il hésite entre se précipiter sur le gâteau et faire la bise à son pépé, commence par la seconde option puis se rabat bien vite sur la première. Sa maman doit intervenir pour préserver la part de son beau-père. Cette mine ensommeillée, le bisou de son premier petit-fils et sa gourmandise déridant papa ; il sourit, prend sa tasse d'une main, un morceau de sucre de l'autre ; il en croque un bout qu'il laisse fondre dans sa bouche après avoir bu une gorgée. Il reste un fond de café, un peu de sucre. « Veux-tu un canard, mon chéri ? – Oh oui, pépé ! » Papa fait monter le café par capillarité dans le sucre, puis le dépose dans la bouche gourmande du gamin maculée de prune. Après un autre baiser à son grand-père, mon fils va jouer dans sa chambre.

Millette, enceinte de six mois (Olivier naîtra le 13 septembre), s'assoit alors en face de son beau-père, tout près de lui. Son ventre proéminent effleure ses genoux. Elle sait qu'André va parler, Jean-François a rompu de son insouciance d'enfant le sortilège qui le paralysait. « Millette, voyez ! Je suis marqué comme du bétail, comme au fer rouge les bœufs du Far West. Il a laissé faire, il les aide, il nous demande de les aider. » Millette a compris qu'André parle de Philippe Pétain. « Là-bas, dans les tranchées, n'étions-nous pas tous fauchés de la même manière par la mitraille, le sang des uns n'était-il pas aussi rouge que celui des autres, notre souffrance aussi cruelle, notre courage, parfois notre héroïsme aussi magnifiques ? Et là, ils m'ont stigmatisé, abaissé, nié en tant que patriote français. Et lui, Millette, il a laissé faire ! »

Papa se met à sangloter, rien ne semble pouvoir l'arrêter, son univers, ses certitudes, ses attachements, sa fidélité, tout s'est écroulé. Millette ne peut retenir ses larmes, elle avance son buste, prend son beau-père dans ses bras. « André, s'ils vous rejettent, nous vous aurons encore plus complètement pour nous, pour nous seuls, Jean, Jean-François, Jean-Claude, le nouveau bébé qui viendra, bientôt ! » Pendant ce temps, Cécile, la mère de Millette, vit à Ris avec un amant allemand, un gradé du Sicherheitsdienst, le service de renseignement nazi. Il semble qu'elle le seconde dans ses activités. Une famille française !

Olivier et Lucien

Travaillant dans le VIIe arrondissement de Paris, le trajet deux fois par jour depuis et vers Viroflay est de plus en plus pénible. Le couvre-feu à minuit empêche d'aller au spectacle, complique les invitations à dîner, certaines réunions professionnelles et pédagogiques en soirée. Je cherche à louer un appartement dans la capitale, assez vaste pour accueillir la famille qui s'agrandit. Mon oncle Jacques Dessertenne me donne une piste qui me convient bien, au 26, rue des Plantes dans le XIVe arrondissement, le berceau de la famille Dessertenne. Cependant, le logis n'est pas libre, on nous prête pour une petite année, en attendant, un appartement de trois pièces rue Bonaparte. C'est là que s'achève la grossesse de Millette ; elle est difficile, ma femme se sent très fatiguée et tousse. Cela nous incite à privilégier un accouchement dans une clinique proche du VIe arrondissement. Olivier tarde à naître, les neuf mois de gestation sont dépassés d'une bonne quinzaine de jours quand vient au monde un beau et gros bébé tout chevelu et blond, qui a, semble-t-il, eu tout le temps d'être modelé à la perfection dans le ventre de sa maman qu'il ne voulait pas quitter. Avec ses yeux gris clair qui tireront sur le vert ou bleu-vert, sa chevelure abondante d'un jaune très pâle, les traits fins de son visage allongé, il a l'allure d'un magnifique poupon d'un mois plutôt que d'un nouveau-né. Il sera le seul de la famille à tenir de la grand-mère germanique. L'état de la jeune maman se dégrade après l'accouchement, la toux s'aggrave jusqu'à ce qu'elle évacue des crachats purulents qui nécessitent son hospitalisation. On porte un diagnostic d'abcès du poumon, peut-être sur lésion tuberculeuse. En 1942, les médicaments antituberculeux sont inexistants et les sulfamides sont les seules substances disponibles pour lutter contre les infections. Heureusement, l'abcès évacué, Millette se rétablit. Nous rejoignons la rue des Plantes après la naissance d'Olivier, à la fin de l'année 1942, aidés pour le déménagement par Jean-Claude et des amis. Au huitième étage d'un des plus hauts immeubles de Paris à l'époque, sur douze niveaux, nous nous installons dans un grand atelier d'artiste avec une immense baie vitrée et des plafonds hauts. La pièce principale est coupée dans sa hauteur par une loggia qui occupe tout le fond de l'appartement et où sont installées deux chambres pour les enfants. En dessous, celle des parents et la cuisine. La salle de séjour, à l'origine l'atelier lumineux, est vaste et prolongée, au-delà du vitrage, par un beau balcon de pierre qui donne sur une cour limitée par un autre immeuble de neuf étages.

J'ai confié Olivier, le temps que sa maman se remette, à une jeune nourrice. Nous pouvons l'accueillir dans notre nouveau logis, bien entendu alimenté au biberon, avant Noël. Cependant l'approvisionnement devient difficile, à Paris, la santé de Millette reste fragile, elle doit s'occuper d'un garçonnet et d'un bébé. Il faut qu'elle et les enfants quittent Paris pour la campagne, là où l'air est bon, où la nourriture est saine et abondante. Mussy est en zone occupée, dans une région qui redeviendra agitée lorsque la France sera en passe d'être libérée. L'espoir en est maintenant grand, depuis la folle invasion de l'Union soviétique par Hitler. En cette fin 1942, on suit la titanesque bataille de Stalingrad, on devine que ça chauffe pour les Allemands. Après Pearl Harbor, les États-Unis ont déclaré la guerre au Japon, puis à l'Allemagne, je connais leur puissance économique et leur potentiel militaire. D'ailleurs, en Afrique du Nord, Rommel a été stoppé à El Alamein par Montgomery ; en octobre, il est en pleine retraite ; en novembre, les Anglo-Américains débarquent au Maroc et en Algérie. Comme de Gaulle l'a annoncé en juin 1940, les alliés vont combiner des forces immenses pour écraser Hitler.

Mme Godéchoux est tourangelle, son mari était jusque dans les années 1920 vétérinaire à

Preuilly-sur-Claise, une petite cité aux confins de la Touraine et du Berry, à une quinzaine de kilomètres de la Brenne. Le couple y a conservé une belle propriété. Elle connaît des gens dans les environs, en particulier au Petit-Pressigny où son époux vétérinaire faisait des visites. Certes, il n'y a plus de zone libre depuis le débarquement allié en Afrique du Nord mais le sud de la Touraine, loin de toute zone stratégique et de toute concentration industrielle, est un refuge moins problématique que la région de Troyes et Dijon. Le climat y est doux, les réquisitions rares, on n'y manque de rien, d'autant que la plupart des hommes sont prisonniers et que les bourgs et villages ne sont plus guère habités que par des femmes, des enfants et des vieux vivant dans une autarcie paisible et opulente. Millette et les enfants y seront bien. Je décide de m'y rendre en reconnaissance durant les vacances de Pâques, en avril 1943. Le train me mène à Tours d'où un car dessert les villages entre la capitale tourangelle et Preuilly, neuf kilomètres seulement après Le Petit-Pressigny. Les personnes contactées par Mme Godéchoux sont charmantes. C'est un couple dont la femme est du cru et le mari d'origine espagnole, ils ont deux filles de quatorze et dix-huit ans. Leur maison est grande, ils peuvent accueillir ma femme et Olivier. Jean-François logera ailleurs dans le village. C'est par conséquent décidé, j'installerai ma femme et les garçons au Petit-Pressigny avant l'été.

En avril, pendant que je suis en repérage en Touraine, Millette rencontre le malheur à l'état brut, le malheur absolu. Elle croise dans l'ascenseur

Mme Legros, la voisine du dixième. La femme est courbée en deux, les yeux exorbités, la bouche entrouverte. Elle ne pleure pas, elle geint, comme un animal blessé sur le point d'expirer. Son souffle est court, elle n'aspire que ce dont elle a besoin pour émettre à chaque expiration de petites plaintes sourdes, déchirantes. « Mais, madame Legros, qu'avez-vous ? – Mon Lucien, ils m'ont tué mon Lucien. » Lucien Legros avait dix-huit ans et étudiait au lycée Buffon depuis la sixième. Ce garçon sensible, pianiste, fou de poésie et de peinture, n'a jamais accepté la défaite. Avec quatre camarades, ils ont participé à la manifestation interdite du 11 novembre 1940, commencé à tirer et à distribuer des tracts, collé des papillons. Après l'attentat de Barbès, ils adhèrent aux Francs-Tireurs et Partisans, les FTP, de sensibilité communiste, et participent à de petites actions armées. Ils organisent en avril 1942 une manifestation pour protester contre l'arrestation d'un professeur de lettres résistant de mes connaissances, Raymond Burgard, fondateur du mouvement Valmy ; ils sont dénoncés, sans doute par le proviseur, et entrent dans la clandestinité. Arrêtés en deux vagues, ils sont torturés mais ne parlent pas, ce qui sauve la vie d'un sixième membre du réseau âgé de treize ans. Ils ont tous les cinq été fusillés à Balard en février mais, alors que les autorités d'occupation lui laissaient une semaine auparavant croire qu'il serait gracié, sa mère vient d'apprendre sa mort et s'est vu remettre la dernière lettre de Lucien :

« Paris, le 8 février 1943.

« Mes parents chéris, mon frère chéri,

« Je vais être fusillé à onze heures avec mes camarades. Nous allons mourir le sourire aux lèvres, car c'est pour le plus bel idéal. J'ai le sentiment, à cette heure, d'avoir vécu une vie complète. Vous m'avez fait une jeunesse dorée : je meurs pour la France, donc, je ne regrette rien. Je vous conjure de vivre pour les enfants de Jean. Reconstruisez une belle famille. [...] Jeudi, j'ai reçu votre splendide colis ; j'ai mangé comme un roi. Pendant ces quatre mois, j'ai longuement médité ; mon examen de conscience est positif, je suis en tous points satisfait. Bonjour à tous les amis et à tous les parents. Je vous serre une dernière fois sur mon cœur.

« Lucien Legros. »

Une cérémonie sera organisée en leur honneur à Buffon, le 8 février 1945. Nous sommes là, avec les parents. Le proviseur fait un discours, M. Legros, hors de lui, se lève, il se précipite sur lui, Millette veut lui prêter main-forte. Nous devons les retenir et les faire sortir. Ils ont raison tous deux, bien sûr, mais à quoi bon. Il y a eu enquête, le chef d'établissement a réussi à se disculper, on est en pleine épuration, les temps sont troubles. Jamais ma femme n'oubliera le tableau poignant de cette *mater dolorosa* anéantie rencontrée ce jour-là dans l'ascenseur, avec cette compréhension charnelle instinctive de femme et de mère : perdre son enfant aimant, beau, plein de promesses, héroïque, torturé, assassiné. Il y a eu tant de désastres et d'horreurs dans cette guerre, ce n'est là qu'un épisode minuscule. Pourtant, il ne peut exister pire. Millette est encore bouleversée lorsque nous arrivons tous les quatre au Petit-Pressigny, en juillet 1943.

La douce Touraine, et de trois

Il doit vivre trois cent cinquante à quatre cents personnes au Petit-Pressigny lorsque nous y arrivons, ils seront environ cinq cents lorsque tous les prisonniers seront rentrés. N'était l'absence presque totale d'hommes jeunes, le village en cet été 1943 semble ignorer la guerre. Aucune trace de soldats, aucune destruction, des villageoises et des aînés bien nourris qui déambulent, paisibles et souriants, s'apostrophent, plaisantent, rient bruyamment. Agenouillées au lavoir, le battoir à la main et la bassine de linge posée derrière elles, les lavandières frottent, rincent, frappent l'étoffe posée sur le rebord lisse ; elles causent surtout, la voix haute pour couvrir les splatch retentissants des grands coups assenés sur draps et habits mouillés, leurs mots sonores se mêlent aux éclaboussures de leur labeur. La maison de nos hôtes se trouve derrière le lavoir qui fait face à la mairie, beau bâtiment de tuffeau à pans de bois, de l'autre côté de la rue principale. Sur le même trottoir, à deux pas, la boulangerie et la boucherie. En face, l'épicerie qui fait aussi salon de coiffure, puis, en retrait à l'arrière d'une placette en bordure de l'Aigronne, l'église d'une émouvante simplicité. En continuant la rue, au-delà de la rivière, on arrive à deux bistrots-restaurants. Dans l'autre sens, après la mairie, une route et un chemin montent sur le plateau calcaire, bordés de fermes et de caves troglodytes qui s'enfoncent dans le tuffeau. En la belle journée de juillet où nous arrivons tous les quatre, la blancheur de la pierre et la pureté d'un ciel bleu tendre sans nuages donnent au Petit-Pressigny l'aspect d'un village d'île grecque. Des ânes et des mules, souvent attelés par paires, se hâtent lentement, philosophes et stoïques, vers les champs du plateau. Quitter Paris occupé, son couvre-feu, ses patrouilles incessantes, la haine qu'elles attisent, l'esprit dévasté par l'insondable désespoir de Mme Legros, le souvenir intense de Lucien, la rage au cœur, l'irrésistible soif de vengeance, et arriver là où tout est beauté, calme, volupté et opulence est saisissant. Il y a de tout, au Petit-Pressigny. On a continué de tuer le cochon à l'automne, boudins, saucisses, rillons, rillettes, jambons et autres cochonnailles abondent. Le sacrifice annuel du cochon auquel j'ai assisté une fois m'a laissé un vif souvenir. Tout obéit à un rituel immuable, hommes et femmes ont leurs rôles spécifiques. Les premiers saignent la bête et le cri tragique du cochon qu'on égorge demeure pour moi impossible à oublier. Ils la découpent ensuite tandis que les femmes qui ont préparé de grands feux et des chaudrons imposants, mettent le sang à cuire, y incorporent des morceaux de graisse, puis s'occupent de la préparation des ingrédients des autres types de charcuterie. Les intestins retirés et lavés à grande eau, le péritoine préparé, tout le monde participe au remplissage des boudins, puis à la confection des saucisses et autres spécialités. Par ailleurs, poules et canes n'ont cessé de pondre, les chèvres n'ont jamais su qu'on était en guerre et continuent de mettre bas un chevreau tous les ans et à donner du lait comme si de rien n'était. Les fromages de type sainte-maure s'affinent dans les caves creusées dans le coteau, les enfants ont le matin leur ration de laitage, la faisselle sent en été le fenouil et la menthe. Quelques vaches suffisent à produire ce qu'il faut de beurre et de crème. On fait aussi un peu de vin, une rafraîchissante piquette à laquelle je me suis rapidement fait. Et puis, une goutte d'eau-de-vie dans le café ou dans la tasse après l'avoir bu, comme font les hommes d'ici, cela vaut la peine d'essayer, surtout après les repas de fête qui sont pendant la guerre aussi pantagruéliques qu'ils étaient avant et demeureront après elle. J'en revois le déroulé typique de sept plats : entrées diverses de crudités, cochonnailles et œufs durs, poissons de la Brenne, volaille rôtie, lapin ou chevreau, fromages, salades, gâteau servi avec des crèmes aux œufs, fruits. On sortait de table à dix-sept heures pour s'y remettre à vingt.

Même après l'invasion de la zone libre, les Allemands n'ont jamais pris leurs quartiers au Petit-Pressigny, ils n'y sont qu'exceptionnellement passés. Les garnisons les plus proches sont à quinze, vingt kilomètres, à Loches et Ligueil. On les oublie le plus souvent. Les transports et échanges dans le pays sont très perturbés, beaucoup d'hommes sont en Allemagne, tout ce qu'on produit sur place, et on produit beaucoup, on le mange. Le poids moyen des Pressinoises et des Pressinois a dû augmenter durant la guerre. Nul doute, les enfants seront bien, Millette pourra consolider sa guérison. Je passe les vacances d'été avec les miens et en profite pour faire inscrire Jean-François à l'école communale, il y commencera sa scolarité en septembre, c'est là qu'il apprendra à lire. À voir le journaliste qu'est devenu mon fils, ces débuts ne lui ont pas mal réussi ! De retour à Paris pour reprendre mon enseignement tout en donnant un coup de main militant aux réseaux, maintenant rattachés aux FTP, j'ai des nouvelles régulières de ma famille qui prospère dans la douceur tourangelle. Millette s'est fait des amies, l'épicière qui lui prête des livres, Carmen, l'aînée des filles de la maison qui les accueille, elle se sent de mieux en mieux. Olivier pousse bien, je peux le vérifier en passant les fêtes de fin d'année là-bas. Un sapin a été dressé, décoré de bouts de papier et de tissu colorés, de fleurs séchées et d'un Père Noël de chiffon à la barbe blanche de coton qui tombe sur une longue tunique vermillon. Un pauvre arbre de Noël de guerre, si beau. Le soir du 24 décembre, les petits couchés et confiés à la garde de Carmen, nous allons à la messe de minuit, festoyons entre adultes, puis disposons des fruits, un cerceau et quelques jouets de bois sur les souliers disposés devant la cheminée. Millette et moi restons un moment après que la maisonnée est allée se coucher, silencieux, enivrés et complices dans l'éclat cuivré et dansant des dernières bûches qui se consument. À nous maintenant de nous mettre au lit, heureux déjà de la surprise de Jean-François, qui dort ce soir dans la même maison que nous, et des autres enfants lorsque nous les réveillerons. Nous sommes bien, vraiment bien. Voilà bientôt notre troisième enfant en route. Conçu à Noël 1943, il naît avec quelques jours de retard le 5 septembre 1944 dans des conditions un peu rocambolesques qu'on me racontera car je n'ai passé cette année-là que quelques semaines de juillet en Touraine : les événements s'accélèrent, la Résistance a besoin de tous les siens. Je participe à la libération de Paris, avec un brassard des FFI au bras mais non armé. Là encore, j'assure durant ces jours fébriles des missions d'agent de liaison. Il n'empêche, je partage l'exaltation générale. Je suis le 25 août avec une section du XVIe arrondissement chargée de guider un détachement de la 2e DB de Leclerc vers l'École militaire. Voir les chars prendre position devant le vaste bâtiment qui abrite une forte garnison allemande, suivre les combats depuis un porche du haut de l'avenue de la Bourdonnais, assister à la reddition des Allemands est une émotion intense. J'ai la chance, en déambulant dans un Paris fiévreux, d'éviter que la fête ne soit gâchée pour moi. Aux environs de la gare d'Orsay, rue de Bellechasse, je vois un soldat allemand qu'un groupe de civils a coincé sous une porte cochère se faire vilainement lyncher. J'interviens seul avec l'autorité que me confère mon brassard et que m'assure mon verbe. J'obtiens que le prisonnier soit remis à un détachement de troupes blindées régulières stationnées sur les quais. Le lendemain, la descente des Champs-Élysées par le général de Gaulle, une allégresse populaire dont plus jamais je n'ai connu l'équivalent, les yeux brillants des filles en fleur tendant des bouquets aux soldats – dont beaucoup de républicains anciens combattants de la guerre d'Espagne –, montant sur leurs chars pour les embrasser follement. C'est là, sans aucun doute, le moment le plus heureux de toute ma vie, il me transporte encore à l'instant, alors que je vais la quitter. C'est fini, ou presque. De Gaulle avait raison, il l'avait vu, des forces coalisées supérieures à celles des nazis sont en passe de terrasser la bête. Julia a déjà décousu toutes les infamantes étoiles jaunes des habits de papa, peut-être le bonheur est-il possible ? J'ai appris par téléphone la naissance d'Axel, j'ai d'abord dit merde, tant j'aurais voulu que ce fût une fille. En fait, mieux vaut peut-être qu'il soit né garçon, elle se serait sinon prénommée Bérengère, nous en étions d'accord. En y repensant, je ne suis pas certain que Bérengère Kahn ait bien sonné à l'oreille. J'écris une lettre à Millette : « Axel est né, Paris est libéré… » Je ne verrai mon troisième rejeton qu'en octobre, pour son baptême, après avoir rejoint Le Petit-Pressigny à bicyclette, arborant mon brassard des FFI, une garantie de sécurité en ces temps d'épuration. On me contera alors les péripéties de sa naissance.

Axel, il était temps !

Le 5 septembre 1944 vers quatorze heures, Millette est prise des douleurs de l'enfantement dans la maison, elle perd les eaux vers seize heures. Les femmes s'inquiètent car elles ne se sentent pas l'âme de matrones habiles à aider les parturientes, il n'y a pas de sage-femme au village et les temps sont troublés. Quoique aucune garnison ne soit stationnée ici, l'armée allemande en déroute n'est pas loin, accompagnée de rumeurs, hélas trop souvent vérifiées par la suite, d'exactions, voire d'atrocités. Le bruit court que des femmes ont été tuées à Preuilly-sur-Claise. La semaine précédente, une colonne allemande s'approchait du Petit-Pressigny. Jean-François, âgé de six ans, les attendait de pied ferme. Insouciant, il jouait au milieu de la route avec son fusil de bois avant d'être récupéré en catastrophe par une villageoise affolée. En fait, la troupe ennemie fut anéantie par l'aviation britannique avant d'avoir atteint le village, les habitants ne manquèrent rien du spectacle depuis leurs fenêtres ou leurs terrasses. Une demi-douzaine de soldats allemands dépenaillés ont aussi été pris par des groupes de FFI et emprisonnés dans la mairie dont ils se sont évadés la nuit. Rattrapés, ils auraient été passés par les armes ; les derniers contingents ennemis en retraite éperdue pourraient vouloir les venger, tous les habitants sont terrés chez eux. L'inquiétude est d'autant plus grande que ma femme, « la Parisienne », relève d'une grave infection pulmonaire et que sa santé est fragile. Mais qui oserait affronter les incertitudes de la route en ces journées critiques pour aller quérir la sage-femme la plus proche au Grand-Pressigny, à une dizaine de kilomètres de là ? C'est le facteur qui se dévoue, il enfourche la bicyclette qui sert à ses tournées et file vers le pays voisin où réside la femme de l'art. Celle-ci se fait beaucoup prier mais le facteur courageux trouve les mots pour la décider. Il appuie de toutes ses forces sur les pédales pour la mener assise sur le cadre du vélo, auprès de la femme en travail. Il est temps qu'ils arrivent ! En effet, le bébé vient de naître pendu. Il a le cordon enroulé autour du cou, son visage est tout bleu, sa langue gonflée dépasse de sa bouche tuméfiée entrouverte. Il semble appelé à un prompt trépas car les personnes présentes, sidérées, n'ont pas le réflexe de délivrer le petit retenu par le col entre les cuisses de sa maman. L'habile sage-femme saute du vélo et d'un coup de ciseaux précis et salvateur délivre l'enfant à qui sa mère rappela maintes fois plus tard combien il était vilain à la naissance. Puisqu'il est, hélas, un garçon – ce que Millette ne regrette pas, il lui est indifférent d'avoir un troisième garçon ; avec eux, au moins, elle a acquis de l'expérience –, il faut lui trouver un prénom en catastrophe, on n'avait pas même envisagé cette hypothèse. Parmi ses lectures de femme enceinte, l'une l'a marquée, *Axelle* de Pierre Benoit. Va pour Axel, qui plaît à Millette presque à demi allemande par sa mère. Ce prénom usuel outre-Rhin et dans les pays scandinaves était alors très rarement donné en France. Elle me fait téléphoner de la poste le 6 pour me le proposer, avec Maurice en souvenir de mon frère. Je suggère d'ajouter René, en hommage à mon ami et à mon maître René Daumal qui vient de mourir. La mairie ne fait pas de difficulté pour inscrire sur le registre les trois prénoms retenus, Axel, Maurice, René. En revanche, le curé déclare qu'Axel n'est pas un nom chrétien en France, il retient Maurice comme nom de baptême, prénom que personne, même Carmen, la grande fille de nos hôtes, n'utilisa jamais.

Mon épouse perçoit sans doute qu'il n'est pas prudent pour notre couple de continuer de vivre séparément, peut-être a-t-elle été alertée par d'imperceptibles changements dans notre intimité. Elle me fait part à l'occasion du baptême de sa décision de rejoindre Paris début janvier avec moi et Olivier, âgé d'un peu plus de deux ans. Notre deuxième fils est si attaché à sa mère qu'on ne peut envisager de le confier à quelqu'un d'autre. De plus, séparer Olivier de son petit frère ne semble pas une mauvaise chose. Il répète sans cesse, après la naissance d'Axel : « Je ve le té, le fèr, je ve le té… » Deux ans plus tard, il le tentera presque. En vacances au Petit-Pressigny, il est sur le quai de l'Aigronne à pêcher, c'est-à-dire à faire tremper dans la rivière un fil attaché à un bâton. Devant lui, Axel, âgé de deux ans, fait la même chose, debout sur une marche plus basse conduisant à l'eau. Estimant le bout de chou gênant, Olivier le flanque à l'eau. Oh, il n'y avait pas de danger, il est, même pour un bambin, impossible de se noyer à cet endroit. Cependant, ces souvenirs me rappellent combien mon fils Olivier a au début mal vécu de devoir partager sa mère avec son petit frère. Plus tard, Olivier et Axel développeront une complicité fraternelle d'une exceptionnelle qualité. Quant à Jean-François, qui a six ans, il va à l'école, il y a des copains et il terminera son année scolaire. Il nous aime bien mais n'est pas mécontent de rester plus longtemps dans ce village qui est devenu le sien. Nous le reprendrons aux vacances d'été pour qu'il effectue sa rentrée 1945-1946 en dixième au cours Godéchoux. Axel profitera encore du bon air et de la nourriture du village, séparé d'Olivier. Millette redoute d'avoir à s'occuper, alors que sa santé reste fragile, de trois enfants dont un nourrisson dans une ville où les pénuries sont loin d'être terminées. Les hommes jeunes étant rares au Petit-Pressigny, les nourrices authentiques, allaitantes, le sont encore plus. Mon épouse décide de se rabattre sur Léontine Moreau, paysanne pauvre d'une quarantaine d'années, deux fois veuve et mère de quatre enfants déjà grands à qui nous avons confié Jean-François peu après notre arrivée au Petit-Pressigny en 1943. Nous la savons femme de confiance, très gentille et à la recherche d'un revenu complémentaire fixe, en plus des ménages et petits travaux des champs. Le contact avec Millette est très bon ; outre Jean-François, elle accepte de prendre Axel dans sa grande bâtisse sans confort sur les hauts du village. Certes, il n'y a qu'un robinet dans la cuisine, l'électricité raccordée milieu 1944 n'alimente encore qu'une ampoule nue qui pend dans la salle à manger.

Cependant, la bienveillance, l'affection, l'amour bientôt avec lesquels Mme Moreau s'occupe des enfants valent toutes les commodités du monde moderne ! Nous sommes en définitive à trois de retour rue des Plantes le 3 janvier 1945.

5

Itinéraires

Le 26, rue des Plantes

En mars, deux gendarmes sonnent à la porte. Millette, folle d'inquiétude, les fait entrer. « Vous êtes bien Camille Ferriot, épouse Kahn, fille de Mme Cécile B. ? – Oui, qu'est-il arrivé ? – Votre mère est morte, madame, recevez nos sincères condoléances. Elle a été tuée. – Tuée ? Par qui ? demande Millette. – Par un Allemand, croit-on, pour lui voler ses bijoux. – Un Allemand ! Ah, je préfère ! » Mon épouse craignait avant tout que sa mère n'eût été faite prisonnière par les troupes alliées et passée par les armes pour espionnage, ou bien liquidée sommairement par des partisans. En fait, Cécile, informée que la Résistance désirait la capturer, avait, à la libération de Paris, fui Ris avec son amant, en direction de l'Alsace encore occupée. Elle semble bien avoir été assassinée pour des raisons crapuleuses par son compagnon qui s'apprêtait à repasser le Rhin. C'est là pour nous le dernier épisode lié à la guerre dont la perspective, puis les péripéties ont marqué le début de notre mariage, la naissance de nos enfants. La paix revenue ne sera bientôt pas celle de notre couple.

Nous allons passer l'été 1945 au Petit-Pressigny et rentrons avec Jean-François. Notre vie s'organise à quatre dans notre appartement-atelier du 26, rue des Plantes, à cinq après l'arrivée d'Axel à la fin de l'été 1949. L'immeuble est à l'époque un univers particulier, plutôt chaleureux, tout le monde se connaît, se visite d'un appartement à l'autre, commente les événements. Et il s'en passe, des choses ! Bien sûr la mort de Lucien Legros, le désespoir des parents. Tous les locataires sont solidaires de la famille éprouvée, ils s'efforcent de respecter son deuil mais aussi de lui donner des arguments pour vivre malgré tout, montrent qu'ils sont disposés à les y aider. Jean Moulin a habité quelque temps ici en 1936, alors qu'il était chef de cabinet de Pierre Cot au ministère de l'Air du Front populaire. J'ai appris après guerre qu'il avait joué à ce poste un rôle essentiel dans l'aide clandestine à la République espagnole. Certains locataires se rappellent l'avoir croisé, avoir échangé quelques mots avec lui. J'ai aussi un vif souvenir du 1er août 1946. Nous devons tous partir le lendemain pour les vacances au Petit-Pressigny, je suis sorti faire d'ultimes courses avec Jean-François. À notre retour, le quartier est bouclé par la police, il y a des dizaines d'hommes en armes, nous devons patienter plus de deux heures avant de pouvoir rentrer : le gang des tractions avant de Pierrot le Fou a tenté de braquer le Comptoir des métaux précieux, rue Dareau. Dans leur fuite vers la banlieue, ils sont passés par là, la maréchaussée à leurs trousses.

Au-dessus de notre appartement, le logis des Legros. En dessous, celui des O. Nous sommes rapidement très liés à cette famille qui a un garçon de l'âge de Jean-François et une grande fille. Alors que ses parents sont durant l'Occupation, au début au moins, prudemment pétainistes, la fille Catherine, lycéenne en 1940 à Victor-Duruy, connaît Lucien Legros et participe elle aussi à la manifestation du 11 novembre 1940. Elle anime un petit groupe dans le lycée qui, comme à Buffon, fait circuler des tracts artisanaux. En 1942, elle commence à remplir quelques missions d'agent de liaison pour le réseau Combat d'Henri Fresnay. Arrêtée début 1943, elle est torturée et condamnée à une lourde peine d'emprisonnement. Finalement libérée en août 1944, plus jamais elle ne parlera, Catherine est devenue muette. Elle habite dans l'immeuble de l'autre côté de la cour, elle et sa mère se voient parfois par la fenêtre. J'ai souvent imaginé ce qui passait dans leurs regards, l'entrecroisement de la prière, du remords, peut-être, et du reproche, l'amour, néanmoins, déchiré, désormais impossible. Ce matin encore, mes yeux s'embuent à l'imaginer. Les O. font donner des cours de gymnastique et d'acrobatie à leur fils qui aimerait se destiner aux arts du cirque, Jean-François en profite bientôt. Deux cordes pendent chez eux de la mezzanine, l'une lisse et l'autre à nœuds. La professeure est Mme Irma, une ancienne trapéziste de cirque ; elle a fait une chute et s'est cassé le fémur. C'en est fini pour elle du trapèze, elle s'est reconvertie en montreuse de serpents au cirque et donne des cours à des enfants. Mme Irma a un boa de taille respectable, Félix, un sacré personnage, qu'elle porte autour du cou. Un jour, me raconte-t-elle, elle est au lit avec son amant Léon qui sent quelque chose sous les draps. « Mais qu'est-ce que c'est donc, ça ? demande le galant. – Ah, c'est Félix, mon boa. Il fait si froid, j'ai pensé qu'il serait bien au chaud ! » Avec son pittoresque accent d'Europe centrale, Mme Irma me raconte : « Eh bien, monsieur Kahn, vous me croirez si vous voulez, Léon, il a bondi, a saisi son slip au passage, rien que son slip, il est parti en courant. Si ça se trouve, il court toujours ! » Une autre fois, Félix a disparu dans la cheminée. Mme Irma appelle les pompiers. « Messieurs les pompiers, mon Félix est dans la cheminée, il faut aller le chercher. – Votre chat, madame ? – Non, mon boa. » Les pompiers aussi partent à toutes jambes. Une souris morte en guise d'appât décide l'animal à rejoindre sa maîtresse. Tous les ans, mes enfants reçoivent, après sa mue, des fragments de l'ancienne peau dont le serpent s'est débarrassé. Je ne sais s'ils en ont conservé. Quand Mme Irma aura de la difficulté à trouver des amants, Félix finalement périra. De froid.

Nous ne reprenons Axel qu'après les vacances d'été 1949. Il a mené une enfance campagnarde, au milieu des ânes et des mules, les animaux de trait utilisés dans les exploitations agricoles aux toutes petites parcelles pierreuses et souvent escarpées à flanc de coteau. Dès qu'il a eu quelque indépendance, vers ses quatre ans, il a pris l'habitude de passer ses journées avec la fermière voisine, Charlotte, ses canards et ses chèvres. Bien sûr, la stimulation intellectuelle dont il a profité auprès de Mme Moreau, presque illettrée, n'a rien à voir avec celle que Jean-François et Olivier connaissent auprès de nous. Pourtant, je ne suis pas inquiet. Nous allons le voir pour les grandes vacances, il nous apparaît être un garçon très vif. En revanche, nos contacts avec lui sont plutôt distants. Non pas qu'il nous manifeste de l'hostilité mais nous sommes pour lui essentiellement des étrangers, ou comme de lointains parents que l'on voit rarement. Toute l'affection d'Axel, son amour, est investie en sa « nourrice », « Maman nounou », comme il l'appelle. Il l'adore, elle l'idolâtre. Leur séparation en septembre 1949 est tragique. Le gamin hurle, pleure, désespéré. Accroché aux jupes de Mme Moreau, il crie : « Maman nounou, je ne veux pas te quitter. » La femme sanglote, Millette et moi ne valons guère mieux. Il faut arracher Axel de force, le contenir et l'entraîner vers le car. Il ne cessera de hurler et de tempêter durant tout le voyage de retour. Rue des Plantes, un miracle se produit pourtant. Axel est intrigué par un engin extraordinaire, l'ascenseur qui mène la famille à son appartement au huitième étage. De multiples montées et descentes de l'appareil permettront d'assécher ses larmes.

Axel reste toutefois un petit sauvageon qui nous donne bien du souci. Un jour que sa maman est en courses, il grimpe sur la rambarde du balcon, son corps à moitié dans le vide. Nous habitons au huitième ! Une voisine de l'autre côté de la cour le voit et s'affole, elle lui crie de descendre, fait de grands gestes auxquels le garnement répond en lui tirant la langue et en lui faisant des pieds de nez. La femme envoie alors son fils chercher Millette, qui est chez le boulanger. Ma femme se hâte de regagner l'appartement, Axel est toujours en équilibre périlleux. Du salon, sa mère l'appelle : « Mon chéri, viens vite, je t'ai rapporté des bonbons ! » Alléché, le gamin quitte son perchoir et se précipite. Pour recevoir une correction dont peut-être il se souvient encore, Millette avait la main leste !

Maintenant tous les cinq réunis, nous demeurons une année de plus rue des Plantes avant de déménager pour un appartement plus grand, porte de Versailles. J'y resterai peu, c'en est bientôt fini de mon couple avec Millette et de ma vie de famille. Et pourtant, les seuls souvenirs conservés de cette ultime cohabitation avec mon épouse et nos enfants sont pour certains tendres. C'était encore la zone, en ce temps-là, assez sauvage au-delà de la place Balard. J'y emmenais parfois les deux plus jeunes, nous jouions dans cette friche ici escarpée et, pour cette raison, non envahie par les bidonvilles. Des amoncellements de ruines, tas de gravats, cabanes démolies et monticules nous étaient autant de cachettes qui mettaient mes garçons en joie. Puis, après maintes courses et rires quand on se découvrait les uns les autres, je rentrais par le boulevard Victor en tenant Olivier et Axel par la main, un de chaque côté. Derniers jours heureux.

La famille et les femmes

Je crois avoir rêvé très jeune de fonder une famille, unie, aimante, indestructible. L'exemple de ma grand-mère et de ma mère, le drame de Maurice en sont, je l'imagine, à l'origine. J'aime enseigner, j'aime transmettre, l'essentiel de ma vie y a été consacré. Désirer avoir des enfants avec une femme, s'unir pour les faire et pour les éduquer, les édifier, les élever, m'a toujours semblé l'un des desseins les plus admirables. Il m'est apparu en 1936 que Millette était cette femme avec laquelle il me fallait fonder une famille, je ne crois pas m'être trompé, je ne l'ai jamais regretté. Jean-François, Olivier et Axel sont parmi les êtres dont jamais le souci ne m'a quitté. Ils ont été objets brûlants de mon amour, et aussi mes élèves privilégiés. Adultes, ils me passionnent. Alors ? Alors il existe aussi le désir que je nomme « mes chiens », l'aspiration au dépassement, la révolte contre le définitivement acquis, l'espoir fou, toujours renouvelé, d'une apothéose de la communion des corps d'où émergerait tout à la fois une preuve tangible de mon incontestable présence au monde et l'incandescence de la pensée. J'ai écrit en 1952 :

« L'énergie indomptable des appétits sensuels vient de ce que, seuls, ils accrochent et fixent un goût de Présence. Ce qui rend si irrésistible la dynamique d'Éros, c'est qu'elle seule, avant la mort, nous fait présents totalement au destin. Chacun de ces mots doit résonner plein et vrai. L'enfer de la jouissance est notre dernier recours au sacré, c'est-à-dire à "la relation avec l'absolu". Expérience bouleversante d'une transcendance incarnée. Les femmes qui ne sont pas nos mères, ou équivalent mères en esprit, nos camarades ou nos sœurs, je ne puis, en tant que femmes, les comprendre que comme bonnes conductrices, à travers leur chair même, du sacré, et c'est en tant que telles que je les respecte : ce n'est qu'en les prenant ainsi que je peux établir une relation juste avec elles. Je sens, épuisé, toute la vie du moi qui me conditionne. J'entends aboyer tous mes chiens. Je suis le produit de poussées inéluctables, nécessaires. Alors, comme une hostie, se lève au fond de moi la présence d'une autre loi. Une certaine angoisse m'est témoin, sous la fureur des appétits, d'une paix dont je me coupe sans cesse et dont je ne suis jamais radicalement coupé, qui est là, qui me parle (il suffit pour l'entendre de faire taire un moment mes chiens), mais que je ne puis rejoindre : je puis tenir mes chiens en laisse. Je ne puis les empêcher de tirer. Ils ne tirent jamais dans ce sens. Tuerais-je mes chiens qu'ils renaîtraient plus profondément mordants et plus insidieux. »

Mes chiens, mes pulsions, la force de mon désir, je puis les maîtriser, et goûter alors à la paix mais pour un temps seulement. Ils investissent sinon mon moi mais le confrontent, lorsqu'il a cessé de résister, à la seule expérience tangible du sacré. Sans doute dois-je les comprendre alors comme les instruments de la loi. Elle me dit que :

« L'authentique tâche virile, ce n'est pas de se perdre dans la quête de l'unité perdue [...] (et trouver de la sorte la paix), c'est de vérifier à travers mon enracinement [...] dans la nature mère de toute puissance, le jet, le déploiement de ma promesse au ciel. C'est, dans mes appétits, mûrir mes dons. »

Jamais me conformer à cette loi, me soumettre à mes appétits, me laisser tirer par mes chiens n'a été pour moi un reniement mais jamais non plus ma quête ne s'est interrompue. La guerre, la maladie de Millette, les enfants au Petit-Pressigny, tout a concouru à nous éloigner souvent durant ces années, mon épouse et moi. Jamais je ne me suis lié, jamais non plus, ou presque, je n'ai renoncé à aimer. Je pense que les femmes sentent cela, Millette a sans doute perçu à des détails dont je n'avais guère conscience que ma manière d'être correspondait peu à celle du marin qui, au terme d'un long voyage sans escales, retrouve sa femme bretonne après des mois de mer. Millette aurait pu être femme de marin ; cependant, mon itinéraire comportait de nombreuses escales. Après l'arrivée d'Axel à Paris, la tension entre Millette et moi ne cesse de croître, ma famille en pâtit. Excepté mes congés au Petit-Pressigny pendant la guerre et durant la période où Axel est en nourrice, je ressens comme un échec cuisant que nous n'ayons pratiquement jamais passé de vraies vacances en famille. J'ai le souvenir d'un séjour en 1948 à Port-en-Bessin, avec Jean-François alors âgé de dix ans et Olivier, de six. Une seule fois nous sommes réunis tous les cinq durant deux semaines. C'est en 1950 ou 1951, dans la petite station jurassienne de Lélex, au pied du crêt de la Neige. Les deux grands sont en colonie, nous logeons à l'hôtel avec Axel. Il nous rejoint le matin dans notre lit, je lui lis des passages des évangiles selon saint Jean et saint Marc, expliquant et commentant les paraboles de Christ. Je garde un souvenir très tendre de ces instants, ils ne se sont jamais reproduits. Millette a toujours témoigné d'un réalisme et d'un pragmatisme tout terriens, ou à vrai dire tout féminins. Je ne crois pas que quiconque soit parvenu à lui faire avaler des balivernes. Je ne sais pas si elle a accordé jamais foi à ces retraites spirituelles alléguées pour expliquer mon absence de la famille bien des week-ends durant. L'explication selon laquelle j'ai besoin, pour réfléchir et écrire, d'une atmosphère propice que la vie familiale avec trois enfants ne permet plus, que je la trouve dans des monastères bénédictins, l'a laissée perplexe et dubitative. De plus, des employées du cours Godéchoux l'ont avertie de ma liaison peu discrète avec la secrétaire de M. Lucien, l'économe de l'établissement. C'est une splendide brune explosive qui ne laisse aucun homme indifférent, et moi moins que tout autre.

Millette n'est pas femme à se résigner, à s'effacer, elle ne se résigne pas. Nos enfants assistent à des querelles vives. Je m'évade de plus en plus souvent d'une ambiance oppressante, épuisante, sans doute pour les garçons aussi.

Y réfléchissant une dernière fois, je dois reconnaître que ma relation aux femmes est restée inachevée, la féminité est demeurée pour moi une étrangeté, je pense n'en avoir saisi la complexe richesse que ces toutes dernières années, avec Josette et grâce à elle. Certes, je n'ai eu qu'un frère, des camarades lycéens et étudiants, des fils, j'ai enseigné pour l'essentiel à des adolescents et des jeunes hommes. Pourtant, je ne pense plus que cela suffise à m'exonérer de ma cécité simpliste. Les femmes appartenaient pour moi à deux catégories : d'une part, les mères – la mienne et Millette – ou grand-mères ; d'autre part, celles que l'on prend et avec qui on peut accéder alors à une épiphanie de la présence au monde, tâche que la loi assigne à la virilité. J'ai relu, il y a quelques semaines, un texte intitulé « Femmes », écrit au printemps 1953 et que Josette vient de retaper. J'ai un peu honte de ce texte ; il confirme d'une part ce qu'il faut bien assimiler à une sorte de sexisme aristotélicien : la virilité, vertu existentielle pour l'homme, vue comme le moyen de « donner forme » à la femme, de la révéler à elle-même, de la libérer ; d'autre part, c'est Josette qui a tapé ce texte, l'a lu, sans doute jugé, elle qui m'a permis de prendre conscience de mon infirmité intellectuelle et de mon immaturité affective concernant ma relation aux femmes :

« À notre tour, disons les femmes qui corrompent et qui fondent. Hormis la séduction et la peur, accédons non plus à leur corruptible apparence, mais d'emblée à leurs racines et à leurs fruits. La valeur de la connaissance que nous prendrons d'elles sera proportionnelle à notre capacité de virilité en face d'elles, et même d'un peu plus près. Mais virilité s'entend qualitativement. La virilité est d'abord vertu, pouvoir de faire sien l'autre en le respectant, et par là de féconder l'accroissement de sa liberté. Le destin de nos femmes est presque la mesure de notre vertu. (Je ne suis pas fier de le dire.) Et il ne s'agit point là d'une vertu logée dans le sanctuaire de la loi morale, mais d'une vertu qui sait poser une patte maîtresse et tout exacte sur une épaule ou un sein, d'une vertu qui, risquant l'autre, l'assume et s'estime payée d'un don immense quand l'autre s'ouvre à elle non comme une tombe mais comme l'aube point. La vertu est ce pouvoir de pénétrer une passivité absorbante et d'y éveiller la générosité. Pas d'interdit à son action. Elle est seule garante et seule responsable de sa loi. Elle est positivement la solitude où s'implante la relation. Aussi toute démission de cette solitude dans l'inauthentique de la séduction porte-t-elle atteinte à la virilité même. Parce que la virilité est la solitude qui ne peut déposer les armes, parce qu'elle est la liberté animant l'élan le plus profond et le plus droit du corps, et aussi parce qu'elle est sexe et amour et que tout ce qui est issu vraiment d'elle est germe de vie, elle est aussi le terrain que rongent le mensonge et la peur. Or la femme comme mensonge et peur remplit l'espace de notre démission. Aborder la femme par ce vide, c'est se vouer à une jungle qui ne nous lâchera plus et pour n'atteindre la femme jamais, mais s'enliser dans la “mouvance”. Car la mouvance est l'élément de la femme que la vertu n'est pas venue transcender et accomplir : virilité de l'homme ou vertu de son propre cœur sont la transcendance qui la fonde. Nous sommes surpris que les femmes se distribuent entre de tels extrêmes de difformité et de noblesse ; que la grâce et la disgrâce dans leurs figures pareillement surabondent. La femme est démesure. La virilité est unité de mesure. L'homme sans vertu n'est plus un homme. La femme sans vertu est encore une force terrible. En elle prolifère la puissance d'avant les dieux. Mais en elle aussi se réalisent les plus mystérieuses possibilités de la création. En elle le verbe et la chair se muent et s'émeuvent l'un dans l'autre perpétuellement. »

Avec le recul, ces lignes où je fais l'apologie de la virilité vertueuse et solitaire, principe édificateur de l'homme et ordonnateur du monde, sont bien décalées de ma réalité. Je dois à la vérité de dire que je ne crois pas avoir jamais résisté vraiment au désir et aux desseins d'une femme belle. Je débute ainsi, à cette époque, une relation avec Solange, la mère divorcée d'un élève qui est aussi l'un des meilleurs amis de Jean-François. Cette femme veut de toutes ses forces que je la rejoigne, que nous vivions ensemble. Le délitement de mon foyer et la faiblesse, je le crois bien, des hommes devant l'incroyable puissance du vouloir féminin m'amènent à obtempérer. Je quitte Millette en 1954 et m'installe dans l'hôtel particulier loué par Solange à Saint-Mandé, en face des éléphants, des singes et des lions du parc zoologique de Vincennes. Je suis à l'occasion réveillé par les barrissements et les rugissements. Nous déménagerons après quelques années non loin du Cours, sur la colline de Chaillot dans le XVIe arrondissement. Il me faut alors moins d'une demi-heure pour aller au travail le matin, à travers les jardins du Trocadéro et par le pont d'Iéna. Je vis là jusqu'en 1968, d'abord dans une sérénité et une quiétude retrouvées et que je goûte après les éclats de Millette durant les dernières années. Contrairement à cette dernière, Solange concilie une volonté de fer et une adoration soumise que j'apprécie. Jusqu'à 1967, treize années durant, nous passerons nos vacances d'été aux Artaux, un beau domaine de la Drôme, non loin de Nyons. J'aime le bâtiment au toit couvert de tuiles et aux murs en moellon calcaire, une ancienne ferme reconvertie, qui encadre sur trois côtés une cour où sont installés tables, meubles de jardin et chaises longues. Sous des parasols clairs dans la chaleur de l'après-midi, je lis et contemple du côté libre ces paysages du plateau drômois où nous aimons tant nous promener, ses murets de pierres sèches, son herbe brûlée par le soleil d'été, ses rus à sec encombrés de pierrailles, les reliefs au loin des monts du Diois. J'ai entrepris aux Artaux, après une longue abstinence d'écriture, la rédaction d'un roman initiatique un peu dans le genre du *Mont Analogue* de René Daumal[1] mais influencé par Camus et par Sartre. Ici, les élus sont des conspirateurs terroristes qui ont le dessein de sauver le monde. Mécontent du manuscrit, de son manque d'originalité, je l'ai plus tard détruit.

Mon rapport aux femmes ne change pas mais n'entraîne pas les mêmes conséquences qu'avec mon épouse. Solange privilégie la permanence de notre couple et, sans que nous ayons jamais abordé ce point, semble convenir que cela passe par une compréhension de la puissance de « mes chiens ». Cependant, c'est sans doute là une voie sans issue car ils sont appelés à me traîner, tôt ou tard, vers cette zone dangereuse où l'inflexibilité d'une femme me coupera de mes habituels itinéraires de repli.

Mes fils

Jean-François est celui de mes trois garçons avec lequel j'ai le plus vécu, le plus échangé. Non seulement en tant qu'aîné mais surtout parce que, en 1954, lorsque je me suis séparé de sa mère, il m'a accompagné chez Solange. Il est aussi, des trois garçons, celui qui, sous de nombreux aspects, m'est le plus proche. Sa passion des mots, de leur musicalité poétique et de leur beauté picturale, est celle que je me suis découverte très jeune. Comme moi, il sait

1. Jean Kahn et René Daumal ont été très liés.

les utiliser, les faire sonner et signifier. Il préfère de beaucoup la métaphysique et les autres champs philosophiques à la physique et aux diverses sciences exactes ou expérimentales. Adultes, nous partageons tous deux la bizarrerie de ne pas savoir conduire et de ne parler aucune langue étrangère. À dix, douze ans, il passe le plus clair de ses congés à lire, à lire tout ce qu'il a à portée de main, à y réfléchir, à m'en parler parfois après un travail personnel au terme duquel nous échangeons sur nos impressions. Jean-François possède aussi une multitude de dons qui m'ont toujours fait défaut, une étonnante palette de talents artistiques. De sa grand-mère germanique, il a reçu une belle voix et chante juste, ce qui n'est vraiment pas mon cas. Féru de toutes les musiques, et en particulier de l'opéra et de la chansonnette, il connaît et reproduit avec aisance les airs qu'il apprécie. Il dessine très bien, et peint aussi, des gouaches et des huiles, qu'il tente parfois avec un certain succès de vendre à ses frères. Il les appâte par la promesse que ses œuvres prendront plus tard de la valeur et que c'est là un investissement d'avenir. Au passage, il témoigne d'un sens des affaires que je n'ai jamais eu. Petit, il est incroyablement distrait. Je me rappelle qu'il rentre un jour de l'école sans son slip et n'est pas capable de se remémorer les circonstances dans lesquelles il l'a perdu. Cependant, la multiplicité de ses talents, l'éventail de ses curiosités, la sélectivité de ses centres d'intérêt l'amènent à accorder peu d'importance aux figures imposées d'une bonne scolarité. L'orthographe lui apparaît assez subalterne et un texte magnifique, des poèmes inspirés, par exemple, peuvent, à l'époque, être truffés de fautes. De plus, il écrit si mal qu'il est bien souvent incapable de se relire, j'y parvenais jadis mieux que lui. Plusieurs fois, j'ai recopié ses textes, pour lui et pour moi. Souvent, ce que les maîtres et professeurs lui demandent de faire ne correspond pas à ce qu'il juge en valoir la peine. En cela, nous différons beaucoup. Ma recherche obsessionnelle de la loi me prédisposait à me plier aux contraintes du travail scolaire, j'étais fort bon élève. Durant ses études, mon talentueux et fantasque fils ne s'en soucie pas tant, il a besoin d'être canalisé. C'est là mon métier depuis 1937. C'est pourquoi je suis préoccupé de ne plus pouvoir m'en occuper après ma rupture avec sa mère, surtout qu'à seize ans il approche du baccalauréat. Je ne sais comment lui proposer de m'accompagner. Avec la roide détermination qui m'a tant impressionné chez de nombreuses femmes, c'est Solange qui s'en charge en envoyant une lettre à Jean-François : « Votre place, Jean-François, est aux côtés de votre père, vous y retrouverez votre ami Jean-Marie, mon fils. Rien ne vous retient auprès de votre mère ! » Millette met la main sur cette lettre, elle en est bouleversée, je la comprends. Je n'aurais pu écrire de telles lignes mais, pour être sincère, c'est bien ce à quoi je désirais arriver. Voir l'envol professionnel de mon fils, la place prépondérante qu'il a acquise dans le monde du journalisme et de l'information est bien entendu pour moi une immense satisfaction mais non pas une surprise : jamais je n'ai douté de lui.

Olivier est sur de nombreux points l'opposé de son frère aîné. Ils appartiennent à deux types physiques très différents, franchement germanique dans le cas du cadet et tenant sans doute pour l'aîné des origines mélangées de la famille, italienne, bourguignonne, francilienne et juive. Olivier, petit garçon, est sensible, affectueux, très sage, bon écolier et sans problème. En revanche, comme moi-même et Axel mais contrairement à Jean-François, il ne possède aucun talent artistique. Longtemps fusionnel avec sa mère, il a conservé des relations naturelles et confiantes avec moi, même au moment de mon départ de chez sa maman. Il grandit d'abord avec Jean-François au 26, rue des Plantes, de l'âge de deux ans à sept ans, ce qui tisse entre eux des liens affectifs qui ne se démentiront jamais. Cependant, après ma séparation d'avec sa mère, il vit jusqu'à son mariage avec le benjamin de la famille, Axel, passant aussi toutes ses vacances avec lui. D'abord tuteur et modèle de son petit frère, il en devient le compagnon fraternel très proche, ce qui n'exclut pas parfois une bien ordinaire rivalité. Il n'empêche, ces deux-là se sont authentiquement édifiés l'un l'autre. Esprit rationnel, organisé, Olivier écrit dès douze ans des constitutions qui régissent la vie en communauté des deux frères et de leur mère : d'abord une royauté ; le roi, lui, a un sujet, son petit frère, et une reine mère. Plus tard ce sera une république, dont il sera le président, et dont les scrutins se dérouleront à l'aide d'une machine à voter électrique qu'il a conçue et fait fabriquer par son citoyen de frère, plus manuel que lui. J'ai cherché à ne jamais manquer à mes deux plus jeunes fils, à maintenir une présence et d'une sollicitude paternelles, à ne jamais s'en laisser ternir l'image. Olivier joue, au sein de la fratrie, le rôle de trait d'union entre son aîné et son benjamin qui n'ont cohabité que fort peu. Lui a vécu avec l'un et l'autre à des périodes différentes de sa jeunesse, il a contribué à ce que, malgré la séparation des parents et des frères, nous continuions à « faire famille ». Je crois d'ailleurs qu'il s'en est très tôt fixé la mission. Olivier, contrairement à Jean-François et moi, se reconnaît dans le rationalisme scientifique plus que dans les interrogations métaphysiques et les spéculations philosophiques. Ses études sont aisées, il choisit les filières scientifiques au lycée, en classe préparatoire avant d'intégrer une grande école de chimie. Ingénieur et docteur ès sciences, il entre au CNRS en consacrant ses recherches à une approche très théorique de sa discipline, à laquelle je ne comprends à dire vrai pas grand-chose. Cependant, Olivier me subjugue par la passion qui l'enflamme lorsqu'il me parle de ses travaux, de ses molécules dont le « *spin* » et les propriétés de bistabilité feraient des chefs-d'œuvre de la science moderne, presque des objets d'art. Je n'ai strictement aucune idée de ce que cela signifie mais la musicalité des propos de mon fils me charme. Je le sais imaginatif, original, enthousiaste, je le crois excellent et suis confiant qu'il fera, comme Jean-François, de grandes choses.

Je n'ai vécu que cinq ans avec Axel, de son retour de nourrice à mon départ du foyer familial. C'est alors un garçon un peu farouche, plutôt agité, bagarreur. Élevé à la campagne, il supporte mal de rester enfermé. Contrastant avec le bien sage Olivier, il fait bêtise sur bêtise. Sa mère le surnomme « Monsieur Catastrophe ». Au cours Godéchoux, il passe un matin par-dessus la grande rampe de l'escalier sur laquelle il glissait. Police secours le ramasse inconscient pour le conduire à l'hôpital des Enfants malades dont il devient un habitué. Une autre fois, on l'y mène après que, dévalant quatre à quatre les escaliers du métro, il trébuche et termine la descente en roulant de marche en marche. En vacances de Pâques avec ses frères dans la propriété de Mme Godéchoux en Seine-et-Marne, nous le voyons revenir avec une double fracture des os de l'avant-bras qui lui vaut trois interventions chirurgicales et la pose de matériel d'ostéosynthèse. Il faut dire qu'il se sert de son plâtre pour taper sur la tête de ses camarades et qu'une première consolidation a été vicieuse ! Au Cours, il introduit en étude une paire de ciseaux dans une prise et fait sauter toute l'installation électrique de l'établissement pour plusieurs heures. Après mon départ, Axel, seul à la maison, joue au petit chimiste en utilisant une lampe à alcool qu'il fait tomber sur lui, il s'enflamme. La voisine entend la sonnette, ouvre : Axel est là, affolé, les vêtements en feu. Quoique pour le calmer on l'ait inscrit aux louveteaux, puis aux scouts, ce garçon demeure un danger permanent pour lui-même et pour les autres, il rentre de l'école en loques, écorché, avec des bleus. Une espèce de calamité ! C'est lui qui supporte le plus mal la séparation de ses parents, il me le fait sentir puisqu'il est encore pour un an élève au cours Godéchoux ; il se montre souvent agressif, revendicatif, n'hésite pas à me faire des reproches. Axel est issu un peu du même moule qu'Olivier, il a des traits physiques communs avec lui, d'autres qui le rapprochent plus de mon père André, dont il a été de mes enfants le petit-fils préféré.

Quatre ans après mon départ, Millette fait une rechute grave de sa tuberculose pulmonaire à laquelle elle n'aurait pas survécu si l'antibiothérapie de la maladie n'avait pas été disponible. Elle passe plus d'une année en sanatorium. Jean-François, qui va voir sa mère toutes les semaines, et Axel sont contaminés, seul Olivier reste indemne. Ce qui persiste de structure familiale explose. Olivier est hébergé chez sa grand-mère veuve, rue de Lisbonne ; Jean-François est lui aussi en sanatorium. Axel est hospitalisé pour une complication neurologique, puis envoyé en préventorium à Chamonix. Je vais passer quelques jours avec lui au début des vacances d'été, il a quinze ans. Nous montons ensemble par les téléphériques au Brévent et à l'aiguille du Midi, nous échangeons intensément. C'est là notre premier dialogue véritable, je crois qu'il me découvre. Les griefs qu'il a contre moi rendaient très difficile notre relation, ils s'estompent et cela lui permet, je le sens, de percevoir un père à qui se fier. J'ai devant moi, au-dessus de la vallée de Chamonix, un adolescent enfin confiant, et même aimant, à ce qu'il me semble. Il a quitté cette carapace de reproches latents, parfois patents, qui rendait si difficile notre relation, ce que j'entrevois maintenant m'intrigue, me passionne bientôt. J'ai l'impression d'être institué là, dans les Alpes, en tant que père, j'en suis bouleversé, j'ai enfin trouvé mon troisième fils. Stupéfaits tous deux, dans un silence qui dure, nous recevons le témoignage enfin irréfutable de notre lien. La maladie prive Axel de sa scolarité de classe de troisième. Il entre cependant, de retour à Paris, directement en seconde. Ce que j'ai perçu de lui à Chamonix m'amène à l'en croire capable. De fait, cela se passe bien. Il n'a jamais eu de difficultés scolaires mais, trop agité, il travaillait peu. Peut-être poussé par l'esprit de compétition avec Olivier, il devient rapidement un brillant élève, comme son frère. Son choix de la médecine est motivé, je pense, plus par son désir de ne pas s'engager sur la même voie que moi et ses aînés que, à l'origine du moins, par une réelle vocation. Cependant, quoique portant en lui une impétuosité, une violence maintenant maîtrisées mais dont les soubresauts intellectuels se manifestent à l'occasion, j'ai, comme avec ses frères, la satisfaction de le voir tracer un sillon prometteur.

Bons élèves puis étudiants franchissant sans mal l'épreuve des concours, Olivier et Axel me font un reproche implicite que j'ai bien perçu. Je jugerais banale, presque médiocre, pensent-ils, leur facilité scolaire et leurs résultats flatteurs, pour n'accorder de l'intérêt qu'à la créativité hors normes de leur aîné Jean-François. C'est injuste, je suis en réalité très fier de mes trois fils, même de ceux qui n'ont plus besoin de moi pour réussir.

« J'admire en particulier le chimiste et le biologiste, marxistes tous deux, qui, à l'extrême de la rigueur dans leur analyse, débouchent sur l'illimité puis font demi-tour et cherchent sens et efficacité dans la ressaisie des plus fines relations. Je double seulement leur nécessaire recherche d'une interrogation massive, globale et, relativement à leur science, ignorante. C'est toute la masse qui est à faire résonner et les vibrations entendues occultent un sens unitaire qui nous appelle[1]. »

Je suis persuadé d'être, sur ce plan, en phase avec mon aîné. C'est bien entendu lui, dont la richesse et la profusion exigeaient d'être encadrées, qui m'a le plus occupé et qui a, de ce fait, sans doute le plus habité mes pensées, je conçois que cela puisse donner un sentiment de négligence aux deux autres. Mes trois garçons se plaignent souvent de ce que je donne raison à chacun, et qu'à chacun j'offre une audience différente. D'autres qu'eux me font à l'inverse grief d'être resté partisan. J'assume avec eux le rôle sacrifié de passeur, de catalyseur, diraient les deux plus jeunes, de révélateur à eux-mêmes, là réside le cœur de ma relation pédagogique avec mes élèves, parmi lesquels mes fils. Ils sont aujourd'hui tous mariés, les deux aînés sont pères de famille et le benjamin le sera dans quelques jours ou semaines. Devenir grand-père n'a, c'est singulier, provoqué que peu d'émotion chez moi, au-delà du plaisir ressenti à celle de mes fils et de leurs épouses. Je me rappelle bien

1. Jean Kahn-Dessertenne, *Matière du temps*, Arfuyen, 2003.

mes réactions à la naissance de Jean-François mais ai peu vécu avec les deux autres nourrissons. Les bébés ne m'intéressent guère que comme énigmes, pages blanches sur lesquelles il reviendra à la vie d'inscrire une histoire, surtout si je dois en être acteur. En ce sens, j'aurais je crois apprécié d'établir des relations avec Laurence, Jean-Christophe et Fabrice et tous ceux qui viendront, observer leurs progrès, deviner ce qu'ils sont, les aimer et en être aimé. De plus, la présence d'une fille est tellement étrange dans ma famille que suivre l'éveil et l'essor de celle de Jean-François aurait suscité chez moi une curiosité passionnée. Ce ne sera pas le cas. Repensant à la fois à mon rapport aux femmes et aux quelques occasions où nous nous sommes tous retrouvés pour partager un repas, les familles de mes enfants et moi, je crains d'avoir déteint sur mes garçons. Tous parlent alors haut et fort, me demandent de prendre position, les épouses restent silencieuses, conscientes de ce que les hommes Kahn leur laissent peu de place dans leurs débats intellectuels. Non, vraiment, je n'ai pas à être fier de cela. Les enfants sont très tôt des observateurs lucides des manies, lubies et travers de leurs parents, mes garçons ne font pas exception avec moi. Ils me plaisantent souvent, avec bienveillance, de ce qu'ils appellent mon intellectualisme un peu abscons, me demandent parfois s'il m'est possible de leur traduire ma pensée en langue commune. Je soupçonne qu'une part de leur goût pour la plaisanterie, même légère, même un peu grasse, pour des genres littéraires et musicaux que je juge mineurs et qui incarnent pour moi la vulgarité s'est développée en réaction à mes options et jugements. C'est en tout cas manifeste en ce qui concerne mon fils aîné, qui a eu le plus à en connaître et à en subir.

Le Parti

Tout en demeurant très attaché au de Gaulle de la France libre, c'est avec les organisations communistes clandestines que je renoue dès 1941, au sein des FTP que je participe modestement à la Résistance jusqu'à la libération de Paris. Mes cartes du Parti, « le parti des fusillés » comme elles en portent fièrement l'inscription, sont à jour de leurs timbres mensuels dès 1944 et jusqu'en 1949. Pourtant, ma position au sein de ma cellule du Parti est inconfortable en des temps où la tolérance n'est pas le maître mot du communisme international. J'apparais triplement suspect en tant que fils de la bourgeoisie, intellectuel qui se refuse à vouer de Gaulle aux gémonies et mari d'une catholique pratiquante qui a fait baptiser ses trois enfants. Cependant, l'esprit du poème d'Aragon « La rose et le réséda », son hymne à celui qui croyait au ciel et à celui qui n'y croyait pas et qui, tous deux, adoraient la belle prisonnière du soldat, l'hommage à leur sacrifice commun, me protègent un peu de ce troisième grief. Cet esprit permettra même à Millette, électrice du MRP depuis 1945, de prendre elle aussi en 1947, par amour pour moi plus que par réelle conviction, sa carte du Parti, pour deux ans à peine. La raison de ma rupture avec le Parti, cependant, ce sont les purges staliniennes dans les pays passés sous influence communiste au fil des avancées de l'Armée rouge et de l'installation de gouvernements croupions. Le déclenchement de cette répression est motivé par un double événement : d'une part, la rupture en 1947 de l'alliance de plus en plus théorique entre les vainqueurs de l'Allemagne nazie, Américains et Britanniques d'une part, Soviétiques de l'autre ; d'autre part, la rupture de 1948 entre Staline et Tito. À l'énoncé au début 1947 de la doctrine Truman, Jdanov et Staline répondent en septembre par la création du Kominform, structure de coordination entre l'URSS et les nouvelles démocraties populaires d'Europe de l'Est auxquelles sont associés les puissants partis communistes italien et français. Bien entendu, tout cela est contrôlé d'une main de fer par Staline et ses séides. Quoique Belgrade accueille au départ le siège de l'organisation, le maréchal Tito et les Yougoslaves supportent mal cette volonté de tutelle stalinienne. Ils se sont libérés seuls des nazis, sans l'aide de l'Armée rouge, et désirent conserver une indépendance dont Staline ne veut pas entendre parler. Tito et son pays sont exclus du Kominform en juin 1948, le maréchal et ses partisans sont dénoncés comme des traîtres à la solde des impérialistes et excommuniés. L'accusation de titisme, comme celle de trotskisme, conduit immanquablement à la mort. Une terrible répression s'abat sur les nouveaux pays du glacis soviétique. C'est pour le monstrueux Géorgien le moyen de se débarrasser des dirigeants nationalistes les plus populaires de ces pays du fait de leur combat contre les nazis et les dictateurs qu'ils avaient mis en place. Pour Staline, une semblable popularité constitue une menace inacceptable car elle pourrait donner à ces leaders, comme cela fut le cas avec Tito, des velléités d'indépendance.

L'une des premières victimes est le communiste hongrois László Rajk. C'est un héros de la guerre d'Espagne, il a combattu les franquistes dès 1936 jusqu'à la défaite. Réfugié en France, il y a été emprisonné comme tant d'autres combattants républicains et je me suis mobilisé avec le Parti pour protester et tenter de le faire libérer, ce qui ne sera obtenu qu'en 1941, heureusement avant l'invasion de la zone libre. Il a ensuite animé la lutte contre les fascistes hongrois de Miklós Horthy et failli périr. Après la guerre, Rajk a dirigé la police politique et il est depuis 1948 ministre des Affaires étrangères de la jeune république populaire. Mátyás Rákosi, premier secrétaire stalinien du Parti communiste hongrois, le voit comme un rival à éliminer. Rajk est accusé de titisme, de connivence avec les Américains et d'être le chef d'une conspiration dont le but est le rétablissement du capitalisme. En septembre 1949, après des aveux extorqués dont le sinistre modèle sera reproduit lors des procès de Bulgarie, et surtout de Prague, il est condamné à mort avec dix-huit autres accusés. Tous sont pendus en octobre 1950.

Révulsé, je n'accorde pas foi une seconde à l'invraisemblable accusation, je ne suis pas dupe des aveux de Rajk. Je me rends en octobre 1949 à une réunion de cellule et prends longuement la parole, dans une atmosphère tendue et hostile. Je rappelle que nous sommes nombreux à nous être mobilisés en 1939 en faveur de ce combattant de la liberté, héroïque défenseur de la République espagnole agressée par les fascistes. Nous connaissons son courage, sa fidélité au communisme, les accusations portées contre lui sont forcément des foutaises. Je propose par conséquent d'adopter une motion de soutien à ce héros diffamé, maintenant condamné. Je n'ai aucune chance d'être entendu et suivi. Le Parti communiste français est membre du Kominform, lui aussi doit être mis au pas, purgé de ses éléments incertains, surtout s'ils jouissent d'un prestige acquis dans les Brigades internationales et la Résistance et risquent de faire de l'ombre à Maurice Thorez, qui est resté lui planqué durant toute la guerre en URSS. André Marty et Charles Tillon seront exclus en 1952, je ne suis de la sorte qu'un précurseur. Une autre circonstance plaide en ma défaveur : Lucienne, la secrétaire de cellule. Cette robuste quadragénaire, professeure dans un lycée, a voulu imprimer à la chaude solidarité militante entre camarades une dimension en ce qui nous concerne plus intime, je suis à son goût. Habituée des luttes sociales dans l'enseignement secondaire, elle s'est mis en tête de lui substituer en la circonstance un corps à corps plutôt primaire. Confronté à de telles invites, je ne suis en général guère farouche. Cependant, Lucienne, plutôt râblée, doit bien peser ses soixante-quinze kilos et, peut-être par solidarité avec le petit père des peuples, arbore une ombre de moustache en harmonie avec une barbe qui assombrit son menton. Je n'ose imaginer le reste, je crains que la tâche ne se révèle au-dessus de mes forces militantes ; je décline. Lucienne est habituée à ce que les proviseurs et représentants du ministère cèdent à ses assauts syndicaux, ma résistance l'exaspère, elle n'a pour moi aucune bienveillance. Elle prend la parole après moi et se lance dans une longue tirade qui équivaut à une condamnation. « Le camarade Dessertenne (on me connaît aussi sous ce nom dans la cellule), dit-elle en substance, inquiète les bons communistes depuis longtemps. Ce fils de la grande bourgeoisie juive nous a avoué un jour que son père avait appartenu aux ligues factieuses. Il a toujours semblé tiède dans sa condamnation du général réactionnaire anticommuniste de Gaulle, son militantisme depuis la fin du conflit est réduit au minimum. Aujourd'hui, il prend la défense d'un être fourbe, un homme mauvais, un ennemi du socialisme et du communisme, un adorateur masqué de l'impérialisme assassin des peuples et du capitalisme oppresseur des masses, en résumé un traître immonde, un rat visqueux et une vipère lubrique, sans doute contaminé en Espagne par les idées anarchistes et trotskistes et qui a conspiré contre la jeune République hongroise ! Il me semble que Dessertenne a démontré ce soir qu'il n'avait plus rien à faire parmi nous, il serait appelé à trahir, il a sans doute déjà trahi. J'ouvre la discussion sur sa motion et sur son cas. » Les camarades opinent, certains soulignent combien la camarade secrétaire a bien parlé. Ma motion est rejetée à mains levées, et selon la même procédure on décide que la demande de mon exclusion du Parti sera transmise aux instances supérieures, section et fédération. Ce sera chose faite avant la fin de l'année 1949. J'en suis, en réalité, assez satisfait. Seule ma fidélité à mon engagement de jeune homme et aux combats menés m'avait dissuadé de rompre avec un parti dont je conteste vivement l'alignement total sur les intérêts et la politique de Staline. Je n'aurai par conséquent pas à franchir le pas moi-même.

Religion et racines

Comme mes fils, je suis baptisé, ai suivi le catéchisme et reçu les traditionnels sacrements initiatiques que l'Église a conçus pour ses jeunes fidèles. Je n'ai jamais témoigné d'une foi profonde mais le christianisme m'a certainement intéressé, il m'intéresse toujours. J'y trouve une bonne adéquation avec ce qu'il faut bien appeler mon attirance pour l'ésotérisme : des mythes fondateurs, les messages plus ou moins cachés des prophètes, le maître, les disciples qui cherchent à comprendre son message, à s'élever à sa sagesse et se fixent l'objectif de diffuser sa parole en langue vulgaire pour les non-initiés, tout en conservant pour eux-mêmes, en ai-je l'intuition, des secrets essentiels. Ces éléments ne m'ont pas paru en contradiction avec ma lecture du communisme lorsque j'ai adhéré à la SFIC, au contraire ! La conception mythique de la vertu révolutionnaire du prolétariat, le culte du dirigeant, le rôle réservé à une avant-garde consciente et la vision de la société communiste en tant que paradis terrestre qu'elle contribuera à reconquérir me convenaient bien. Ces notions m'apparaissaient même compléter utilement l'enseignement chrétien, ou bien être destinées à en prendre la relève, comme je l'ai écrit en 1941 : « Si la mission historique du christianisme comme animateur des âmes sans génie s'est achevée, s'il ne répond plus à la période actuelle de l'évolution de l'humanité, la succession doit-elle être prise par la forte animation du groupe, de la masse (par l'avant-garde éclairée du prolétariat) à l'heure de la révolution industrielle ? »

Mon attachement à l'évangéliste Jean ne tient pas d'abord à l'évangile proprement dit mais au très ésotérique texte de l'Apocalypse, écrit de Patmos par un Jean en fait différent, ai-je appris il y a peu, du disciple bien-aimé. « Je suis l'alpha et l'oméga, dit le seigneur Dieu, celui qui est, qui était, et qui vient, le Tout-Puissant. » J'ai lu des centaines de fois ce texte incandescent, j'ai ouvert les sept sceaux à la suite de l'agneau, j'en ai pris connaissance avec effroi ; j'ai entendu résonner les trompettes des sept anges et ai désiré me prosterner, écrasé par la fureur du Très-Haut ; j'ai bu dans les sept coupes, en ai péri et suis né à nouveau. Le petit volume du Nouveau Testament acheté en 1937 où figurent tous ces textes ne m'a pratiquement jamais quitté, il est là, dans ma poche, je ne m'en séparerai pas. Je l'ai ouvert il y a un instant. Sur la dernière page de garde, j'ai écrit, je ne me rappelle plus quand : « Sur les hautes vagues, le navire vogue. Le vent allait vers l'ouest et le bateau vers l'est. Il arriva un jour qu'il se perdit dans l'horizon inconnu. Il ne se retrouvera plus. » Moi. Toujours dans la tempête, à contre-courant, contre le vent, hors du temps. Je vais me perdre. J'ai relu une dernière fois les versets finaux de l'ultime chapitre (22) de l'Apocalypse :

« 17 Et l'Esprit et l'épouse disent : Viens. Et que celui qui entend dise : Viens. Et que celui qui a soif vienne ; que celui qui veut, prenne de l'eau de la vie, gratuitement.

« 18 Je le déclare à quiconque entend les paroles de la prophétie de ce livre : Si quelqu'un y ajoute quelque chose, Dieu le frappera des fléaux décrits dans ce livre.

« 19 Et si quelqu'un retranche quelque chose des paroles du livre de cette prophétie, Dieu retranchera sa part de l'arbre de la vie et de la ville sainte, décrits dans ce livre.

« 20 Celui qui atteste ces choses dit : Oui, je viens bientôt. Amen ! Viens, Seigneur Jésus ! »

La loi, en somme, définitive, irréfutable, elle que toute ma vie j'ai poursuivie, Jean de Patmos la présente dans sa magnificence. Et pourtant, je ne suis pas sûr que ce soit celle qui m'est destinée : sinon, je ne serais pas là. En fait, j'ai résumé il y a bien longtemps, en une phrase, ma vision des rapports entre la foi et la loi : « Il faut croire à la valeur de croire, au bénéfice de croire, pour proposer à l'homme d'essayer le mouvement de la foi. » La foi n'indique pas ce qu'est la loi, Jean de Patmos non plus. Cependant, il est sans doute nécessaire de croire pour l'identifier. C'est pourquoi, depuis mon adolescence, j'aime tant entrer dans les églises en dehors des offices, y demeurer longuement. Ces lieux sont propices à ce que se manifeste la force de croire, non pas en des vérités révélées et établies, en une loi imposée, mais en ma capacité à identifier le chemin à emprunter pour les établir.

Pendant des décennies, ma demi-judéité ne s'est jamais imposée à moi en tant que constituant significatif de ma personnalité. Je connais fort mal la religion juive, personne dans ma famille ne la pratiquait. Je n'ai pas même souvenir qu'il y eût de juif observant parmi les amis et relations de mon père. J'avais été confronté à l'antisémitisme des ligues d'extrême droite, au Quartier latin, mais ne me sentais pas plus concerné que mes camarades. Cette insouciance n'a pu résister aux lois antisémites de Vichy et des autorités d'occupation puisqu'il m'a fallu me faire établir, du fait de mon nom, un certificat de non-appartenance à la race juive et que papa était, lui, soumis à l'obligation de porter l'étoile jaune. J'ai souffert aussi de ne pas porter mon nom patronymique, le vivant comme une forme de reniement. C'est à partir de cette période que je me suis plus préoccupé de mes racines juives et que j'ai fait quelques recherches généalogiques. Je n'en ai jamais fait état jusqu'à ce que j'écrive, il y a deux ans à peine, une adresse à mes enfants, comme une invite initiatique à s'y intéresser mais surtout à s'en méfier :

« À Olivier, Jean-François et Axel

Demeure de père en fils hypothéquée,
Retour offensé des mêmes errements
Un sourd désordre parcourt notre lignée
et peut-être notre transmission même,
noblesse sans quartier ;
par les âges, par les terrains,
une filiation aveugle, une rigueur sans fin
luisance et immense nuit,
et nous voici, dans l'interrogation
à laquelle nous savons quoi répondre,
– responsables.
Sur un segment de deux ou trois
générations notre regard inspecte
Un horizon, un fragment d'histoire,
un fragment de coquille brisée.

Ce que nous avons reçu en échéance,
nous ne savons d'où,
est le contraire du talent à faire fructifier,
un déficit à résorber, une perversion dans l'alliage,
et toute la lignée porte comme un sort
de mauvais aloi.

Dans le désordre le plus privé,
l'ordre public entre en connivence
et notre tradition vicariant
à la fois son tourment et sa loi
se sature d'un sel d'expérience abolie.

Nous nous sommes passé
la Vistule et l'Allemagne
comme un refus et une plaie au cœur –
l'Alsace nous fut accueillante Égypte.
Nous avons épousé des Gentilles ;
et des villages et des arrondissements
nous ont fait les figures fascinantes
où nous lisons comme dans les lignes de la main
la permanence des ghettos effacés.

Nous-mêmes sommes à décrypter,
lecture à plusieurs niveaux,
chacun de nos actes, chacune de nos décisions
roule en écho dans les cavernes
sans fond de l'antérieur,
l'écho revient chargé d'une émotion inexprimable.

Fortuit lignage poursuivant sa rigoureuse fugue
tout vibrant de nécessaire dissonance
formant grappe sérielle du ver uni au fruit
et l'histoire lourde mémoire humiliée
– nous entretiennent dans un oubli de nous-mêmes,
humus d'erreur et de science.

30 mars 1968[1] »

1. Jean Kahn-Dessertenne, *Matière du temps*, *op. cit.*

Bien loin de me référer à l'élection d'un lignage qui a passé la Vistule et l'Allemagne et a été accueilli en Alsace comme Marie, Joseph et l'Enfant dans une Égypte salvatrice, ce poème met en garde mes fils contre le sort de mauvais aloi qui l'accompagne, lui dont l'alliage est perverti, et dont ils doivent résorber le déficit plutôt que chercher à en faire fructifier le talent ! J'espère qu'ils me comprendront, qu'ils ne m'imagineront pas un instant animé d'un antisémitisme rancunier contre la bourgeoisie hautaine incarnée par la famille de mon père, le lignage Kahn. J'ai aimé mon père, malgré nos oppositions, jamais je n'ai oublié le moment de grâce où, alors que j'étais à son chevet après qu'il avait tenté de se donner la mort, nous avons parlé, la main dans la main, comme un fils et un père rêvent de se parler et y parviennent si rarement. J'ai aussi été pleinement solidaire de papa lorsqu'on lui a imposé le port de l'étoile, révolté par les discriminations et les rafles dont les israélites ont été victimes. J'ai cependant, vis-à-vis de mes ascendances, juive et autres, la position de Karl Marx vis-à-vis des siennes. Je suis depuis ma prime jeunesse en quête d'une voie, d'une solution, d'une loi, jamais je ne les ai cherchées dans des racines dont je n'ai cessé de vouloir me libérer. Ce qu'on devient m'importe plus que d'où on vient. Or les conséquences du génocide des juifs par les nazis, la création de l'État d'Israël, les guerres israélo-arabes, les conflits coloniaux de la France en Afrique du Nord ont abouti au développement dans notre pays d'un fort esprit communautaire et au retour impressionnant à l'observance religieuse. J'en suis, je l'avoue, stupéfait et décontenancé, je désire avertir mes garçons que ce n'est pas là qu'ils doivent chercher les pistes dont ils ont besoin pour tracer leur route. Ils ne les identifieront pas derrière eux, dans des « racines », mais devant, loin devant, aussi loin que leur esprit et leur volonté pourront les porter. Peut-être alors, et seulement alors, rencontreront-ils le succès là où j'ai échoué.

René

Mes folles années militantes d'avant-guerre ne m'ont jamais tenu à l'écart de la vie intellectuelle, artistique et littéraire. Le surréalisme est dans les années 1930 le courant dominant, celui dont moi-même et mon groupe d'amis, au lycée puis à la Sorbonne, nous sentons le plus proches. J'y retrouve, pour ce qui me concerne, beaucoup de mes inclinations et aspirations : l'affirmation de la prééminence de l'esprit, les références à ses ressorts inconscients et à Freud, une attitude inexorable de sédition et de défi, un compagnonnage un temps étroit avec la pensée de Marx et les communistes. La filiation avec Arthur Rimbaud assumée par André Breton, le pape du mouvement, me convient bien, l'enfant terrible des Ardennes est à cette époque ma référence poétique principale. Pierre, un ami de lycée puis de fac, suit des études de philosophie, il côtoie les cercles littéraires surréalistes qu'il me fait connaître : Louis Aragon, Philippe Soupault, Paul Eluard, Jacques Prévert et bien d'autres de nos jours plus oubliés. Je ne me rappelle pas en revanche avoir rencontré Breton. En 1936, il me parle d'un poète douloureux et étrange, souvent inspiré, qui a animé un petit groupe à la marge du surréalisme : il s'agit de René Daumal, de huit ans mon aîné. Daumal a, dans les années 1920, fondé avec des camarades de lycée puis de fac les « phrères simplistes », un cénacle qui oscille entre le mysticisme ésotérique, les références à Alfred Jarry et à sa pataphysique, les provocations potaches et les expériences limites de consommation de drogues diverses et de situations de mort imminente. Ce groupe publie, entre 1928 et 1930, la revue *Le Grand Jeu* (en 1977, les éditions Jean-Michel Place réimpriment les trois numéros ainsi que certains articles d'un numéro 4 qui n'a jamais paru), bien vite excommuniée par le grand inquisiteur Breton. Afin de mieux me familiariser avec la quête des « simplistes », Pierre me fait lire la préface écrite par Daumal pour le premier numéro du *Grand Jeu*, en 1928. Les simplistes, écrit-il, « commencèrent à arpenter la frontière, le territoire qui réunit les antagonismes : le réel. Ils poursuivirent le chemin, choix né de la volonté de réaliser le rêve, de la foi en l'impossible, et de l'espoir absolu. [Ce père du rire qui se cache au-delà du désespoir.] Ils entreprirent la traversée de l'Abîme. Ils mirent à mort le Moi pour libérer le Mot. Ils flirtèrent avec la mort par ascèse, asphyxie, noyade, narcose, inhalation de vapeur de tétrachlorure de carbone, étudièrent les procédés de dépersonnalisation, les drogues, la vision extra-rétinienne, la voyance et la médiumnité. [...] Prêts à toutes expérimentations permettant d'atteindre l'omnipotence originelle, afin de rejoindre la Vie. (Leur amante sous le masque de la mort.) »

L'aventure du *Grand Jeu* et des phrères simplistes se révèle en définitive conduire ses protagonistes à une impasse. Au-delà de l'ésotérisme et de la recherche forcenée d'états originaux et frontières de la conscience, les pistes explorées ne se démarquent pas franchement dans leurs desseins de celles du surréalisme dont le groupe apparaît représenter, au mieux, une secte peu significative. Daumal se détourne alors pour un temps de la littérature, vit aux États-Unis, apprend le sanscrit, approfondit sa connaissance du mysticisme védiste et hindouiste. Il vient de recommencer à écrire et a publié un recueil que je n'ai pas encore lu : *Le Contre-Ciel.* Pierre tient à me faire rencontrer René Daumal pour qu'il nous présente son ouvrage, il organise avec lui une entrevue dans une brasserie du Quartier latin.

Je revois René avec une netteté étonnante, c'est un homme saisissant. Maigre, les joues creusées, des plis amers qui entaillent ses joues, le front plissé, il porte d'épaisses lunettes rondes en écaille derrières lesquelles ses yeux sont mi-clos. Il semble avoir au moins dix ans de plus que son âge. On devine chez lui une quête douloureuse, presque désespérée, qui le conduit au tréfonds de son être et de sa jeune histoire plus que dans le monde extérieur. Il est déjà là, qui nous attend, une jeune femme, Véra, à ses côtés, un grand verre de jus de fruits devant lui. Ce détail m'étonne, René n'est guère réputé pour sa sobriété, son opus *La Grande Beuverie* qu'il publiera deux ans plus tard en témoignera. Il a changé, il nous l'expliquera. Pour l'instant, les présentations faites, il nous propose de nous lire des passages du *Contre-Ciel*, choisis au hasard : René reste attaché aux idées de spontanéité, il s'est essayé à l'écriture automatique chère à André Breton et aux surréalistes. J'écoute, et suis stupéfait.

« Nomme si tu peux ton ombre, ta peur
et montre-lui le tour de sa tête,
le tour de ton monde et si tu peux,
prononce-le, le mot des catastrophes,
si tu oses rompre ce silence
tissé de rires muets – si tu oses
sans complices casser la boule,
déchirer la trame,
tout seul, tout seul, et plante là tes yeux
et viens aveugle vers la nuit,
viens vers ta mort qui ne te voit pas,
seul si tu oses rompre la nuit
pavée de prunelles mortes,
sans complices si tu oses
seul venir nu vers la mère des morts –
dans le cœur de son cœur ta prunelle repose –
écoute-la t'appeler : mon enfant,
écoute-la t'appeler par ton nom[1]. »

1. René Daumal, « Il suffit d'un mot », in *Le Contre-Ciel* suivi de *Les Dernières Paroles du poète*, Gallimard, 1936.

Nous sommes pétrifiés par la beauté crépusculaire et mystérieuse de ce poème. René s'arrête un instant, nous observe, il reste impénétrable, puis reprend sa lecture d'autres poèmes de même style. J'entends là ce que je rêve alors d'écrire, et toute mon « œuvre poétique » a subi par la suite l'influence de René Daumal. Il termine ce jour-là par un texte militant en prose ajouté à la fin de son recueil. Inspiré par le coup d'État de Franco en Espagne et par la guerre civile, il est tout aussi désespéré que les poèmes mais de facture beaucoup plus classique :

> D'un fruit qu'on laisse pourrir à terre, il peut encore sortir un nouvel arbre. De cet arbre, des fruits nouveaux par centaines.
>
> Mais si le poème est un fruit, le poète n'est pas un arbre. Il vous demande de prendre ses paroles et de les manger sur-le-champ. Car il ne peut, à lui tout seul, produire son fruit. Il faut être deux pour faire un poème. Celui qui parle est le père, celui qui écoute est la mère, le poème est leur enfant. Le poème qui n'est pas écouté est une semence perdue. Ou encore : celui qui parle est la mère, le poème est l'œuf et celui qui écoute est fécondateur de l'œuf. Le poème qui n'est pas écouté devient un œuf pourri.
>
> C'est à cela que songeait, dans sa prison, un poète condamné à mort. C'était dans un petit pays qui venait d'être envahi par les armées d'un conquérant. On avait arrêté le poète parce que, dans une chanson qu'il chantait sur les routes, il avait comparé la tristesse qui rongeait jusqu'à l'os la chair de son corps

aux fumées meurtrières qui avaient brûlé jusqu'au roc la terre de son village.

Demain à l'aube il sera pendu. Mais on lui a fait cette grâce qu'avant de mourir il pourra dire devant le peuple un dernier poème.

Il se disait dans son cachot :

« Jusqu'ici je n'ai fait que des chansons pour amuser. « Ce sera mon premier et mon dernier poème.

« Je leur dirai :

– Prenez ces paroles, qu'elles ne soient pas une graine perdue !

Couvez mes paroles, faites-les croître, faites-les parler !

« Mais que leur dirai-je ensuite ?

« Je n'ai qu'un mot à dire, un mot simple comme la foudre.

« Un mot qui me gonfle le cœur, un mot qui me monte à la gorge, un mot qui tourne dans ma tête comme un lion en cage.

« Ce n'est pas une parole de paix. Ce n'est pas une parole facile à entendre. Mais elle doit mener à la paix, mais elle doit rendre toute chose facile à entendre, pourvu qu'on la prenne comme la terre reçoit la graine et la nourrit en la tuant.

« Quand je serai pourri, dans quelques jours, que de ma pourriture sorte un arbre à paroles. Non pas des paroles de paix, non pas des paroles faciles à entendre, mais des paroles de vérité.

[...]

« Et de toute façon je serai pendu.

« Que leur dirai-je ?

[...]

Et le poète, dans sa prison, se frappait la tête aux murs. Le bruit de tambour étouffé, le tam-tam funèbre de sa tête contre le mur fut son avant-dernière chanson.

[...]

Le soleil se levait avec des bruits de bottes. Il fut mené, les dents serrées, vers la potence. Devant lui ses frères, derrière lui ses bourreaux. Il se disait en lui-même :

« Voici donc mon premier et mon dernier poème. Un mot à dire, simple comme d'ouvrir les yeux. Mais ce mot me mange du ventre à la tête, je voudrais m'ouvrir du ventre à la tête et leur montrer le mot que je renferme. Mais s'il faut le faire passer par ma bouche, comment en franchira-t-il l'orifice étroit, ce mot qui me remplit ? »

Alors il se tut une première fois : sa bouche garda le silence. Une deuxième fois il se tut : son cœur se ferma. Une troisième fois il se tut : tout son corps devint comme un roc silencieux.

(Il était comme un rocher blanc, comme la statue d'un bélier devant un troupeau de moutons endormis ; et derrière lui les loups ricanaient déjà.)

On entendit des bruits de baïonnettes et d'éperons. Le délai accordé prenait fin. Sur son cou le poète sentit le chatouillement du chanvre et au creux de l'estomac la patte griffue de la mort. Et alors, au dernier moment, la parole éclata par sa bouche, vociférant :

« Aux armes ! À vos fourches, à vos couteaux,
« À vos cailloux, à vos marteaux,
« vous êtes mille, vous êtes forts,
« délivrez-vous, délivrez-moi !

« je veux vivre, vivez avec moi !

« tuez à coups de faux, tuez à coups de pierre !

« Faites que je vive et moi, je vous ferai retrouver la parole ! »

Mais ce fut son premier et son dernier poème.

Le peuple était déjà bien trop terrorisé.

Et pour avoir trop balancé pendant sa vie, le poète se balance encore après sa mort. Car c'est souvent le sort – ou le tort – des poètes de parler trop tard ou trop tôt[1]. »

« Merci, ajoute-t-il, de m'avoir écouté, ces poèmes sont les vôtres, vous en êtes mères, la semence germera, merci. » Alors que ce que je viens d'entendre m'empêche pour un temps de réagir, Pierre a, lui, retrouvé plus vite sa sérénité, il demande à René de préciser la genèse de cette œuvre, de me raconter son itinéraire depuis la fin du *Grand Jeu*. En fait, René a été introduit par son ami Alexandre de Salzmann auprès d'une sorte de mage arménien arrivé en France en 1922, Georges Ivanovitch Gurdjieff. Ses propres recherches sur la sagesse hindouiste concordaient avec l'enseignement du Maître au service duquel il s'est mis. Il a accompagné un disciple indien de ce dernier chargé d'enseigner ses danses initiatiques, en particulier à New York ; il a approfondi aussi sa connaissance des textes fondamentaux du védisme et de l'hindouisme, en a observé la concordance essentielle avec la pensée du Maître. René Daumal nous propose,

1. René Daumal, « Les dernières paroles du poète », in *Le Contre-Ciel*, *op. cit.*

à Pierre et à moi, de nous en faire connaître plus, de nous introduire à Gurdjieff, si nous le souhaitons. Pierre est peu porté sur l'ésotérisme, il ne donnera pas suite. Pour ma part, en revanche, la proposition de René me comble, elle me transporte. Jusqu'à mon mariage, et même jusqu'à ma mobilisation, je ne cesserai de fréquenter René, il est à la fois un maître, le premier que je me sois reconnu, et un ami que je me prends à aimer profondément. Il me fait connaître Luc Dietrich, né trois ans avant moi, un être d'une sensibilité exceptionnelle et un écrivain au talent immense. Luc vient de publier *Le Bonheur des tristes*[1] qui a failli décrocher le Goncourt. Ami, presque fils spirituel de Lanza del Vasto, il s'en est séparé sur leur appréciation de Gurdjieff. À la suite de René, Luc suit son enseignement, Lanza, méfiant, s'en éloigne. René Daumal nous fait découvrir, à Luc et moi, ses traductions personnelles des *Veda* les plus anciennes, des *Upanishad* aux origines de l'hindouisme, il nous introduit à la lecture qu'en fit Shankarāchārya, puis, bien plus tard, Ramana Maharisi depuis sa « caverne de l'Aurore ». Bien plus tard, je ferai lire les *Upanishad* à Jean-François jeune homme, suscitant surtout son insondable perplexité. Dans le sillage de Gurdjieff, René aspire, comme Luc et les autres disciples du Maître, à la pleine conscience, à se libérer de l'endormissement des corps. Cette aspiration prend chez lui un tour incandescent qui le consume. Il se rêve libre d'une carcasse qui le contraint et

1. Luc Dietrich, *Le Bonheur des tristes*, Denoël & Steele, 1935.

l'emprisonne, il aspire à la mort si c'est là le moyen de connaître la vie. Sa tuberculose est découverte en 1938, il s'affaiblit peu à peu, dans une détresse matérielle extrême. Véra est à ses côtés, je l'envie. Je le vois une dernière fois au printemps 1939 lors d'un de ses rares passages à Paris. Il demeure maintenant le plus souvent au plateau d'Assy, dans les Alpes. Il est couché, arborant une grande barbe, Véra veille sur lui. Il a commencé à écrire un texte qui se veut le récit d'une aventure initiatique, l'ascension du mont Analogue par des alpinistes, vers le sommet, en fait vers la vérité d'eux-mêmes et leur éveil à la loi. J'utiliserai moi aussi plusieurs fois, à la suite de René, la métaphore de l'ascension afin de répondre à cette question : « Existe-t-il en moi un sujet ? Puis-je dire Je ? La subjectivité a-t-elle une cime qui perce les nuées[1] ? » J'apprends la mort de René en mai 1944 par des membres du groupe Gurdjieff. Des vers du *Contre-Ciel* me reviennent alors à l'esprit, que j'ai lus en 1936 après notre première rencontre. Ils résument en quelques mots une vie de quête désespérée mais témoignent que celle-ci n'a pas été vaine :

« Je suis mort parce que je n'ai pas le désir ;
Je n'ai pas le désir parce que je crois posséder ;
Je crois posséder parce que je n'essaie pas de donner ;
Essayant de donner, je vois que je n'ai rien ;
Voyant que je n'ai rien, j'essaie de me donner ;
Essayant de me donner, je vois que je ne suis rien ;

1. René Daumal, *Le Mont Analogue*, Gallimard, 1952.

Voyant que je ne suis rien, j'essaie de devenir ;
Essayant de devenir, je vis. »

Mon dernier fils se prénommera Axel, Maurice et René. J'y tiens. Luc Dietrich choisira, à l'annonce du décès de Daumal, de s'engager sur le front, où il trouvera la mort en août. Je vais mourir, moi aussi. J'ai tenté de devenir, de suivre l'exemple de mon ami. Ai-je été moins ardent que lui ? N'ai-je pas su comme lui, malgré mes efforts, me libérer assez de mon corps ? Je vais mourir et ne suis pas persuadé alors de vivre.

Gurdjieff

Comme il s'y est engagé à notre première rencontre, René Daumal me mène fin 1936 chez son maître au numéro 6 de la rue des Colonels-Renard, dans le XVIIe arrondissement. Georges Ivanovitch Gurdjieff occupe un très vaste appartement au premier étage de cet immeuble cossu situé presque en face de l'hôpital Marmottan. René m'en a parlé avec un tel respect que je suis aussi impressionné que curieux en attendant qu'on vienne nous ouvrir. Un domestique indien vêtu d'une *kurta* blanche à motifs cosmiques qui retombe sur un *churidar* pourpre nous introduit dans un vaste salon ; nous sommes d'un coup propulsés à des milliers de kilomètres de Paris. Les murs sont tapissés de lourdes tentures orientales dont je peine à deviner l'origine, le sol est recouvert d'épais tapis persans et afghans qui se chevauchent partiellement. Les meubles, tables, secrétaires, guéridons, fauteuils, chaises, imposants poufs de cuir sont de styles variés, russe, turc, afghan et indien. Partout, sur les tables et le sol, des vases de porcelaine, des céramiques, des plateaux, lampes, réchauds à parfum, brocs de cuivre, un hybride entre une salle du musée Guimet et un souk oriental. Au mur, entre deux lourdes pièces de tissu, un grand tableau clair surchargé d'inscriptions en sanscrit représente une étoile à neuf branches, l'ennéagramme, dont le Maître a fait son emblème, un modèle, selon son système, de la structure de l'humain. Nous patientons près d'une heure assis dans cette pièce un peu étouffante, enivrés par une subtile odeur d'encens au bois de santal avant que, soulevant une tenture qui masque la porte, le Maître apparaisse. Un homme de près de soixante-dix ans, chauve et arborant une impressionnante moustache blanche en forme de cornes de bouquetin inversées. Ses yeux sont profondément enfoncés dans les cavernes de ses orbites, son regard est celui d'une bête attentive et méfiante. C'est ainsi que je me représente le Tarass Boulba de Gogol ; Gurdjieff, vêtu ce jour à la turque, fait penser à un cosaque. Il me regarde à peine et s'adresse à René dans un français approximatif avec un accent russe d'anthologie : « Quelle est cette merrrrrdité que toi avoir amenée, Rrrrrrené ? – Maître, c'est Jean, il a vingt ans, il aspire à s'éveiller, je crois, je lui ai dit que tu pourrais l'y aider. – Mais, si toi le connaîtrrrrre bien, toi crrrrroire lui en êtrrrrre capable, qu'il saurrrra libérer chemin des pièges d'oth à lui, des pesanteurs de kath, qu'il pourrrrrra, si moi l'aider, échapper à misérrrrrable sommeil ? » Sur le moment, je suis choqué d'être accueilli avec cette brutalité, cette grossièreté, même. De plus, je ne comprends rien aux termes étranges utilisés par celui qui m'apparaît plutôt comme un gourou manipulateur. Cette première entrevue ne dure guère plus d'une demi-heure ; après l'entrée en matière déstabilisante – tel est son but –, le Maître parle de lui. Il me dit, dans son inimitable sabir, que sa sagesse vient de la nuit des temps, des grands maîtres sarmounis de la Babylone antique, qu'il a parcouru le monde pour en trouver les penseurs modernes, a confronté leur enseignement à celui de derviches très savants, de sages hindous et d'érudits afghans. Les lamas du Tibet l'ont instruit, eux aussi, de même que des saints soufis naqshbandi à Boukhara. Il est venu ici en France afin de guider ceux qui cherchent à s'éveiller en empruntant la voie de l'illumination dont il est le seul à connaître tous les secrets. Je suis assommé par ce déluge verbal, ces références à des traditions de sagesse dont je n'ai jamais entendu parler, dont je ne suis à vrai dire pas persuadé qu'il n'en ait pas inventé certaines de toutes pièces. Cependant, Gurdjieff préconise un effort sur soi pour parvenir à une pleine conscience que seuls quelques élus peuvent connaître après avoir échappé au sommeil minéral qui engourdit la masse endormie. Ça me parle.

René m'explique, en quittant le domicile de Gurdjieff, que, selon le Maître, le déséquilibre entre l'esprit (le *chemin*), l'émotion (l'*oth*) et le corps (le *kath*) est la cause de la somnolence morbide de l'humanité. Il convient, si on veut atteindre à la pleine conscience, de rétablir une harmonie entre ces trois centres personnels en phase avec l'ordre cosmique, ses exercices y concourent. Ma première impression concernant cet enseignement est mitigée. Certes, Gudjieff est impressionnant mais il m'évoque aussi, avec l'insolence de mes vingt ans, un mage d'opérette. Son antre parisien m'est apparu un peu kitsch, je soupçonne une volonté de mise en condition de ceux qui y pénètrent, cela me met mal à l'aise. D'un autre côté, le dessein d'accéder à un niveau supérieur de la conscience en acquérant une meilleure maîtrise de son corps et des émotions qu'il engendre m'intéresse, il m'attire même. J'ai déjà identifié l'impulsivité de « mes chiens », leur sauvagerie, parfois, apprendre à m'en faire obéir ne serait pas du luxe. J'hésite, je ne me précipite pas pour débuter ma formation. De plus, René est alors mon maître, rien ne me fait douter de l'authenticité de sa quête, de l'abnégation héroïque qu'il y met. Il me suffit. Et puis la vie me prend, mon mariage, la naissance de Jean-François, la guerre. Les morts si rapprochées et dramatiques de René Daumal puis de Luc Dietrich, en mai et août 1944, m'accablent. Renouer avec eux en reprenant le flambeau de leur fidélité au Maître m'apparaît alors une évidence, une ardente nécessité. De toute façon, puisque René n'est plus là, je ne vois pas qui pourrait m'aider dans cette recherche épuisante de la loi dans le tumulte des passions, l'aboiement des chiens et l'ambivalente tyrannie du corps.

Je reprends contact avec Gurdjieff en novembre 1944 et participe bientôt au Travail qu'il dirige, composé d'exercices et de danses. Le Maître utilise, entremêlés, danses rythmées, exercices de derviche, visualisation intérieure de ce qui se joue, méditation et partage. C'est là le moyen, dit-il, de rétablir une phase harmonieuse entre le mental, l'émotion et le physique. Il est, selon lui, la condition d'une maîtrise d'un moi sinon agi par les circonstances et stimulations et n'agissant jamais de son propre chef, en quelque sorte endormi et indifférent à lui-même. Telle est la quatrième voie proposée par Gurdjieff, celle de la pleine conscience. Je dois danser aussi bien que je chante, c'est-à-dire avec la souplesse et la grâce d'un manche à balai, mais peu importe, je me suis pris au jeu et j'ai même théorisé dans un texte de 1953 cet aspect du Travail :

« Entrer dans la danse c'est accorder mouvement et force à l'acte à accomplir. Le corps s'accroît, les muscles se fortifient exactement, quand l'attention recueille le corps, ses mouvements, sa force et les dispose, les articule à la région de l'être sur laquelle ils opèrent. Il est un point de maturité et d'accord où l'acte et son objet se comprennent et s'unissent dans un rythme. De la connaissance spéculative se distingue cette connaissance nullement extatique, mais en harmonie. L'homme qui accomplit harmonieusement un travail (le Travail) s'accorde aux astres, mais d'un accord créateur. Il ne rejoint pas un ordre, il entre dans la danse, il participe de la création[1]. »

Longtemps après que je me suis éloigné de ces pratiques, je me plais à voir dans le fait qu'il m'ait pourtant fait danser une preuve tangible du savoir et des pouvoirs de cet homme. Les musiques sur lesquelles les groupes évoluent sont presque toutes composées par le Maître, elles sont très belles, pénétrantes même. Chaque note semble apte à trouver son chemin dans le chaos de notre corps pour y débusquer les lambeaux de notre âme figée, les rapiécer, en reconstituer l'unité. C'est de la sorte que les mouvements et la méditation parviennent à l'établir enfin aux commandes de nous. Il n'est bien entendu pas question de transe ; d'envoûtement, un peu. Cependant, la méthode du Maître n'est pas douce, lui-même n'est pas doux. Il convient, enseigne-t-il, d'oser une « méthode du désordre » qui consiste à mettre sens dessus dessous la « machine » que l'on est pour prendre conscience du vide qu'elle cache et échapper à son hypnose, pour s'éveiller. Certains ne le supportent pas, se sentent brisés et quittent l'enseignement. Il y eut même quelques tragédies. Toutefois, je puis en témoigner, les autres, lorsqu'ils ont récupéré de séances parfois éprouvantes, ressentent dans leur immense majorité une sensation de bien-être et de sérénité, de puissance et de liberté. Je deviens assez proche du Maître ; avec un petit groupe d'intellectuels, parmi lesquels Louis Pauwels et, durant peu de

1. Jean Kahn-Dessertenne, *Matière du temps*, *op. cit.*

temps, Jean-François Revel, nous tentons de mettre de la chair spirituelle autour des pratiques du Travail enseigné par Gurdjieff, parfois proches, je dois le reconnaître, d'un ensemble de recettes. Le Maître fait même, courant 1947, l'honneur à ma famille d'une visite au 26, rue des Plantes, au cours de laquelle il fait présent à mon fils aîné une monture et un cavalier en osier provenant d'un de ses groupes au Mexique : il en existait dans le monde entier. Après la mort de Gurdjieff, en 1949, mon rôle s'accroît au sein des groupes, non pas, bien entendu, pour la conduite du Travail mais plutôt dans l'animation des réflexions intellectuelles auxquelles il doit conduire et qui témoignent du réveil d'un moi conquérant. Jeanne de Salzmann, « Mme de Salzmann », la veuve d'Alexandre, est l'héritière incontestée du Maître en France et aux États-Unis ; ma proximité avec elle croît rapidement. Jamais je ne romps le lien qui m'unit au mouvement Gurdjieff mais, au fil des années, mes centres d'intérêt évoluent, les « disciples » me lassent, la transmission aux jeunes, mes élèves, en relation avec leur psychisme m'intéresse de plus en plus ; je m'y investis pleinement. Je cesserai ma collaboration avec Mme de Salzmann en 1961.

Plus tard, en 1964, j'écris un long texte sur le corps, en particulier ce passage qui témoigne de ce que l'enseignement du Maître n'a peut-être pas suffi à rétablir l'équilibre souhaité entre le chemin, l'oth et le kath – l'esprit, le cœur et le corps –, mais que j'ai pris une claire conscience de sa nécessité et j'ai sans doute progressé. Plus d'ailleurs dans le sens d'une harmonie identifiée comme désirable, quoique jamais totalement maîtrisée, que dans celui privilégié par René d'un abandon par l'esprit d'une carcasse méprisable.

« Ici dans ce corps je m'acquitte d'être en vie et au monde ; j'y suis en fonction. Du matin au soir, au matin, mon corps va, s'usant dans la production et le renouvellement d'une énergie pour rien : pour le nécessaire, pour le plaisir, pour des valeurs en fin de compte égales et nulles : pour rien. Bien entendu un rien qui est la terre nourricière et dévoreuse où nous sommes plantés ; c'est notre Cycle. Ce corps tout habité de pulsions, de dégoûts, d'effrois, façonné à la souffrance, notre dépense, notre “gaspillage” ne peut pourtant le distraire d'une question qu'il porte, qu'il est en lui-même, “comme un fruit son noyau”. Corps d'impatience et de patience ; coprésent à une histoire événementielle et à une “histoire lourde”, mais aussi à quelque métahistoire, lieu de muscles et de sang, de foisonnement et de vieillissement, toujours mêlé à des affaires qui le dépassent, engagé, partisan coupé de ses arrières, éperdument happé par l'hostilité, hostie d'un sacrifice vécu comme chute, abandon, et pourtant rapport à l'être et à l'unité de l'être [...] Je suis uni à sa peur, à ses douleurs, à ses appétits. Tantôt il s'unit, tantôt obéit, tantôt répugne à mes projets. Nous sommes l'un à l'autre dans une étreinte qui n'est pas de fusion ni de dualité, pâmés l'un dans l'autre. À vrai dire, les termes d'un et d'autre sont inadéquats. Moi ne suis ni dans mon corps ni hors de lui. Il y a ici une solidarité jusqu'à bout de souffle, une prodigieuse machinerie d'emportement dans le courant de la vie[1]. »

Apprendre, savoir, le chemin de l'esprit

Je suis entré au cours Godéchoux poussé par la nécessité de subvenir aux besoins d'une famille que j'avais décidé de fonder. Il fut cependant le cadre de l'engagement principal de ma vie, il est lié aux circonstances qui vont me la faire quitter. D'abord professeur remplaçant en 1937, Mme Godéchoux m'assure dès 1942 une pleine sécurité professionnelle et me confie rapidement des responsabilités croissantes. Elle a très tôt eu pour moi une affection presque maternelle. À partir des années 1950, je deviens son professeur principal, puis le directeur pédagogique alors qu'elle se met elle-même en retrait de cette dimension de l'établissement qu'elle a créé. Cependant, jamais je ne suis mêlé à la gestion de l'entreprise, non pas de son fait mais à cause de ma répulsion envers cette tâche et de ma notoire incompétence en la matière. Cet aspect est resté de la pleine responsabilité de la créatrice, puis de celle de son petit-fils. Le Cours accueillait un peu plus de cent élèves de la onzième à la terminale. Il s'était rapidement spécialisé, à partir surtout du secondaire, dans l'aide à des garçons, adolescents et jeunes adultes issus de la bourgeoisie aisée et en difficulté scolaire

1. Jean Kahn-Dessertenne, *Matière du temps*, *op. cit.*

malgré de bonnes aptitudes cognitives. Nous avions en somme une mission de sauvetage, de réhabilitation de jeunes esprits féconds mais plus ou moins en jachère. Cette tâche m'a passionné, je m'y suis donné de tout mon cœur, y ai consacré beaucoup de mes réflexions et de mes travaux, l'essentiel de mon temps et de mes recherches. Aider les élèves en situation d'échec à repartir sur de bonnes bases requiert une meilleure connaissance de leur esprit et des mécanismes et conditions de son enrichissement, une identification de ses blocages et des moyens de les surmonter. Depuis mon adolescence je me suis interrogé sur la question de l'entendement, y trouver des réponses a été une quête personnelle aussi bien que professionnelle. Mes lectures philosophiques, l'influence de René et ma participation au Travail de Gurdjieff y ont contribué. Après guerre, je m'intéresse de plus en plus à l'approche psychanalytique avec laquelle je me familiarise surtout au contact de Serge Lebovici, né un an avant moi. Je l'ai connu jeune psychiatre à l'hôpital des Enfants malades alors qu'il vient d'adhérer au Parti communiste, fin 1944. Serge est, en 1949, sommé par le Parti d'abjurer la psychanalyse, honnie par Staline. Il s'exécute mais sa fidélité ne va pas jusqu'à lui faire digérer l'affaire des blouses blanches quelques mois avant la mort de Staline, en 1953. Solidaire des dizaines, puis des centaines de médecins, presque tous juifs, accusés en URSS de complot et d'assassinat, il rejoint, comme moi, la longue cohorte des ex du Parti. Ensemble, avec un petit groupe de thérapeutes, psychologues et enseignants, nous tentons par une approche psychanalytique d'entrecroiser nos recherches en pédagogie et en psychiatrie infantile. Nos réflexions collectives portent justement sur les racines des blocages que connaissent tant d'adolescents pour apprendre. Nous fixons à la pédagogie l'objectif de libérer chez eux la pulsion épistémophilique, jubilatoire et créatrice, du poids oppressant du labeur et de la douleur de penser. Je débute par ailleurs une analyse de cinq ans avec mon ami. Avec le recul, je me rappelle l'avoir vécue à la fois comme un apport au dessein d'une maîtrise d'un moi engourdi au cœur de la quatrième voie de Gurdjieff, et comme un espace de respiration nécessaire à qui participait au Travail conçu par le Maître.

Toutes ces influences se conjuguent pour m'amener, entre 1952 et 1954, à préciser ma pensée dans des travaux dont la rédaction m'épuise alors mais dont je conserve une authentique fierté. La question du savoir et de l'imagination, que j'ai abordée maintes fois sous des aspects différents, est à l'évidence centrale et se pose à tout projet pédagogique. J'écris à ce sujet en 1953 :

« J'ai remis encore une fois sur le métier l'imagination. C'est que je ne viendrai à bout d'aucun de mes démons que je n'aie compris sous quel soleil ils croissent. Ma vie n'a probablement pas d'autre sens que d'être adonnée à la poursuite, dans ses replis mêmes et dans le démêlement de ses nœuds, d'un secret qui peut-être m'habilite à un savoir auquel nul autre que moi n'accédera. L'effroi l'emporte quand je considère l'infirmité de ma prétention. Mais qu'y faire ? Je n'ai pas d'autre issue que cette foi désespérée dans mon travail d'accès au cœur du sens de l'homme. Fossoyeur qui creuse ma tombe dans le terreau du passé, mais qui creuse si obstinément que la terre se déchire peut-être au plus profond et que luira la lumière – j'écoute, j'annonce avec une attention exemplaire, à travers le tissu de mon destin, l'avènement d'un nouveau jour. Ce que je sais, ma vie est le combustible qui lui permet de devenir flamme. Dans le déchirement, je me rassemble. Dans l'injustifiable, je parie la justice et la grâce. Et dans les fourrés ténébreux, je descends cueillir l'herbe qui sauve. »

Oui, ma vie s'est consumée à embraser – par un savoir si douloureusement acquis sur l'homme et les façons d'y accéder – le savoir enfoui et celui à venir de mes élèves. J'ai aussi, dans le même texte, précisé la position de la vérité et de la sincérité dans la relation à l'autre, dans son institution par rapport à moi, dans notre institution duelle au monde :

« Car, que nous proposions réponse, jugement, raisonnement d'une parfaite cohérence, mais qui ne reproduisent pas ce qui se passe ou s'est passé, où est le mal ? Or ce mal est. On ne ment pas sur, on ment à. Est en jeu dans le mensonge l'existence de tu. Tu n'existes qu'autant que je dis vrai. Dès que l'autre s'est fait il, il n'y a plus de mensonge. L'autorité consiste à transformer il en tu, pour que la vérité se transmette. La liberté est cette version exacte qui fonde la relation avec toi. [...] Le commencement du respect est de ne pas se mentir à soi-même, puis que je te dise ce que je pense et ce qui pour moi est. »

La relation pédagogique à mes élèves, que je n'ai cessé de vouloir enrichir jusqu'à ces derniers mois, est enracinée dans ces deux convictions énoncées il y a plus de seize ans : il me revient, en vertu du travail acharné réalisé sur moi-même et mon rapport aux autres, à mes élèves en particulier, de contribuer à allumer la flamme en eux, dans le respect exigeant de la vérité et de la loyauté qui les instituent au monde. Je suis le phare dont le faisceau détecte leurs richesses et leur en donne conscience, je suis l'engrais qui facilite l'enracinement de la plantule et sa croissance, la semence est leur, à moi de leur donner les moyens de la faire germer. Par ma sincérité à leur transmettre ce que je crois vrai, j'alimente leur exigence d'une vérité qu'il leur revient de découvrir et de consolider en eux. L'enseignement le plus profond ne peut équivaloir à un transfert passif d'un sachant à un ignorant, il est toujours mise à disposition de ce dernier des outils de son édification et éclairage de la route qu'il doit emprunter. J'ai résumé cette vision il y a deux ou trois ans en affirmant que « la relation pédagogique ne consiste pas dans la communication d'un savoir mais dans la passion d'une ignorance », c'est-à-dire de la conscience d'un terrain vierge et fertile à cultiver. C'est, ai-je ajouté, « vivre la question du sens comme sa propre question portée à l'incandescence et à l'universel ».

Lorsque mes charges de direction au Cours m'ont empêché d'enseigner moi-même, je me suis efforcé de perpétuer mes principes pédagogiques. D'abord par l'intermédiaire des professeurs, une équipe formidable d'amis talentueux et enthousiastes avec qui, au rythme d'une réunion hebdomadaire, je tente de partager mes options et de m'enrichir des leurs. Et aussi de façon plus directe. Au moins une fois par semaine, je vais dans chacune des grandes classes et interviens sur des sujets variés, surtout des faits d'actualité et des phénomènes de société évoqués dans les journaux. Je demande alors aux élèves ce qu'ils en pensent, les invite à se répondre les uns aux autres. Je les guide par petites touches, évocations discrètes, relances bienveillantes. Mon but est qu'ils parviennent à s'étonner eux-mêmes de l'intérêt de leurs positions et propositions. D'autres fois, j'arrive dans la classe les bras chargés d'une caisse remplie d'ouvrages, ma « bourse aux livres ». Je l'installe sur une table puis prends les volumes un par un. J'évoque l'auteur, résume la teneur de l'ouvrage, j'en détaille des passages remarquables et demande aux élèves qui est intéressé, et pourquoi. Je les connais individuellement tous et rédige à leur propos quelques observations trimestrielles et un rapport long de plus d'une page en fin d'année. Je sais leurs problèmes, leurs blocages, leurs stratégies préférées pour les contourner. Je destine par conséquent parfois des œuvres à des jeunes en particulier, tout en tâchant de les amener à les choisir eux-mêmes. Lorsque les lecteurs me rendent les ouvrages, je les prie d'indiquer ce qu'ils en ont pensé, ce qu'ils en retiendront. J'évite bien entendu que cela ne se transforme en une interrogation orale, je laisse les élèves s'exprimer sans contrainte, ne porte aucun jugement sur leurs avis. Cependant, il m'arrive souvent de les reformuler, faisant en sorte qu'ils s'approprient ces mises en forme et en conservent le souvenir comme s'ils les avaient eux-mêmes énoncées d'emblée. D'autres fois, je parviens, grâce à de petites remarques et interpellations bienveillantes, à ce que les jeunes corrigent de leur propre chef sur les plans du fond et de la forme la présentation de ce qu'ils retiendront de leurs lectures. J'ai été fasciné avant guerre par les romans de Céline et par le très sulfureux *L'Homme, cet inconnu* d'Alexis Carrel, je les ai fait lire à mes fils. Ils font partie de ma bourse aux livres ; la discussion à leur propos me permet d'aborder la question du talent et de la bonté, de la possible coexistence de l'ignominie et de la fulgurance. Un lien profond finit par m'unir à toute une génération d'anciens élèves qui m'informent de leurs parcours et réussites, et témoignent de la dette qu'ils disent avoir envers moi. Jamais je n'ai recherché de tels signes de reconnaissance, je ne les encourage pas. En tant qu'ils suggèrent que mon engagement n'a pas été inutile, ils me rendent heureux, pourtant.

De Gaulle et la chose publique

Ma fidélité au Général et à son appel de juin 1940 ne s'est jamais démentie. J'ai certes continué ma route au Parti communiste mais ce dernier participe au Gouvernement provisoire de la République française dirigé par de Gaulle de septembre 1944 à novembre 1945, puis, avec cinq ministres, au second gouvernement de Gaulle auquel l'Assemblée constituante dominée par la gauche accorde sa confiance. Les tensions sont grandes, de Gaulle et les alliés craignent comme la peste une prise du pouvoir par les rouges. Pourtant, accords de Yalta aidant, la hiérarchie communiste met elle aussi tout en œuvre pour l'éviter. Thorez appelle à ne pas s'opposer au désarmement et au démantèlement des milices patriotiques, il décrète la mobilisation prolétarienne pour la reconstruction du pays et sa participation à la bataille de la production. Jusqu'à la démission du Général, le 20 janvier 1946, mon gaullisme n'est, de ce fait, pas incompatible avec mon appartenance au Parti. Après, ma situation devient plus difficile, elle se tend même franchement dès le discours de Bayeux du 16 juin 1946 et la campagne que de Gaulle lance à cette occasion contre le nouveau projet de Constitution de la IVe République. Il est issu des travaux d'une seconde Constituante élue après l'échec d'un premier texte au référendum du 5 mai. Le Parti a participé avec la droite à l'écriture de ce texte de compromis, il le soutient.

Le Général s'y oppose en revanche de manière frontale. La Constitution de la IVe République est adoptée sans enthousiasme le 13 octobre, je m'abstiens en secret, comme près d'un tiers des Français. La création du Rassemblement du peuple français gaulliste le 7 avril 1947 et, pis encore, le discours d'un anticommunisme virulent prononcé à Rennes le 27 juillet par le Général le transforment pour les communistes en homme à abattre. On le dénonce en tant que factieux en puissance, fasciste masqué, homme des Américains (la doctrine Jdanov est entrée en action), presque traître à l'instar de Pétain. Tout est fait pour minimiser son rôle dans la Résistance à l'ennemi et la portée de ses appels de juin 1940. Je suis dès lors tenu de faire le dos rond jusqu'à mon exclusion en octobre 1949. Le RPF se veut un mouvement transversal aux partis, à la gauche et à la droite ; il inclut des hommes de gauche ralliés au Général et qu'il a lui-même qualifiés en 1944, parlant de Louis Vallon et de René Capitant, de « gaullistes de gauche ». Je m'en sens proche et aurai durant ces années qui précèdent 1958 des liens avec plusieurs d'entre eux, tels Léo Hamon, Jean-Claude Servan-Schreiber et Marcel Landowski. Cependant, les pesanteurs de la vie politique et la réalité des forces qui le soutiennent tirent de plus en plus le RPF, jusqu'à sa dissolution en 1953, vers la droite, là où je ne peux le suivre. Ce qui me lie aux exploités, aux déshérités, aux aliénés depuis que, adolescent, j'ai rejeté avec horreur la bonne conscience insouciante, indifférente et fate de la bourgeoisie, est en effet indéfectible. Je le rappelle dans un texte de 1963 très présent à mon esprit :

« Ce n'est que de gauche que j'ai chance de percevoir mon essentielle relation à tous les hommes dans l'actuel, à tout l'humain dans la tradition et dans la culture ; car ma coextension à l'homme en souffrance, à la création en souffrance – dans toute sa gloire –, c'est la condition sous laquelle je me suis échu à gagner et à perdre, et avec moi le moindre éclair de connaissance. À d'autres le sens de la Cité, de la justice établie, de la communauté dans sa relation à l'unité, de l'histoire comme figure de la permanence. À d'autres encore de vivifier dans l'homme et d'exalter la fidélité ou le dépassement. Je ne leur suis pas sourd. Mais il m'est comme originel de me trouver du côté de ceux qui sont privés, démunis et révoltés ; contre tout ce qui dans la société, quelle qu'elle soit, est mépris de la misère, quelle qu'elle soit ; ou simplement contre toute atteinte au respect de l'homme, quel qu'il soit, je ne connais d'autre recours que le désespoir ou la violence. Là où cela aurait sens, je n'y suis pas. Il n'est pas d'excès né de la misère et de la désolation dont je ne reconnaisse pas en moi l'enracinement. Il y a une communauté des déshérités qui crie justice et son cri résonne comme un catalyseur de moi-même, comme l'intime de ma présence à ce monde. Je ne l'érige pas en valeur. Ce n'est pas même le commencement d'une vérité. C'est ma condition et mon essence. Ça décide en moi. Bien sûr, c'est inscrit dans mon indépassable enfance et, bien sûr, toutes les approches déboucheront là avec leur clé. Mais il leur est un irréductible, l'immédiat échange qui s'opère, en dialogue d'avant toute parole, avec quiconque est aux prises avec la dépossession de soi. Il n'y a pas de possédés, il n'y a que des dépossédés. Il n'y a pas de démoniaque : il n'y a que fureur d'être dans l'impuissance à être. Et cette impuissance, comme ma relation à elle, est d'avant toute histoire, singulière ou sociale. Je suis d'une extrême gauche en débat avec l'insensé dans la condition de l'homme[1]. »

Ces lignes trouveront toutes leur signification en mai 1968, elles sont prémonitoires de l'influence de ces événements sur moi, du chemin qui m'a conduit jusqu'à ce train aujourd'hui. En attendant, je me retrouve pleinement dans l'action du cabinet de Pierre Mendès France en 1954 et suis par toutes les fibres de mon être opposé à la colonisation, indigné par les guerres qu'elle engendre. Cela me conduit à m'intéresser aux parcours d'anciens résistants non communistes et non gaullistes tels Claude Bourdet et Gilles Martinet. *L'Observateur* d'aujourd'hui qu'ils créent en 1953, renommé *France Observateur* l'année suivante, devient mon hebdomadaire de référence, au même titre que je ne peux imaginer qu'une journée ne s'achève sans que j'aie lu attentivement *Le Monde* d'Hubert Beuve-Méry. C'est là un rituel : vers dix-sept heures, afin d'avoir la dernière édition, je quitte

1. Jean Kahn-Dessertenne, *Matière du temps*, *op. cit.*

le Cours pour aller chercher l'indispensable quotidien chez le marchand de journaux de l'avenue de la Bourdonnais, juste avant d'arriver à la rue de Montessuy. J'en débute la lecture attablé devant un café au bistrot de la tour Eiffel, au coin de la rue. Je cherche d'abord s'il existe un éditorial signé Sirius, le nom de plume du directeur Beuve-Méry, et le lis en toute priorité ; depuis 1945 jusqu'à l'an dernier, je ne crois pas en avoir manqué un seul. Après avoir feuilleté le journal, je le plie soigneusement, le rapporte dans mon bureau et le range dans ma serviette. J'en prends une connaissance détaillée le soir, chez moi. Sirius a cessé de briller il y a quelques mois, c'est mon tour aujourd'hui. Sirius, souvent critique du Général depuis son départ du gouvernement en janvier 1946, accable la politique algérienne de Guy Mollet en 1956, dénonce la folle équipée franco-israélo-britannique de Suez ; il se déclare favorable au retour de de Gaulle au pouvoir au terme des folles journées de mai 1958. Je le suis mais, contrairement à lui, demeurerai fidèle à de Gaulle jusqu'en 1969. Je vis le putsch d'Alger du 13 mai avec d'abord l'angoisse d'un homme de gauche confronté à la perspective d'une prise violente du pouvoir par des militaires de droite engagés dans une sauvage guerre coloniale. Lorsque, le 15, le Général se déclare prêt à assumer les pouvoirs de la République, je me sens soulagé et le soutiens. Malgré la violente opposition de Mendès France, Bourdet et Martinet, je vote ensuite oui en septembre au projet de Constitution de la

Ve République. Puis toujours oui au référendum d'avril 1962 sur l'autodétermination en Algérie et, la même année, oui encore à celui sur l'élection au suffrage universel du président de la République. À l'élection présidentielle de 1965, je préfère de Gaulle à Mitterrand.

Mes fils sont sur des positions très différentes des miennes. Olivier puis Axel adhèrent au Parti communiste au début des années 1960. Jean-François, correspondant du *Monde* à Alger, suit pour le journal la sanglante transition vers l'indépendance. Les deux plus jeunes sont fidèles à la ligne systématiquement antigaulliste de leur parti, leur opposition à de Gaulle est constante, excepté lors du référendum sur l'autodétermination accordée aux Algériens. L'aîné n'est pas gaulliste mais adopte une attitude moins tranchée que ses frères. Il est le seul avec lequel, lorsqu'il revient à Paris ou à l'occasion d'une visite d'une semaine que je lui fais dans l'Algérie de Ben Bella, j'évoque les événements ; cela n'a guère de sens avec les deux plus jeunes. Cependant, je les corrige lorsqu'ils mettent en doute la volonté de de Gaulle d'aller au bout du processus d'indépendance de l'Algérie, puis de décolonisation en Afrique noire. Je conteste leur scepticisme devant l'énergique discours du Général en grand uniforme au lendemain du putsch des généraux du 21 avril 1961 (« Un quarteron de généraux à la retraite »). Par la suite, je m'inquiète de la participation des garçons aux manifestations violentes suscitées par les attentats de l'OAS. Je sais qu'Axel était à proximité du métro Charonne le 8 février 1962, suis certes solidaire des neuf militants communistes tués ou mortellement blessés ce jour-là mais désapprouve la tenue de ces démonstrations dans la situation si périlleuse que le pays traverse. Il n'est guère que l'effroyable bilan du défilé organisé le 17 octobre 1961 par le FLN à Paris qui me trouble vraiment. Mon fils journaliste m'informe en effet de la sauvage répression, des dizaines, centaines peut-être de corps jetés à la Seine par les forces de l'ordre et repêchés au fil des jours en aval. Je mets ces excès sur le compte du racisme de la police parisienne, de son désir de vengeance après les attentats dont elle a été victime et de son noyautage par l'extrême droite, de Gaulle me semble en être lui-même victime plutôt que responsable. J'ai entendu de Gaulle en juin 1940, il reste pour moi l'homme de la Libération, celui qui a sans doute évité un coup d'État factieux en 1958, je lui suis fidèle. Indéfectiblement, jusqu'au bout.

Hors du temps : raison, quantité et poésie

D'un coup, j'en prends conscience, quel apparent chaos que ma vie ! Si mes enfants s'y intéressent jamais, ils auront bien du mal à lui trouver un fil directeur. Bourgeois, communiste, germanophile, résistant, intellectuel de gauche, gaulliste... Pour moitié de famille juive, opposé à toute référence communautaire, chrétien, fidèle d'un mouvement que ses détracteurs assimilent à une secte, adepte de psychanalyse... Amant insatiable et volage, idéaliste de la famille... Révolutionnaire convaincu, penseur libre en recherche éperdue de la loi... Je n'ai plus le temps, maintenant, de leur fournir des pistes pour le cas où ils en chercheraient ; je n'en suis pas même capable à mon propre usage ! Pourtant, j'ai relu il y a moins de deux semaines un vieux texte assez éclairant. Je l'ai écrit à Mussy durant l'été 1952, aux toutes dernières vacances passées avec Millette. À la relecture, il m'est apparu un peu désordonné, comme les pièces d'un puzzle mélangées dans leur boîte. D'inspiration nietzschéenne, les pensées de ce morceau font aussi maintes références aux philosophes qui m'influençaient le plus à cette époque : Hegel, Kant et Malebranche. Elles se situent aussi, je m'en avise, dans la droite ligne du surréalisme qui a nourri ma jeunesse étudiante, son spontanéisme et son hostilité aux gardes-chiourmes de la raison. L'idéal enseigné par Gurdjieff d'un réveil du moi par la fulgurance d'une musique intérieure consubstantielle à l'être y trouve aussi sa place. J'aurais dû réarranger les pièces de cette réflexion, simplifier et recomposer ce vieux texte, l'image qu'il aurait alors révélée aurait été plus aisée à saisir, elle m'apparaît en cet instant en pleine lumière. Je suis un être au monde des sensations, des émotions, des fulgurances créatrices, toute tentative d'y apporter de l'ordre le dénature, l'enlaidit. Je ne m'épanouis que dans la recherche de la qualité, la quantité me fait obstacle, elle m'emprisonne, elle va me tuer. La loi que je me suis épuisé à reconnaître et respecter est intemporelle, alimitée, oserais-je penser à la place d'illimitée, impondérable. Elle est de l'ordre de l'amour, de la compassion, de la solidarité, du devoir, de la beauté, elle ne connaît comme unité que celle du cœur, de l'esprit et de la passion et ignore la monnaie et la physique. J'ai tenté d'en suivre les prescriptions, de m'en faire un levier pour libérer l'entendement de mes élèves. Le monde que je quitte a tout borné, tout chronométré, tout soupesé, tout évalué, il n'est plus le mien, peut-être ne l'a-t-il, à mon insu, jamais été. J'aime la raison raisonnant selon cette loi ; en revanche, celle qui n'opère qu'au risque de la mesure, qui exige pour s'appliquer des instruments dédiés, une montre, une règle à calcul, un décimètre, une balance ou une longue-vue, me déconcerte puis m'épouvante. Je sais mes deux plus jeunes fils en être des adeptes, mon aîné me comprend sans doute mieux. J'aurais aimé remettre mon puzzle à mes enfants, à Olivier et Axel surtout, afin qu'ils évitent toujours d'accepter le naufrage de la qualité dans le gouffre sombre et froid de la quantité, leur savoir les expose tant à ce risque. Voilà ce qu'il aurait été :

« Je vis tout raisonnement développé comme l'introduction du mal. Je suis sûr que l'Occident dégénère et pourrit dans les conséquences du raisonnement descendant. Ce que je voudrais mettre au point c'est la pulsion à penser qui, par les phénomènes, rejoint immédiatement les principes et par les principes respire l'Unité constitutive. Le raisonnement égare la pensée. Kant l'a ressenti, qui raisonne moins qu'il ne construit musicalement une architecture d'absence législatrice. Les mathématiques vraies obéissent à l'impérieux et fécond amour de “ce qui est déjà connu”. Chaque philosophe commence par affronter génialement l'être, puis se perd en voulant déduire et démontrer. Nul d'entre eux ne se maintient dans la pure aire de la foudre. L'impatience nous trahit.

« Échapper au règne de la quantité. Mais pourquoi ? Certes non pas pour le vague, pour l'illusion de l'absolu – j'éprouve tout moment d'abandon au règne de la quantité comme une expérience du sacrilège à l'égard de ma vérité vivante et menacée, celle dont, instant par instant, je joue la responsabilité qui m'a incombé. Mesurer mon effort de lecture en nombre des pages à lire et lues ; compter mon argent ; supputer mes gains, autant d'expériences d'une tentation de corruption spirituelle. Je suis prêt à faire la part de ce qui se décèle ici de trouble de mon adaptation au monde. Mais je ressens en même temps l'exigence qui s'y manifeste : échapper à l'envoûtement du quantitatif pour drainer et recueillir tous mes souffles en une seule inspiration vitale et mentale, inspiration pareille à celle d'un plongeur, mais qui, par les espaces irrespirables et les terribles pressions intérieures, plongerait à la découverte, à la reconnaissance, à la reconquête d'un Empire du fond et du milieu.

« L'ennemi de l'attention, c'est l'orgueil. L'ennemi de l'intériorité actrice, c'est la passivité au temps.

Tout abandon au temps est sacrifice d'attention participante à la vérité. Mesurer le travail à l'horloge et au calendrier, compter les pages, déployer des "pensa" dans la temporalité, c'est se fermer la possibilité de l'attention compréhensive qui fait être l'esprit de vérité. Le paraître est le mode de la manifestation dans la temporalité. Il est l'orgueil ; le sacrifice de l'acte à la puissance, ou plutôt la prostitution de l'acte dans la puissance. Chaque battement de cœur affecté au temps est perdition ; chaque battement de cœur arraché au temps est rédempteur de l'esprit humain.

« Et pourtant, il faut agir dans notre temps. La vertu de l'intemporel, ce n'est qu'au sein de la temporalité de l'histoire qu'elle travaille efficacement. La lutte existentielle contre le temps n'est pas un refus aveugle de le considérer à condition de savoir toujours le dépasser pour s'en affranchir. Angoisse du temps perdu. Pourquoi suis-je pressé ? C'est peut-être justement cet empressement qui me fait manquer le rythme. Ce n'est pas la peur de la mort qui me presse ; c'est la peur de moi. C'est la peur de ne pas achever, c'est l'expérience depuis l'enfance de n'achever jamais. Et je n'achève jamais parce qu'une force en moi court-circuite l'élan.

« Les arts plastiques, la poésie quelquefois, profèrent le verbe qui transite dans la vie des choses. La poussée vivante de la nature à travers nos vaisseaux et nos réseaux, jusqu'à la forme et à l'expression, peut être ressentie comme la conversion du sourd écrasement cosmique en jaillissement du sens humain. La science, en réduisant la nature à un tissu de relations, à un système de lois, ignore la nature comme pulsion primordiale et le mental se collectant dans l'abcès de l'être.

« Support de l'harmonie, d'abord est la possibilité exigeante de la création. Une phrase musicale est à la fois liberté et loi, invention et soumission ; chaque système, chaque moment créateur du moi sujet y est obéissance : chacun fraye sa plus propre route et la découvre en quelque sorte déjà là tracée, nécessaire. [...] Notre propos étant d'atteindre la pulsation qui unifie, qui diversifie, qui relie l'être et le langage humains. L'imaginer est antérieur à la raison. La musique porte la relation. La nature est musique. La musique nous permet d'accéder jusqu'aux abords d'une expérience originelle et le mouvement vers son silence matriciel peut se faire par peinture ou poésie. L'art est jeu au regard d'une vie de plus en plus passive, et jeu insupportable. Il est rappel pour celle que travaille une chance de réveil. Il est la seule ouverture immédiate sur ce qui est avant la médiation et porte la médiation, et c'est pourquoi tout ce qui a goût de sacré est du même coup œuvre d'art[1]. »

En ce qui me concerne, ma musique est celle des mots, mes tableaux sont des poèmes, je n'ai cessé d'en écrire depuis la ridicule déclaration adressée à quatorze ans à ma tante Simonne, et même avant. Ceux

1. Textes de Jean Kahn réorganisés par l'auteur à partir de passages d'*Éléments d'une médecine psychosomatique*, inédit, 1952.

que j'ai composés l'an dernier dans la tourmente qui m'accablait m'apparaissent se situer dans le fil direct de ma réflexion de 1952. Je ne suis pas si incohérent, en somme, mes fils le découvriront-ils ?

« Le poème est ce qui se laisse choir dans le fluctuant
et y féconde un commencement.
Il n'y a nulle part d'autre assise
qu'à cet instant
nécessaire et fortuit
où la distribution du souffle
et sa résonance
dans la disponibilité des régions du corps
rassemble les fiefs pour l'élection d'une royauté
précaire décisive tranquille.

Le poème est désir debout dans l'impondérable,
instant où le concept qui point,
l'esprit qui s'engendre, l'imminente joie dans l'instant
même sera l'autre,
le produit conséquent et déjà traître,
déjà l'héritier de la déperdition
[...]
Il faut un puits d'insondable deuil pour que se montre
une œuvre vraie,
ne respirant pour rien plus immédiatement que pour
puiser plus de raison
dans la respiration prochaine,
plus de raison d'être, afin que quoi qu'on fasse soit
supportable, [...]
Quand rien n'est ressenti de plus d'importance
que de ne pas sombrer.

D'où l'équilibre de sa danse
autour du cri muet d'un puits sans fond :
Vérité nue dans le silence
surgie sans urgence pour l'abondance du don[1]. »

J'ai aimé, j'ai sombré, pourtant.

1. Jean Kahn-Dessertenne, *Matière du temps*, *op. cit.*

6

Mai 68, ébranlement et chute

Josette

Deux événements ont illuminé et bouleversé les dernières années de ma vie, la rencontre avec Josette et la révolte de mai 1968. Cette dernière m'a indirectement conduit là où je suis, la première aurait pu me sauver, peut-être m'a-t-elle sauvé. Je rencontre Josette en 1965 par l'intermédiaire d'un professeur du Cours nouvellement arrivé, Noël L. Elle est en instance de divorce et s'inquiète pour son fils, J., elle souhaite bénéficier des conseils d'une personne habituée aux jeunes, en particulier aux préadolescents ; Noël nous met en contact, il nous invite tous deux chez lui. C'est une belle femme du Sud-Ouest, de taille moyenne, la poitrine haute, la peau mate, les cheveux très noirs tirés en arrière et formant chignon. Son visage acéré est celui d'un bel oiseau de proie, elle en a le regard, ses yeux brun-vert me transpercent. Elle m'impressionne dès que je la vois mais c'est à vrai dire le cas de toutes les jolies femmes. J'apprends qu'elle est originaire de Lavaur, aux environs de Villefranche-du-Périgord, qu'elle est née au Moulin-de-Combette, à trois kilomètres du Moulin-de-Lavaur où vit encore sa famille ; elle y passe toutes ses vacances. Jeune, elle a appris la reliure, puis ouvert une librairie internationale rue Monsieur-le-Prince, dans le Quartier latin. Ses lectures l'amènent à se passionner pour différentes sagesses et techniques qui tendent à la maîtrise de soi via la connivence avec son corps. Elle suit des enseignements d'orthophonie, puis de kinésithérapie, et s'installe en activité libérale dans un appartement au 6 de la rue de l'École-de-Médecine, à proximité immédiate de son ancienne librairie. Elle a connu Lily Ehrenfried, un médecin allemand d'origine juive réfugiée en France depuis 1933, fondatrice de la « gymnastique holistique ». Cette discipline aux nombreuses influences hindouistes combine la danse, les mouvements gymniques et les massages pour permettre aux personnes de mieux habiter leur corps, dans le confort et le bien-être, de sorte à libérer leur esprit d'entraves physiques qui le contraignent. C'est ce qu'elle pratique elle-même dans sa salle, ce qu'elle contribue aussi à transmettre à des professionnels de la santé et du sport. Josette est une femme très cultivée, vive, curieuse, intelligente. De sa voix au fort et délicieux accent de Dordogne, elle m'explique sa situation, ses craintes pour son fils en difficulté scolaire suite à sa séparation d'avec son père, elle requiert mon avis expérimenté. La conversation embrasse différents sujets au fil du repas. Les convergences entre la pratique professionnelle de Josette et le Travail de Gurdjieff, leur commun appel à l'enseignement de sages hindouistes, créent des liens ; nous convenons de nous revoir, non seulement en ce qui concerne les études de J. mais aussi pour confronter plus avant nos approches de l'harmonie entre le mental, le sentiment et le corps. À ce propos, je me sens de plus en plus en harmonie avec ces trois centres de la personnalité de Josette. Je la prie, échange de bons procédés en retour de mes avis pédagogiques au bénéfice de son fils, de m'accepter comme élève de ses cours de gymnastique holistique. Je danse à nouveau ! Lucide, je me rends bien compte qu'il y a là chez moi une dimension de « danse nuptiale » ; en tout cas, j'aimerais qu'il en fût ainsi. Cependant, sans me manifester en rien de la froideur, Josette garde ses distances. Les mois, deux années passent, nous sommes maintenant, Josette et moi, des amis proches ; à vrai dire, je m'en désole. Nous formons un groupe qui inclut Solange et dont les membres se réunissent de manière régulière, à Paris ou sur nos lieux de villégiature, en particulier aux Artauts dans la Drôme. Je lui écris encore, fin juillet 1967, des Artauts : « J'ai beaucoup goûté cette journée à la Baume, l'allure transparente et détendue de notre relation. Et j'éprouve à regarder J. une grande affection. Pense à tous deux de mon mieux ; J. » J'avoue n'être pas persuadé que j'aie alors tant apprécié cette relation « transparente et détendue », l'évoquer devait être un moyen pour moi de le suggérer à Josette.

Je ne sais si ma suggestion en est responsable, toujours est-il que Josette et moi nous nous aimons dès la fin des vacances. Après le désir, intact, la passion est maintenant de la partie, dévorante, stupéfiante. Elle ne me quittera plus, elle brûle en moi, à cet instant c'est elle qui rend si douloureux ce que j'entreprends et termine. Je ne me rappelle pas avoir jamais connu un sentiment équivalent. Certes, j'ai aimé Millette, à ma manière, j'ai voulu fonder une famille avec elle, j'ai été sincèrement heureux de le faire. Solange m'a offert un dévouement amoureux auquel j'ai été sensible, j'ai apprécié la sérénité de ces années. C'est aux Artauts que j'ai recommencé à écrire, en 1962, après six années d'interruption contemporaines de mon analyse avec Serge Lebovici. Depuis l'âge de quatorze ans, le désir des femmes – mes chiens – ne m'a jamais quitté, j'ai entretenu avec beaucoup d'entre elles un commerce assidu. J'ai ressenti ce même désir avec Josette, celui de mes quinze ans, de mes vingt ans, de toujours. Pourtant, il ne m'a jamais abandonné, il me possède encore, dans ce train. Souvent, les don juans sont saisis, leur objectif atteint, d'une pulsion de fuite, au moins d'un désir de départ, Casanova en a bien rendu compte, je l'ai connu depuis ma première conquête. Rien de cela avec Josette, la quitter est chaque fois un déchirement. Je lui écris, un peu, chaque jour. Parfois, je dépose dans sa boîte aux lettres une carte de visite non imprimée avec simplement quelques mots, le plus souvent énigmatiques, excepté pour des amants, pour nous : « Je n'oublierai jamais ce que je vous dois. » « Précipitation (le mot est barré) Participation. » « Je ne sais d'où venues. » « Pour qu'elle vous aide à vous reposer ! » « Excusez-moi. Il fait trop beau. Le croissant de lune, la pureté de la nuit sur l'avenue. C'est ça que j'essaie de vous envoyer. Je n'avais pas d'autre moyen. » Quoique je ne croie pas en avoir une exacte expérience, j'imagine qu'une semblable passion s'épanouit souvent, à vingt ans, dans l'allégresse d'une course folle et joyeuse à travers la prairie fleurie d'un alpage désert. Nous n'avons plus vingt ans, notre chemin ne manque pas de fleurs mais les ronces y abondent aussi, des obstacles se révèlent à chaque instant. J., cela est classique, semble perturbé par mon engagement à un autre type de relation qu'auparavant avec sa maman. De mon côté, incapable de mentir du fait de l'intensité du feu qui me dévore, j'ai mis Solange au courant de la situation mais me suis engagé à ne pas l'abandonner, à maintenir avec elle les aspects sociaux d'une relation de couple, auxquels je la sais très attachée. Il n'empêche, les rencontres et moments de cohabitation sont de plus en plus lourds à vivre, j'en suis parfois accablé. Explose dans certaines de mes lettres à Josette un bonheur que j'ai peu côtoyé auparavant, une estime d'un niveau que jamais je n'ai porté à aucune de mes amantes. En date du 20 septembre :

« Ce n'est pas seulement une passion éperdue qui m'entraîne, c'est aussi une expérience ou une aventure lucide, résolue, dont je préfère infiniment le risque infini qu'elle échoue, à ne pas la tenter. » Josette parvient aussi au prodige de faire germer en moi l'aptitude à un autre rapport aux femmes-amantes que celui de la possession les révélant à elles-mêmes. Dans la même lettre : « Ne vous ressentez surtout pas aliénée par cette expédition ("l'aventure lucide" dont il est question plus haut) où c'est tout autre chose que mes désirs qui part vers vous en caravane. Je resterai vigilant à ne jamais vous verser dans l'avoir, dussé-je en éprouver l'impérieuse tentation, et je l'éprouve. [...] Je vous veux toute libre, toute disponible, je ne jette nulle ancre. Jamais vous n'entendrez de moi un reproche de ce que vous me retirerez. Mais que nous continuions ensemble à nous donner l'un à l'autre une vérité gracieuse, cela a pour moi un tel prix que je serais en grand deuil si je n'en étais plus capable ou plus digne. »

Nous dormons ensemble chez Josette, la nuit du 20 au 21. Alors que je l'ai quittée il y a quelques heures seulement, je lui écris : « Sur ce terrain de nous deux et sans appartenance aucune, là où le vécu, le présent et l'après ont un goût d'impondérable et d'éternel. C'est dur, et ça l'était tout à l'heure au point qu'ému et fatigué je vivais cet espace peuplé comme usurpant et profanant un lieu de silencieux embrassement. (Je me fais écrivain public pour tous les amants.) Tant pis et tant mieux. [...] "Comme le fruit fond en jouissance." Je ne peux plus rien ajouter. C'est l'émotion du moment. Vous vous appelez merveilleusement Sévère ! » Quelques jours après, je confirme cette découverte pour moi inouïe : aimer, ce n'est pas posséder : « Je sais d'une science sans répondant que vous connaître, c'est le contraire de posséder, c'est, sans en avoir jamais fini, sans être jamais arrivé, desceller des refus et des peurs. Il y a une source qui bruit très loin derrière des barrières d'épines. Je l'entends. Attention, lorsque, pour vous désaltérer, vous vous y déchirez, je m'y déchire. Quand je m'y déchire, vous saignez. » Ou encore, en octobre : « J'éprouve comme une même chose vous désirer et désirer vous parler. Je partage à longueur de jour tant d'expériences avec vous. Il y a des femmes qu'on rencontre autour des puits, quand on a marché dans le désert. Elles ne se substituent à aucune autre. On s'orientait vers où elles vous attendaient, sans le savoir. C'est tout un. Mais celle qui vous a désaltéré, elle est aussi cette minute singulière et ce fil ténu dans la suite des générations. Je sais bien qu'en vous quérant dans votre histoire je n'atteindrai pas ce noyau, ce diamant, peut-être, qui serait vous et que je pourrais "empocher". »

Cependant, les obstacles à notre vie commune sont autant de nuages qui menacent. Josette doute. Je lui réponds : « Josette, "Ça ne durera pas", c'est vous qui le dites. Sacrilège. Effluve au beurre rance. Il y a une musique plus puissante que l'alcool de votre sang. Ce qui durera, quoi qu'on fasse, et plus nous aurons l'inspiration de rester idiots, ce qui se fera réel peut-être, c'est l'absurde foi dans un dialogue qui ne cesserait de pénétrer plus intimement l'un de l'autre, et l'un et l'autre d'une vérité infinie. » Le doute qui se prolonge laisse place au reproche. Je tente de lui répondre : « Cruel ? Je ne peux et ne veux vivre dans la tromperie et, à votre égard, dans l'ambiguïté. [...]

Je suis solidaire de ceux qui souffrent. Aimé, je fais souffrir ? Mais il est vrai qu'il y a du sans merci dans la chasse au bonheur, quand on entend par là, une fois encore, une dernière fois, l'espoir d'une entente qui ferait du couple la remontée du mystère de l'incarnation. » J'explique une fois de plus mon refus d'abandonner Solange en grande difficulté, la solution temporaire proposée d'une cohabitation fonctionnelle, note qu'elle-même n'est pas totalement libre. Pourtant, « une vive émotion m'anime vers vous qui êtes la femme "taciturne et toujours menacée" (et nous en elle). Si tard qu'il soit, je crois à une plénitude vibrante, comme terre de création, et vous m'en apparaissez aujourd'hui comme la signification, la promesse. "Terre promise", écrivais-je il y a un an, et c'est déjà à vous que je l'écrivais. »

Après les doutes, les reproches, les tensions, les pulsions d'abandon : « Le danger le plus actuel c'est qu'après un temps de grâce, ou don, ou de conjoncture vibrante, vient un temps où il faut tenir comme tout seul, et l'espace où malgré la distance communiquer, s'étreindre semblait facile, s'obscurcit. Il en doit être ainsi. Ce n'est d'ailleurs qu'apparence ; mais maïa l'illusion est aussi vérité. [...] Signé "vraiment vôtre". » Jamais Josette et moi ne rompons notre lien amoureux mais, jusqu'en 1969, les épisodes de bonheur partagé coexistent avec des phases d'incompréhension, de doléances, d'attente déçue d'une totale disponibilité, de frustrations. Une vraie relation passionnelle d'une femme et d'un homme dans notre situation, en somme. Je quitte le temps des événements de mai 1968 le domicile que je partage avec Solange tandis que cette dernière part pour la Drôme, ce qui permet d'apaiser la tension. Cependant, à son retour à la fin de l'été, la pression repart de plus belle, avec un chantage au suicide. Je lui fais savoir que « je suis accablé et rongé jusqu'au fond du cœur (et ce n'est pas là plus une image pour moi que pour Rodrigue) de son accaparante insistance et aspire à être laissé en paix. » Je pense d'abord être entendu. Hélas, il n'en est rien et, en janvier 1969, j'annonce à Josette qu'il nous faudra encore attendre une année avant d'habiter ensemble. Elle le prend très mal : « Il n'est pas juste de continuer de vivre ainsi ! » Elle met entre nous l'équivalent de l'épée témoin de la chasteté de Tristan et Yseult. Je lui écris : « J'ai été lâché. Et que vous-même le viviez en malaise, je le sais ; je suis prêt, bien mieux qu'avant, à intégrer ce temps de malaise et d'épreuve à notre relation. Mais je ne vous reconnais plus quand vous tournez le dos au jour. Je tiens en amour une relation si platonique, jusqu'au moment où se glisse : “Tout de même, elle s'y complaît !” Une froideur vient de vous, que je suis tout près de comprendre comme un hiver de secrète germination ; mais vous l'installez entre nous (je ne sais)… âprement. Alors, cette tendresse, notre saison ? Bien sûr, je me retire alors sur la pointe des pieds dans une intériorité blessée. J'ai beaucoup à m'en méfier. » Outre le souci pesant de Solange, celui de la réaction de mes fils m'habite aussi. Que penseront-ils de leur père, de son « inconstance » ?

Le hasard tranche cette inquiétude pour moi. Je vois souvent Axel, à l'époque. Il m'aide à m'occuper de ma mère, il la fait hospitaliser et la confie à un orthopédiste de connaissance lorsqu'elle se casse le col du fémur. Par ailleurs, mon corps réagit à ma passion et à ses chagrins par plusieurs manifestations dont Axel désire faire la part du psychosomatique et du somatique pur. Il me fait passer un check-up, puis m'hospitalise en avril 1969 quelques jours dans le service dont il est interne à l'Hôtel-Dieu. Un après-midi il fait sa contre-visite et pénètre dans ma chambre sans frapper. Je suis allongé, Josette assise à mon chevet, nous nous tenons par la main, dans un silence confiant et tendre. Voyant entrer mon fils, je rougis comme jamais, abandonne précipitamment la main chérie, je bafouille, confus, presque submergé par la honte. Être surpris par son plus jeune fils dans l'attitude d'un adolescent enamouré d'une femme qu'il n'a jamais vue, que jamais je n'ai évoquée devant lui, pas plus que devant ses frères ! Axel ne témoigne d'aucune surprise apparente, il me sourit affectueusement, salue galamment Josette, prend de mes nouvelles puis s'éclipse avec discrétion. Les dés sont jetés, j'annonce à Solange mon départ définitif et vais m'installer chez Josette. Nous quitterons la rue de l'École-de-Médecine pour un appartement plus grand rue Vavin, dans le VIe arrondissement.

Je passe les vacances d'été avec la femme aimée, dans une belle demeure périgourdine traditionnelle qui lui vient de sa mère, « La Lizonne ». Située en hauteur sur la commune de Villefranche-du-Périgord, elle n'est qu'à quelques kilomètres du Moulin-de-Lavaur où réside le reste de sa famille. Malgré les soucis professionnels qui m'accablent, c'est là le séjour le plus idyllique que j'aie jamais vécu. Tout un jeu de photographies me montre épanoui, détendu, mon visage rayonne du bonheur qui m'habite. Olivier et sa famille ont acheté une maison non loin, ils nous rendent plusieurs visites. Ce sont là les seules occasions que j'ai eues de jouer avec mon petit-fils Fabrice âgé de sept ans ; il témoigne de beaucoup d'enthousiasme pour « pépé Jean » et, comme son père, adopte Josette sans difficulté. Quand j'ai cessé mes jeux avec Fabrice, c'est avec mon fils Olivier que nous entamons une partie de badminton. Puis, après un bon repas où foie gras, cèpes et confit arrosés d'un rouge tannique et puissant ne sont pas oubliés, Olivier et moi allons nous reposer à l'ombre d'un beau noyer. Mon fils me fascine par son exaltation lyrique quand il me parle de sa recherche ; il fait de la chimie de coordination et du magnétisme moléculaire des objets de poésie épique. Olivier tient aussi un journal détaillé et perspicace de la situation politique, des circonstances de la révolte étudiante et du mouvement social de Mai 68. J'ai moi-même vécu ce mouvement avec passion ; nous confrontons nos analyses et points de vue, bien entendu différents entre le militant communiste et le gaulliste soixante-huitard. Nous partons tous ensuite, à la fraîche, pour de grandes promenades sur le plateau, plongeons vers la vallée et ses moulins avant de remonter nous désaltérer dans notre havre d'amour et de paix. À la fin des vacances, Olivier m'informe qu'Axel et lui se sont donné rendez-vous sur la route du retour pour partager un repas dans une auberge gastronomique près de Vendôme. Je décide de leur faire une belle surprise et, malgré mes finances désastreuses, adresse au restaurateur un chèque d'un montant conséquent pour traiter royalement les deux familles. Hélas, il parvient trop tard à destination, l'aubergiste me le renvoie. J'en suis désolé, mes enfants le seront quand ils l'apprendront. Cependant, je conserve un souvenir formidable de cet été en Périgord, il associe la passion amoureuse, une sérénité conquise de haute lutte et une ode à la vie familiale dont j'avais tant rêvé. Mes plus belles vacances, les dernières, aussi. Peut-être, après tout, était-ce inévitable, peut-être une semblable concordance de situations heureuses ne se peut-elle que dans la brièveté ? Tout cela après avoir eu l'impression que s'édifiait enfin en Mai 68 et sous mes yeux le monde tel que, mon existence durant, je l'avais idéalisé, soumis enfin au règne de l'esprit, de la générosité selon les prescriptions de la loi dont aucun code ne rendra jamais compte.

Les journées de Mai 68, bouillonnement

Je considère au début avec une certaine indifférence les soubresauts qui agitent la faculté de lettres, sciences humaines et sociales (SHS) de Nanterre, nouvellement créée. Différents mouvements politiques, gauchistes, anarchistes ou d'extrême droite, existent depuis très longtemps à l'Université. Jeune, j'ai adhéré à l'un et en ai combattu d'autres. Avec le temps et l'évolution du monde, de nouveaux groupes sont apparus : diverses tendances du trotskisme, maoïstes, guévaristes, situationnistes adeptes de Guy Debord, partisans des idées du philosophe américain Herbert Marcuse, puis les enragés de René Riesel,... Par tradition, les facultés de sociologie, psychologie, langues, arts et lettres sont les plus remuantes, du fait de leur culture et de la massification rapide du monde étudiant. Les enfants du baby-boom intègrent en masse l'Université, les filières SHS sont surchargées, les débouchés professionnels sont rares ; l'inquiétude puis la frustration débouchent sur la protestation. Ces ingrédients de l'agitation trouvent un terreau propice à la faculté de Nanterre fort isolée et où tous ces mouvements bouillonnent comme dans un chaudron. Les conditions d'études sont très dégradées du fait de la surpopulation étudiante, les trafics en tout genre fleurissent. Toute tentative de sanction est suivie de mouvements de solidarité. Les analyses de Marcuse qui en appelle à la libération des désirs, à la lutte contre toutes les aliénations, celles du travail aussi bien que du moralisme bourgeois, sa célébration du culte d'Éros, jouent un rôle important dans l'explosion de Nanterre, puis marquent de leur sceau le mouvement général de l'Université française. En février, les étudiants rejettent le règlement intérieur de la Cité universitaire, les garçons se rendent en masse dans les locaux des filles, la protestation contre la répression sexuelle mobilise. Bien d'autres conflits s'agrègent, au premier rang desquels la lutte contre la guerre du Viêtnam. Après une manifestation de soutien à des jeunes arrêtés pour une action antiaméricaine, cent quarante-deux étudiants occupent la salle du conseil une partie de la nuit, le mouvement du 22 mars est lancé, Dany Cohn-Bendit en est l'un des animateurs. *Le Monde* relate les événements avec quelques détails et, surtout, un ami d'enfance, professeur de philosophie à Nanterre et sympathisant du mouvement, m'en raconte la genèse et me propose ses interprétations. C'est alors que je commence à m'y intéresser. Au fait des thèses de la psychanalyse et du concept marxiste de l'aliénation, j'ai lu Marcuse avec intérêt et apprécié sa tentative de croiser les deux pour promouvoir son idéal de désinhibition des désirs, assimilée à une désaliénation. Moi-même en plein bouleversement amoureux, j'observe avec curiosité l'aspiration des étudiants à une révolution sexuelle, j'approuve leur dénonciation de l'ordre bourgeois en ce domaine comme en tout autre.

Après plusieurs semaines très agitées ponctuées par des bagarres, des occupations de locaux et des convocations devant les conseils de discipline, la faculté de Nanterre est fermée le 3 mai. Le même jour le recteur Roche fait évacuer par la police la Sorbonne occupée par un demi-millier d'étudiants. Le Quartier latin s'enflamme, moi avec lui. Solange et moi ne conservons plus à l'époque que les apparences du couple, elle part pour plusieurs semaines dans la Drôme. Mon ami Pierre, maintenant professeur agrégé de philosophie à Rouen, a acquis pour un fils étudiant un studio au sixième étage d'un immeuble de la petite impasse Royer-Collard, à deux pas de la Sorbonne et du boulevard Saint-Michel. Le garçon est en stage à l'étranger ; Pierre ne fait aucune difficulté pour que j'occupe le studio un ou quelques mois, je m'y installe sans tarder. Je pressens que quelque chose d'exceptionnel se prépare, peut-être un avènement, celui auquel j'ai aspiré depuis ma jeunesse. Je veux en être. Tous les jours, les manifestations s'amplifient, avec le triple mot d'ordre proposé par l'UNEF : réouverture de la Sorbonne et des autres facultés, libération des étudiants arrêtés, départ de la police du Quartier latin. Les manifestants sont quatre mille dans la nuit du 3 au 4 mai, douze mille le 6, jour où Cohn-Bendit et plusieurs de ses camarades passent devant la commission de discipline, plus de vingt mille le 8. Le soir j'accompagne les manifestants, à l'écart, certes, mais aux aguets ; les heurts sont de plus en plus violents mais n'impressionnent guère l'ancien militant engagé dans les émeutes de 1934 que je suis. Vendredi 10, plusieurs dizaines de milliers d'étudiants se réunissent en fin d'après-midi à proximité de la gare du Luxembourg et dans le périmètre universitaire de la rue Pierre-et-Marie-Curie, ils sont renforcés par un gros contingent de lycéens. Le Quartier latin est investi à partir de vingt et une heures, des barricades sont dressées. Elles seront reprises dans la nuit par les forces de police après de rudes bagarres de rue, charges et gaz lacrymogènes contre jets de pavés. Je ne rentre cette nuit-là dans ma chambrette que vers trois heures, les yeux rougis, assourdi par l'explosion des grenades. Mes sentiments sont mitigés. D'une part, je partage l'exaltation des jeunes, les paroles de *L'Internationale* résonnent en moi : « La terre tonne en son cratère » ; j'ai l'espoir fou que se cuisine là, à gros bouillons, un monde qui serait plus accueillant pour les êtres comme moi, un monde de poésie, de passion, de beauté, d'amour ; où les obstacles mis à la fulgurance de la créativité humaine par les techniciens, les comptables, les géomètres, les chronométreurs et autres nains calculant menu, seraient enfin levés. Je suis sensible à la générosité des aspirations à la liberté des peuples et à la désaliénation des travailleurs, à l'enterrement d'une morale traditionnelle oppressive, au respect de la dignité de tous les damnés de la terre. D'autre part, les slogans dans les cortèges deviennent de plus en plus antigaullistes, et ce n'est que le début. Quoique blasé quant aux manifestations violentes, j'avoue être impressionné, samedi 11, par l'aspect du Quartier latin. Des dizaines de voitures brûlées – plus de cent, apprendrai-je –, les grilles des arbres arrachées, les rues dépavées, des rideaux de fer arrachés, des vitrines brisées. Heureusement, celles des Presses universitaires de France, mes PUF, sont intactes. Je n'aurais pas pardonné aux manifestants le saccage de ce haut lieu de la pensée où se terminent toujours mes promenades au Quartier latin. En face du Luxembourg sur le Boul'Mich, j'ai la surprise de rencontrer mon fils Axel sorti il y a peu de l'hôpital du Val-de-Grâce. Il y a été opéré de ses blessures après un grave accident en Afrique où il effectuait son service national en tant que médecin coopérant.

Axel est couvert de pansements, une cicatrice fraîche et encore turgescente court sur sa joue droite. Des étudiants le fêtent comme un héros des combats de la veille, lui et moi nous en amusons.

Pompidou, qui était en déplacement, revient à Paris ce samedi 11 et reprend les choses en main. Il donne satisfaction aux trois revendications étudiantes, la Sorbonne est rouverte. Cependant, la journée de grève générale et les manifestations convoquées le 13 mai en protestation des affrontements du 10 sont maintenues. Des centaines de milliers de manifestants, ouvriers, employés, intellectuels, étudiants et lycéens défilent de la République au carrefour Denfert-Rochereau, aux cris de : « Bon anniversaire, mon général, dix ans, ça suffit ! » Je quitte le cortège auquel je m'étais d'abord mêlé, impressionné et désemparé à la fois. La crise de Mai 68 est devenue sociale et politique, avec ses grèves, ses occupations d'usines, ses grands défilés syndicaux. Je me crois ramené à l'année 1936 après la victoire du Front populaire. L'information officielle, celle de l'ORTF, est elle aussi prise dans le maelström de la contestation. Le 19 mai, la Maison de la Radio est bloquée par des milliers de manifestants. Jean-François m'a amené défiler avec lui. Nous tournons inlassablement autour du bâtiment en scandant : « Ce n'est qu'un début, continuons le combat ! » « Non à la voix de son maître, oui à la voix du peuple ! » Et autres slogans de cet acabit ; des milliers de gosiers y mettent tant d'énergie que je suis presque surpris que les murailles ne s'effondrent pas, comme à Jéricho, à notre septième révolution.

Cependant, c'est de Gaulle qui est maintenant la cible du mouvement. Je vis douloureusement l'atmosphère de fin de règne qui s'instaure, surtout à partir du 24 mai. Ce jour-là, le Général mal inspiré annonce un projet de référendum-plébiscite pour le 16 juin, lui donnant mandat pour engager les réformes nécessaires. C'est là une annonce bien décalée par rapport à la préoccupation des étudiants et des Français. Loin de calmer les esprits, elle amplifie la mobilisation contre l'interdiction de séjour signifiée le 21 à Cohn-Bendit parti voir sa famille en Allemagne. Les nuits des 24 et 25 mai, de vifs affrontements se déroulent au Quartier latin et ailleurs dans Paris. Les accords de Grenelle négociés entre Pompidou et les syndicats le 27 mai sont rejetés par la base à Billancourt et ailleurs, la grève continue. Le 29, on annonce que le général de Gaulle a quitté l'Élysée, le Conseil des ministres est annulé, on vide les ministères et brûle des documents. La CGT fait défiler ses troupes dans un Paris désert, Mendès France et Mitterrand se disent disponibles pour assurer la relève de l'État en cas de succès du non au référendum de juin. Je suis, pour ma part, totalement désorienté. Les manœuvres de Mitterrand et consorts me font horreur, j'observe l'emprise croissante des communistes et de la CGT sur les événements dont je vois échapper le contrôle aux intellectuels et aux étudiants ; je reste cependant passionné par le mouvement. Il a libéré la parole, dans toutes les universités du pays mais aussi au théâtre de l'Odéon, dans les entreprises occupées, un peu partout en France. On ne parle plus exclusivement de quantité, de points d'indice, de salaires, d'âge de départ à la retraite, mais aussi de qualité : la dignité, l'épanouissement, les formes prises par la domination non seulement dans le cadre de la colonisation et de l'entreprise mais aussi à l'école, dans l'enseignement supérieur, au sein des couples et des familles, dans la société en général. J'assiste à de nombreux débats dans les amphithéâtres de la Sorbonne et à l'Odéon. J'adresse de courts messages à Josette, griffonnés sur des bouts de papier : « Longuement entendu hier soir Cohn-Bendit en personne (il est revenu clandestinement en France le 26). » « Je suis à la Sorbonne. Les gars sont très gonflés. Un peu trop. Mais il faut faire pencher le plateau. Je vous aime. » Les discours et interventions sont souvent confus, interminables, parfois filandreux mais témoignent d'une audace intellectuelle, d'une originalité, d'une fraîcheur qui me stupéfient et m'amènent à réévaluer mon rapport passé aux femmes – Josette a bien entendu initié cette profonde autocritique – et ma pratique pédagogique.

Je ne suis pas encore sorti de mon logement d'étudiant le 30 mai lorsque la radio m'apprend que le général de Gaulle a regagné Paris et qu'il s'exprimera en début d'après-midi. Alors que je me dirige à pied par les quais vers le Cours, un petit avion lâche des milliers de tracts ; beaucoup finissent dans la Seine mais j'en récupère un : on y appelle à une grande manifestation le soir même à dix-huit heures sur les Champs-Élysées, rendez-vous place de la Concorde. Je comprends que quelque chose se prépare. J'écoute de Gaulle au Cours grâce au poste installé dans mon bureau, un discours de combat :

« Étant le détenteur de la légitimité nationale et républicaine, j'ai envisagé, depuis vingt-quatre heures, toutes les éventualités, sans exception, qui me permettraient de la maintenir. J'ai pris mes résolutions.

« Dans les circonstances présentes, je ne me retirerai pas. J'ai un mandat du peuple, je le remplirai.

« Je ne changerai pas le Premier ministre, dont la valeur, la solidité, la capacité, méritent l'hommage de tous.

« Il me proposera les changements qui lui paraîtront utiles dans la composition du gouvernement.

« Je dissous aujourd'hui l'Assemblée nationale. »

Les élections sont convoquées les 23 et 30 juin. De Gaulle appelle à la mobilisation populaire contre la subversion et à la constitution partout de comités de défense de la République :

« La France, en effet, est menacée de dictature. On veut la contraindre à se résigner à un pouvoir qui s'imposerait dans le désespoir national, lequel pouvoir serait alors évidemment et essentiellement celui du vainqueur, c'est-à-dire celui du communisme totalitaire. Naturellement, on le colorerait, pour commencer, d'une apparence trompeuse en utilisant l'ambition et la haine de politiciens au rancart. Après quoi, ces personnages ne pèseraient pas plus que leur poids qui ne serait pas lourd.

« Eh bien ! Non ! La République n'abdiquera pas. Le peuple se ressaisira. Le progrès, l'indépendance et la paix l'emporteront avec la liberté.

« Vive la République !

« Vive la France ! »

Je suis disposé à répondre à l'appel du Général, il réveille en moi le souvenir de celui de juin 1940. Sa critique de l'ambition de politiciens au rancart me convient. Cependant, j'ai connu le RPF, je pressens à la tonalité violemment anticommuniste du discours – injuste, les communistes et la CGT ont, comme en 1945, tout fait pour éviter un coup d'État – que les citoyens et militants qu'il va mobiliser seront dans leur grande majorité très marqués à droite, je ne puis en être. Je vais pourtant en spectateur à la manifestation, je regarde passer l'imposant défilé à la hauteur du rond-point des Champs-Élysées. Mes prévisions sont cette fois confirmées, c'est là le peuple de droite, véhément, d'un anticommunisme exacerbé. Une fois encore, mes sentiments sont ambivalents. Je suis d'un côté satisfait d'assister à la victoire de de Gaulle sur ses ennemis, dont tant de caciques des partis et de la IVe République. D'un autre côté, je sens bien que la réaction la plus crasse, la droite la plus médiocre et revancharde, les incultes et les boutiquiers se réjouissent déjà de fermer le bec à ces satanés intellectuels et gauchistes qui ont eu l'audace de repenser le monde ; ils rêvent sans doute de réduire en une bouillie informe leurs fulgurances, leur poésie, leur idéalisme, qu'il n'en reste rien tant une semblable liberté, une si folle créativité leur apparaissent obscènes. J'en suis désespéré. Les grèves cessent rapidement à partir de début juin. Je soupçonne le nouveau ministre de l'Intérieur Raymond Marcellin de laisser complaisamment incendier encore quelques voitures, briser quelques vitrines histoire d'assurer davantage la victoire du parti gaulliste. Elle est importante, le Général dispose d'une majorité absolue à l'Assemblée. Je quitte ma chambrette pour regagner mon appartement de Chaillot, il n'y a plus rien d'intéressant à suivre au Quartier latin. Cependant, ce qui s'est joué en mai 1968, l'aspiration à la liberté, l'hymne à l'imagination, le souci de l'épanouissement de chacun m'incite à introduire à mon tour la révolution dans mon approche pédagogique.

La chute de de Gaulle

Le Général a, dans son discours raté du 24 mai, évoqué la participation et des réformes de structure. Il désire en fait autant s'engager dans une troisième voie entre le communisme et le capitalisme que refonder sa légitimité ébranlée par le mouvement de Mai 68. La Constitution de 1958 a explicitement conçu le système référendaire comme un moyen de renforcer le lien direct entre le président et le peuple. De Gaulle y a eu recours maintes fois. Or ce lien s'est singulièrement affaibli durant la crise de 1968. Le Général s'est plusieurs fois, dont le 24 mai, trouvé en décalage avec les événements ; il ne les a pas plus que quiconque vus venir et s'est de plus montré incapable d'en saisir la signification et la portée. Chaque fois, Georges Pompidou a dû rétablir la situation. C'est lui qui a mené la campagne victorieuse des législatives de juin, cela ne m'a pas échappé. À de Gaulle non plus. C'est ainsi que j'interprète sa volonté un peu baroque de mener malgré tout à bien son projet de réforme sur la participation. La réforme de l'Université a été engagée dès l'automne 1968 et la participation dans l'entreprise soulève une forte opposition à gauche comme à droite, dans l'entourage même de de Gaulle. Il propose par conséquent de voter seulement sur deux mesures de nature selon lui à mieux faire participer les structures socio-professionnelles et territoriales à la marche de l'État : le remplacement du Sénat par une nouvelle assemblée uniquement consultative qui aurait intégré le Conseil économique et social. Et la régionalisation. De plus, par principe, de Gaulle rappelle que si le non est majoritaire, il quittera ses fonctions sur-le-champ. J'approuve pour ma part les projets soumis à référendum et suis de toute façon décidé à renouveler ma confiance au Général. Cependant, je perçois le risque qu'il prend, les discussions avec mes trois fils m'y aident. Les deux plus jeunes me rapportent un haut niveau de mobilisation à gauche, non tellement contre le projet mais contre de Gaulle. La question soumise au vote est mal ficelée, ses implications sont peu claires ; plus que d'habitude, on va voter pour que de Gaulle reste ou bien parte. Or il existe un vif désir de revanche à gauche, revanche du reflux rapide du mouvement après le 30 mai. Jean-François me le confirme mais il ajoute qu'une partie notable de la droite est disposée à éjecter le Général. Avec Pompidou, elle a son champion : le Premier ministre a fait savoir qu'en cas de départ du Président, il serait candidat à sa succession, le chaos du vide n'est plus à craindre, ce qui enlève un atout important au Général. De plus, la bourgeoisie et les conservateurs de tout poil ont eu très peur, ils en rendent de Gaulle responsable et sont reconnaissants à Pompidou de les avoir sauvés. En définitive, seul l'UDR, le parti gaulliste, fait campagne pour le oui.

Je suis chez mon fils Axel pour suivre le résultat du vote, le 27 avril, il y a juste un an. Olivier est là, lui aussi. Mes fils ont l'oreille collée au poste, je suis allongé sur le lit. Le verdict tombe. Le non l'emporte nettement, par plus de 52 % des suffrages exprimés, la participation a été forte. Mes garçons exultent, leur joie me fait mal, je suis accablé. Cependant, moi aussi j'ai observé que de Gaulle semble n'être plus vraiment dans le coup, il n'a en particulier pas pris conscience de l'aspiration à un profond bouleversement d'une société trop coincée, normative, hiérarchisée, que cette nouvelle donne ne peut être la sienne. Moi, je l'ai bien compris, où j'ai cru le comprendre. J'ai dû me tromper puisque je suis dans ce train, ce matin. Mon seul commentaire délivré, d'une voix lente et sourde à mes fils, sera : « C'est peut-être mieux comme ça, après tout. » Il n'empêche, c'est un pan de ce qui me guide depuis vingt-sept ans qui s'effondre, un phare qui s'éteint.

Révolution pédagogique et réaction

J'avais, depuis mes travaux avec Serge Lebovici dans les années 1950, imprimé ma marque à l'enseignement dispensé au Cours, celui d'une psychopédagogie se fixant l'objectif de conduire de jeunes esprits assoupis à découvrir par eux-mêmes le potentiel de jouissance du savoir, de créer de la sorte l'irrésistible pulsion d'y accéder. Une telle approche maïeutique toute socratique – accoucher les jeunes des richesses et possibilités résidant à leur insu en leur être – m'est apparue en bon accord avec l'esprit de Mai 68 : même glorification de la liberté individuelle, volonté de libérer les désirs et la créativité de tout ce qui les entrave, analyse des différentes formes de l'aliénation afin de les combattre. Cependant, ces journées fiévreuses m'amènent à remettre en question la discipline. Et aussi à mieux chercher dans les fractures et les violences de la société et des familles la cause des blocages des jeunes qui nous sont confiés. De plus je trouve dans l'objectif de la participation fixé par de Gaulle motif à juger indispensable, et par ailleurs inévitable, une réforme profonde de nos méthodes pédagogiques. Selon cette vision que je fais valoir auprès des professeurs du Cours, les élèves en échec scolaire donnent à voir des contraintes et déchirements sociaux et familiaux, dysfonctionnements que les événements de Mai 68 ont mis en lumière, dénoncés et qu'ils se proposent de corriger. Enseignants et élèves confrontés aux conséquences de cette forme de maltraitance sont partenaires d'un même dessein de désaliénation et d'édification individuelle d'êtres autonomes qui s'épaulent les uns les autres. Certes, les professeurs cherchent à permettre aux élèves d'accéder aux savoirs, de maîtriser les compétences qui leur seront utiles pour mener leur vie. Mais ils acceptent de s'exposer eux-mêmes aux manifestations du trouble et du mal-être qui font obstacle à la progression des jeunes qu'ils instruisent, ils sont en cela instruits eux-mêmes de la sauvagerie du monde et des relations entre les êtres. C'est là l'idée que je me fais de la participation gaulliste à l'école.

Les classes n'ont pas été interrompues au Cours, en Mai 68 ; je suis parvenu à mener de front, le jour la direction de l'établissement, les soirs et les nuits la remise en cause radicale d'un système à bout de souffle. Malgré notre relation affective très forte et ancienne, des heurts ne tardent pas à m'opposer à Mme Godéchoux, la propriétaire. Cette femme de droite éprise d'ordre et de discipline est, comme les parents de nos élèves, horrifiée de la chienlit qui semble s'être abattue sur le pays. Elle tient à en préserver le Cours qu'elle a fondé, stimulée en ce sens par les riches familles du VIIe arrondissement qui nous confient leurs enfants. Plusieurs fois, durant le mois de mai, elle me fait part de son irritation. Alors qu'on ne la voyait plus guère sur place, elle y revient chaque jour. La crise éclate la deuxième semaine de juin, elle me convoque dans son bureau et m'entreprend sur le cas d'un garçon agité et plutôt insolent que j'avais refusé de sanctionner malgré les demandes d'un de ses professeurs. J'ai droit à une tirade outrée, débitée d'une voix dure, pleine de reproche. Elle me vante les vertus des méthodes et de la discipline militaires qui conviendraient à ce vaurien d'élève. Elle m'enjoint alors de me manifester avec plus d'autorité et me fait grief de trop m'attacher aux jeunes gens dont nous avons la charge. C'est la première fois depuis 1937 que nos relations prennent ce tour, j'en suis choqué, révolté et indigné, je comprends aussi que je ne pourrai pas mettre en œuvre au Cours mes nouveaux projets pédagogiques. Je lui réponds par une lettre manuscrite :

« Depuis trente ans que je travaille ici, sous votre direction d'abord, puis en collaboration avec vous, j'ai régulièrement évolué vers une psychopédagogie qui a imprimé son style à la maison et ne semble pas lui avoir été préjudiciable. Il est vrai que je conçois, à travers la crise de civilisation que nous traversons, que j'avais pressentie et dont j'avais essayé de conjurer ici les effets avant qu'elle n'éclate, la pédagogie comme reposant sur une entière participation des élèves, du groupe que représente chaque classe, à la discipline, dans tous les sens du mot, et à la gestion de l'enseignement qu'ils reçoivent. Je pose en principe que toute la pédagogie d'élèves en situation d'échec est suspendue à la résolution de leur faire retrouver leurs études comme une entreprise qu'ils gèrent avec nous en fonction de leurs "problèmes" et de leurs besoins. Leur échec signifie des motivations inhibées, perverties et l'acte pédagogique initial est de libérer, c'est-à-dire de retourner en créativité un dynamisme envoûté. »

Je dois être objectif avec Mme Godéchoux. Son entreprise a comme clientèle des parents appartenant pour la plupart à la bourgeoisie aisée, sociologiquement des conservateurs qui ne peuvent qu'être en majorité hostiles à l'irruption de l'esprit de Mai 68 dans l'éducation de leur progéniture. Pour bien me faire toucher du doigt cette dimension du problème, Mme Godéchoux me fait signer pour la première fois depuis que j'ai pris mes fonctions de directeur pédagogique le document des comptes financiers de l'établissement. Je n'y entends rien, ne m'en suis jamais préoccupé et prends cette demande comme une nouvelle vexation. L'année scolaire 1968 s'achève dans cette atmosphère qui rend inévitable une rupture prochaine.

À la rentrée de septembre 1968, en l'absence de consignes écrites de Mme Godéchoux, je décide d'aller de l'avant dans la mise en œuvre de mes conceptions pédagogiques rénovées. Le remplacement de la discipline traditionnelle par une attention extrême aux élèves et à ce qu'ils expriment par leur attitude et leurs actes de passivité ou de rébellion exige une bien plus grande disponibilité de la part des professeurs, une augmentation de leur temps de travail. La propriétaire m'a fait connaître à sa manière qu'une compensation financière était hors de question. Si le laxisme avait de plus un coût, hors de question pour elle de le supporter. Sans doute comble de la naïveté alimentée par l'ancienneté de ma relation avec les enseignants, souvent des amis très proches depuis plus de dix ans, je n'étais en rien conscient de leur réaction probable à mes projets : dire que ce n'est pas d'emblée de l'enthousiasme est un euphémisme ! Leur méfiance se transforme vite en une franche opposition. La fronde est attisée et organisée par Philippe R., un professeur d'histoire récemment embauché au Cours. Cet ancien dirigeant des Étudiants communistes en rupture avec le Parti pour déviationnisme pro-italien était pion au lycée Buffon lorsque mon plus jeune fils, par ailleurs secrétaire de son cercle des Jeunesses communistes, y étudiait en terminale. Ils ont sympathisé et, quelques années plus tard, Axel me l'a recommandé pour occuper un poste vacant en histoire et géographie. Cet homme jeune, intelligent, cultivé et énergique, est un meneur d'hommes. Il se fait le porte-parole du corps professoral pour dénoncer auprès de Mme Godéchoux mes orientations pédagogiques assimilées à des divagations gauchistes issues d'un esprit perturbé par le déluge verbeux des pseudo-révolutionnaires de Mai, relaie et amplifie la crainte manifestée par les parents d'un effondrement de la discipline indispensable à l'enseignement. Ma situation est intenable. Après plusieurs entrevues tendues avec Mme Godéchoux, je lui adresse ma démission le 23 mars 1969 en des termes dont je regrette aujourd'hui la vivacité :

« Vous avez choisi, dans la conjoncture socio-économique actuelle, devant le démantèlement des valeurs de civilisation auxquelles vous êtes légitimement attachée, de donner la priorité dans l'action pédagogique au maintien d'une discipline, d'une autorité, d'une structure de hiérarchie sans lesquelles il vous apparaît que tout sombre dans le désordre et que les plus basses pulsions se donnent libre cours. [...] Je me sépare de vous parce que plus de quinze ans d'une activité pédagogique à part entière [...] me conduisent au nom de l'ordre à une résolution opposée : recevant au titre de réadaptation des enfants et des adolescents dont les difficultés sont prises dans l'ensemble matériel et moral d'une culture en crise jusqu'à ses fondements, [...] je me refuse à les réadapter au mensonge et au désordre fardé et bardé. Je me refuse à faire du respect de professeurs adultes irrespectables, prétentieusement ignorants et de mauvaise foi, la pierre angulaire de la pédagogie. Cette génération n'est pas irrespectueuse, elle est malade de ne pouvoir rien respecter, ni les valeurs, ni les hommes qui les vicarient. »

Ma fureur ne se porte pas tant sur Mme Godéchoux, elle ne peut sans doute adopter une autre posture que la sienne. En revanche, je ressens l'hostilité des professeurs comme une inqualifiable trahison, non pas tant envers moi qu'envers les élèves, envers notre mission de n'avoir pas d'objectif plus impérieux que de contribuer à les faire se découvrir, puis, grâce à cela, se réaliser. J'ai peu connu dans ma vie de rage comparable à celle-là, elle s'exprime par les mots, sans doute excessifs, de ma lettre de démission, et aussi par le passage d'un poème écrit à l'époque, où j'assène : « [...] et mentent ignoblement des professeurs qu'il faut abattre sans merci ». En attendant, c'est plutôt moi qui suis abattu, dont les ailes ont été coupées, vieil oisillon au regard d'aigle mais incapable de voler. Tout se dérobe, tout se délite autour de moi, j'entre dans le monde d'une réalité qui a ravalé au rang d'oripeaux défraîchis la générosité, la fidélité et le dévouement. Ajoutés à la défaite de de Gaulle en avril, ces neuf derniers mois durant lesquels mon investissement pédagogique de tant d'années au Cours a été jeté aux chiens des égoïsmes et des conformismes m'ont brisé. Seul un professeur m'a soutenu, Noël L., un philosophe. Comme dans un sursaut ultime, en ce qui me concerne au moins, nous décidons tous deux de poursuivre malgré tout notre rêve d'une « pédagogie de la libération », pour faire référence à la théologie du même nom ; leurs objectifs ne sont pas si différents : libérer les êtres pour qu'ils soient, apprennent et croient, plutôt que de chercher à les endoctriner par un savoir, une foi et une loi imposés. J'ai depuis quinze ans participé à de nombreux groupes de travail centrés sur la pédagogie, d'abord avec Serge Lebovici puis dans d'autres cadres que la psychanalyse. J'ai participé à la création et continue d'être l'un des animateurs de l'Association des établissements d'enseignement secondaire spécialisé, ce qui me permet d'avoir accès à un bon réseau professionnel en ce domaine. Dès le 29 avril, j'organise avec Noël L. au Musée social de la rue Las Cases une réunion d'information destinée à d'anciens élèves et parents d'élèves du Cours ainsi que divers collègues et amis, afin de leur faire part de mes projets. Il s'agit de créer l'Association de recherche et d'action pédagogique. Son principe est de « prendre l'élève en difficulté scolaire comme une positivité que sa conjoncture, son histoire propre, les circonstances de sa confrontation avec l'existence, voire la violence scolaire et ses modes, ont blessé, humilié, désorienté, qu'il appartient aux enseignants, par un soutien approprié, toujours compréhensif et valorisant, de regagner à la réinsertion personnelle, productive, dans le cours de la culture ». J'affirme que tout jugement dévalorisant détruit qui elle stigmatise, qu'il n'y a pas de mauvais élèves, ni de chenapans, pas de paresseux. Ces catégories normatives « informent plutôt sur le malaise des parents et des enseignants ; elles ne peuvent en revanche qu'aggraver le désarroi de l'élève qui vit la scolarité comme hostile, humiliante et rejetante et qui, souvent, ne peut plus que faire du refus ou de la révolte, l'issue magique de sa dignité ». Je résume enfin le credo de la nouvelle association :

« Notre pédagogie pour réadapter la conjoncture signifiante qu'est tout élève en difficulté ne peut se satisfaire de bricolages et de bonnes intentions. Elle affronte un problème situé et daté, celui de l'enfant et de l'adolescent à éduquer dans la société industrielle avancée de la fin du vingtième siècle. Cette société, ses tensions, ses contradictions habitent chacun d'entre nous. Nos enfants, nos élèves sont des producteurs en puissance, et des produits. Ils aspirent confusément, souvent dans le désordre et même la mauvaise foi, à vivre intensément une vie qui ait un sens mais sans grand rapport avec le système de valeurs que nous nous déconsidérons à leur inculquer, comme une monnaie dépréciée. »

J'annonce pour terminer que l'association se propose d'aider à partir de la rentrée de septembre 1969 des jeunes en situation d'échec scolaire mais sans déficience. Dans une démarche de recherche-action, elle s'efforcera de les instituer en pleine maîtrise d'un vouloir nourri par la découverte en eux de leurs désirs d'apprendre et de créer, rassurés quant à leur capacité d'y parvenir. La prise en charge des jeunes sera psychopédagogique, multidisciplinaire, personnalisée ou en petits groupes. Noël L. parvient à dénicher un local rue de la Voûte, à la porte de Vincennes. Le montant des droits d'inscription nous pose problème : je désire ardemment éviter une trop sévère sélection par l'argent. Cependant, la méthode que nous désirons mettre en œuvre requiert de nombreux concours, elle est intrinsèquement onéreuse. Dénué de toute compétence gestionnaire, je laisse Noël décider en dernier ressort. L'ouverture à la date fixée du centre de la Voûte nécessite pourtant des investissements dont les retours promettent d'être au mieux différés.

Tout est achevé

Mes vacances avec Josette à La Lizonne m'ont redonné une belle énergie, l'aventure de la Voûte m'enthousiasme. J'ai pu réunir avec Noël une petite équipe jeune et motivée, prête à accepter la frugalité salariale que les circonstances imposent : un psychologue recommandé par Lebovici, d'anciens élèves-professeurs des IPES ayant loupé le CAPES[1], un éducateur spécialisé. Une vingtaine de jeunes nous ont été confiés par leurs parents, ce que je juge prometteur pour une première rentrée. Cependant, les besoins en trésorerie sont criants. Or ma situation financière est devenue des plus précaires. J'ai démissionné du Cours et n'ai de ce fait pas touché d'indemnité. Je continue de plus à aider Solange. Pris à la gorge, il me faut consentir une démarche dont le principe même m'humilie : solliciter un emprunt modéré auprès de Millette, Jean-François, les parents de Josette et deux hommes de loi amis. J'ai aussi un autre projet : me faire éditer. J'écris depuis plus de trente ans, je connais la qualité de ma plume, je crois en mon inspiration poétique et à l'intérêt de mes études philosophiques. Mon œuvre pédagogique est elle aussi d'importance. Josette a réalisé un travail considérable en tapant ou retapant plus d'un millier de pages manuscrites ou de dactylographie ancienne. C'est que, à vrai dire, j'avais par deux fois tenté dans les années 1950 et 1960 ma chance auprès d'éditeurs, Jean Paulhan et Roger Caillois, un ancien ami de René Daumal. Les refus avaient été accompagnés de commentaires élogieux qui ne m'avaient guère consolé : j'imagine qu'il en est toujours ainsi, les éditeurs s'efforçant par humanité d'atténuer la

1. IPES : instituts de préparation à l'enseignement secondaire, supprimés en 1979. Ils préparaient aux concours de professeur certifié, les CAPES.

déception des auteurs rejetés. J'ai cette fois fait avec Josette un effort important de classement, catégorisation et mise en perspective des textes, je les soumets à un éditeur très proche de Josette et avec qui je suis en sympathie. Je lui ai demandé de vive voix s'il acceptait que je lui adresse des manuscrits que je lui ai d'abord présentés oralement. Le vif intérêt qu'il a manifesté me rend optimiste. Après quelques mois d'attente, je reçois la réponse en mars dernier. Elle est négative. Ce refus n'est pas qu'une déception, il me fait plonger à nouveau dans le désespoir qui naît des tourments du désir confronté à l'impuissance. Le monde où je tente d'être semble se fermer à moi, comme si j'en étais expulsé. Tout se ligue pour me signifier que je ne peux rien, qu'en conséquence peut-être je ne suis pas grand-chose ? La loi m'échappe, tout glisse entre mes doigts, mes plus belles aspirations s'embourbent dans la glaise d'un temps que je n'ai jamais vraiment habité. Heureusement, Josette est là. Sinon ! Le flamboiement de Mai 68 a, comme je le prévoyais, fait place au plus obtus des conservatismes ; les Français ont désavoué le Général ; mon œuvre pédagogique au Cours a été jetée aux ordures avec mon amitié pour les professeurs, ma rupture avec Mme Godéchoux, qui m'aimait, je crois, à qui je porte de l'affection, a été violente et douloureuse ; même mon désir de faire une surprise heureuse à mes fils Olivier et Axel a été contrarié. Et maintenant, la qualité et la beauté de mon écriture, ce qui me tient le plus à cœur avec mes fils, mon amour et mes élèves, sont contestées. Je réponds en date du 4 avril à l'éditeur :

« Merci, Étienne, de votre mot. J'en extrais l'essence et essaierai d'en faire mon miel. C'est une curieuse place que je tiens, ou qui me tient. J'écris pour m'approcher, tant soi peu, d'une évidence fuyante. Je me crois plus poète ou plus sensible, dans ces approches du fuyant, que vous ne me le concédez, et moins que vous ne le dites tendu dans la recherche intellectuelle, plus en attente…

« Paulhan, Caillois, ayant eu des essais d'autrefois en main ont pourtant réagi d'une manière assez parente de la vôtre. "Déçu et comblé", écrivait Paulhan, comme s'il écrivait un "à la manière de" Paulhan. La pratique de la psychanalyse, l'engagement contestataire et même, autrefois, la fréquentation de Daumal et de Gurdjieff devraient m'aider, m'avoir aidé, à cerner cette intime discordance du ton, ou plutôt cet accord que l'oreille de l'autre m'envoie comme discordance.

« Par moments, j'accepte que la ténacité de ma vigilance avorte par une certaine sorte d'insuffisance. Par moments, je ne peux y croire et suis tenté d'avoir raison contre tous, ce qui est bien dangereux, mais qui s'est vu.

« J'ai parlé de place qu'on tient ou qui nous tient. Si ce qui s'énonce dans l'écrit emprunte nos fêlures pour dire quelque chose non pas d'autre mais de "différent" de ce qu'on vise. Si ce quelque chose, au plus attentif qu'on soit de ce qui filtre, est renseignement dont nous sommes comme l'agence, ne dois-je pas reconnaître que je fonctionne comme une agence de renseignements qui n'intéressent pas ? Mais n'est-ce pas ma fonction, comme d'un héros de Graham

Greene, je peux toujours rêver que mon téléscripteur travaille pour des destinataires à venir. »

Je n'ai pu, en 1969, faire face aux impôts sur mes revenus de 1968 et suis conscient que l'année 1970 sera de ce point de vue plus que difficile. Il me faut aller voir le trésorier du XVIe où j'étais imposé jusqu'à l'an dernier pour solliciter des délais de paiement. Dans la situation que je traverse, où le sol s'est dérobé peu à peu sous mes pas et où Josette est le seul roc auquel je peux me raccrocher, l'îlot qui me permet de ne pas sombrer, cette entrevue ne m'angoisse pas particulièrement. Je n'ai jamais entendu grand-chose aux questions d'argent, elles m'indiffèrent ou bien m'exaspèrent, selon les périodes. Certes la République a besoin de collecter des impôts, je ne m'y suis jamais soustrait. Cependant, je suis un bien modeste contribuable, me donner une ou deux années pour faire face ne devrait, pensé-je, n'être qu'une formalité. En fait, je me suis trouvé, hier matin le 16, face à un fonctionnaire hautain, cassant, impérieux qui me stigmatise en tant que citoyen. L'État récupérera sans tarder ce qui lui est dû, m'annonce-t-il, par une retenue sur salaire, à défaut par la saisie. Cette dernière perspective m'épouvante, elle me rabaisse, c'en est trop. Ma décision est prise. Puisque je me suis trompé, puisque ce temps n'est pas le mien, à défaut d'investir un autre monde que celui où tout me nie et me rejette, je comprends qu'il me faut maintenant quitter le monde où j'ai à mon corps défendant été projeté. J'ai écrit ce matin une lettre à Josette, des larmes l'ont tachée :

« Ma Josette,

« J'ai pesé. Le courage, c'est de vous rendre libre de moi, malgré amour, douleur, perte de et pour Jérôme. Comprenez que je ne cède pas à l'émotion.

« Avec mes moyens, j'ai nagé à contre-courant. Il y a une science à ouvrir, du refus qu'oppose le destin. Ni écrits ni appels n'ont trouvé audience. J'ai emprunté, j'ai parié sur ma puissance de travail, sur ma "valeur", sur ma chance, et j'ai perdu. J'ai prévenu le trésorier du seizième qu'il me tuait. Indifférence.

« Je crois qu'il n'y a rien à regretter. J'ai eu un beau songe de vie. Dites à vos parents qu'ils ont été mes parents, certes plus qu'ils ne s'en sont doutés.

« Vous m'en voudrez, et puis vous verrez, dans la transparence de la peine, que je vous aime, en ce faisant. Ma perte vaut mieux qu'un combat épuisant, morfondant et sans espoir.

« Il y a mes fils. Vous avez été à mes côtés dans le souci que j'avais de la relation avec eux, et votre jugement m'a éclairé sur ce que j'aurai eu à faire pour que vive entre eux et moi une amitié à laquelle je donnais tant de prix.

« Vous m'avez, vous, donné ce que depuis l'enfance je me refusais de croire impossible. Le cœur me fend d'y renoncer, mais c'est le conserver.

« Non que j'en appelle à un au-delà de cet accord jour par jour gagné. Je vous confie que je ne ressens l'approche d'aucun au-delà. Peut-être d'une épreuve qui continuera celle de rompre avec la vie, à laquelle je tiens tant.

« Je reste maintenant interdit devant ce blanc. Je vous estime si chèrement que je mets ce mot en pneu pour que vous cessiez de vous inquiéter.

« Ne faites rien qui attente à ma liberté, je vous en prie, mon amour !

« Je vous aime. Jean »

J'ai posté cette lettre en pneumatique en me rendant gare Saint-Lazare. Dans mon compartiment, une idée tragiquement ironique me traverse l'esprit. J'étais à l'hôpital Beaujon, en 1932, au chevet de mon père. Son sens stupide de l'honneur bourgeois l'avait amené à attenter à sa vie. Je n'ai eu de cesse de dénoncer la bourgeoisie, son égoïsme, ses conventions, sa violence. Suis-je certain de ne pas reproduire, trente-huit ans plus tard, un peu de ces stéréotypes que j'ai tant vilipendés ? Je balaie cette pensée perturbante et hésite ensuite à choisir celui de mes enfants auquel il convient que je donne des consignes supplémentaires. Ils sont tous trois, avec Josette, ce qu'il me reste de plus cher mais ce n'est pas ce dont je désire entretenir l'un d'entre eux, il me faut lui confier une mission peu sympathique. Mon hésitation est de ce fait en réalité de courte durée. Jean-François, mon aîné dont je suis si proche, m'apparaît partager avec moi un même dédain des contingences matérielles. Olivier est d'une telle sensibilité que je ne puis ajouter à sa peine l'épreuve de se voir confier l'exécution de tâches désagréables et, de plus, pénibles sur le plan affectif. J'ai beaucoup interagi avec Axel, ces dernières années. Jeune médecin, il s'est occupé de moi et de maman et je le sais homme de décision et de confiance. Son métier l'a familiarisé avec la douleur des corps meurtris ; des âmes, aussi. Ce sera donc lui. Je lui ai écrit, il y a un instant, et ai déposé la lettre sur le siège que je quittais.

« Mon cher Axel,

« Je m'adresse à toi comme peut-être au plus capable de faire durement les choses nécessaires. »

J'ai alors énuméré toute une série de démarches à accomplir, dont rembourser mes débiteurs en vendant des biens me venant de mes parents. Puis :

« Embrasse le mois prochain le petit-fils pour moi[1].

« Sois raisonnable et humain.

« Bonne chance.

« P. »

L'image de mon troisième petit-enfant à naître s'est imposée à moi comme un flash, celui d'une continuité, pourquoi pas d'une relève ? Quant à la dernière recommandation non préméditée à mon fils benjamin, sa nécessité m'est, elle aussi, apparue d'un coup. J'aime Axel comme mes deux autres fils, bien sûr. J'admire la volonté dont il a témoigné pour se hisser, après Olivier, aux sommets de la réussite scolaire et universitaire, aujourd'hui sa froide détermination professionnelle. Cependant, ce que je perçois du potentiel de violence

1. En fait, ce petit-fils naquit le 21 avril, le jour des obsèques de Jean. Sa maman présenta les premiers signes de l'accouchement imminent durant le repas qui se déroulait dans le restaurant Au Moulin Vert, à cinquante mètres du 26, rue des Plantes. Il devait s'appeler Emmanuel. Ce sera Jean-Emmanuel.

intellectuelle qui me semble l'habiter encore, son total engagement politique dépourvu de tout état d'âme apparent m'effraient parfois, ils m'ont spontanément inspiré cette ultime injonction. La comprendra-t-il ?

Voilà, « tout est achevé », la sixième des dernières paroles du Nazaréen sur la croix. Fasse qu'aucun de mes fils ne paraphrase la quatrième de ces ultimes paroles de Christ : « Père, pourquoi m'as-tu abandonné ? … »

Paris, le 17 avril 2017,
quarante-sept ans après

Postface

Notre père : un saint écartelé entre quintessence et transcendance

Comment dire : s'il existait des saints, il en eût été un. En mieux. C'est-à-dire en version humaine, trop humaine. Un saint qui eût intériorisé son auréole. Au point que son visage même paraissait irradier cette auréole intérieure. Et c'est cela, peut-être, cette inaccessible sainteté, ambiguë forcément, la distance qu'elle imposait, qui prétexta la réserve, forte et mince à la fois, qui permit qu'en moi, par rapport à lui, l'admiration sans rivages n'étouffât pas toute affirmation de soi. Cela, c'est-à-dire la recherche continuelle, prégnante, chez mon père, chez Jean Kahn, de la quintessence et de la transcendance.

Car voilà ce que, à la lecture de cette autobiographie imaginée par mon frère Axel, à l'écoute de cette parole que je crois parfois réentendre tant elle aurait pu, en effet, être la sienne, en réanimant ma propre mémoire, ressuscite en même temps une obsession : pourquoi un tel rayonnement, une telle clarté, une telle intensité intérieure n'ont-ils pas été en mesure de se projeter plus puissamment dans l'espace et dans le temps ? Je veux dire : pourquoi une œuvre implicite aussi forte, aussi profonde, aussi lumineuse n'est-elle pas parvenue à s'imposer explicitement bien au-delà du cercle de ceux qui, tous, pour l'avoir côtoyé, eurent conscience de l'exceptionnalité de cet homme-là ? Pourquoi, de cette vivifiante lumière qui émanait de lui, notre monde ne put-il pas être plus largement éclairé ?

Un saint laïc ? Il avait, en vérité, sa façon bien à lui d'être un saint et très particulière d'être laïc. Mais, ayant cherché, je n'ai pas trouvé d'autre mot. Curieux cette tendance qu'ont les mots à s'imposer parfois, presque malgré nous, pour exprimer l'inexprimable. Aussi bien parlait-il aux oiseaux. Ou il aurait pu. Il ne ressuscitait pas les morts, mais il réveillait les âmes endormies, rallumait les esprits éteints. C'était sa fonction. Il laissa venir à lui, même les grands enfants. Il n'entendait pas de voix – encore que – mais beaucoup entendirent la sienne qui les remettait sur la bonne… voie. Aucun ange ne lui apparut, mais en combien de cœurs, que même leurs proches envoyaient au diable, fit-il réapparaître l'ange ? Beaucoup des élèves du Cours qu'il dirigeait, avenue de la Bourdonnais, étaient issus de la grande et bonne bourgeoisie. C'est dire qu'ils traînaient un handicap. J'en entends encore dire (sans doute comme leurs parents), quand ils évoquaient les maquisards FFI : « les bandits ». Ceux-là, aussi, il les émancipa d'eux-mêmes. Il les rendit à la vie. À la vraie. Car Jean Kahn – M. Dessertenne comme on l'appelait –, lui qui ne sut pas se révéler au monde, projeter au loin le monde qu'il portait en lui, eut ce don irremplaçable de révéler à beaucoup le monde qui résidait en eux. Comme si la sainteté restait enfermée en elle-même quand son label n'était pas commercialisable par une Église, quand aucun pape n'était susceptible de souffler pour en gonfler la bulle.

Interrogation obsédante donc : pourquoi cet homme qui a tant donné, qui s'est tant donné, s'est-il à ce point retenu ? A-t-il autant retenu ? Pourquoi cet humaniste – ô combien ! – généreux, ce pédagogue que les cuistreries pédagogiques d'aujourd'hui eussent consterné l'avant-gardisme pédagogique qu'il poussa, *in fine*, jusqu'à l'autodestruction, pourquoi cet altruiste ouvert, largement ouvert, à tous les grands vents non seulement de l'esprit mais de tous les esprits, a-t-il, en fin de compte (en fin de compte, vraiment), verrouillé en lui, étouffé en somme, le plus prodigieux, le plus immense de ce qu'il recelait et avait à offrir ? Ce livre en révèle en partie la raison. Que résume cette continuelle quête, janséniste, gnostique, cathare, de la transcendance et de la quintessence. La transcendance comme fuite – il y a des fuites qui sont des recherches et des recherches qui sont des fuites –, la quintessence comme camisole. Auto-camisole. La transcendance comme élan, la quintessence comme répression volontaire de cet élan.

Jeune, l'élan l'amena au communisme. Une part de lui allait au peuple, alors qu'une autre s'en exfiltrait. Évadé de son milieu familial, libéré plutôt, s'arrachant à sa classe qu'il prit en horreur pour aller au-devant de l'autre, idéalisée, il s'était en quelque sorte arrêté en chemin pour descendre en lui-même, quitte à creuser de plus en plus profond. Le communisme ne fut pas son horizon, mais un moment de son ascèse. Ce n'étaient pas les masses qui l'avaient attiré, mais l'idée qu'une avant-garde pouvait les révéler à elles-mêmes. Définition même de l'émancipation. Ce qui fut au cœur, finalement, de sa pédagogie : être l'élu capable de révéler à l'élève l'horizon de ses potentialités. De se réaliser soi, également, à travers cette révélation de l'autre à lui-même. Son rapport aux femmes fut peut-être du même ordre. Ce pourquoi il en changea.

« Être l'élu », ai-je écrit. C'est cette conviction aussi, sans doute, que ce devenir que l'on appelle le « progrès » est une latence dont quelques élus portent les graines en eux qui façonnèrent sa religiosité intime (dont le communisme fut une manifestation), et déterminèrent le sacrifice qu'il fit de toute sa personne à la transmission.

Jean Kahn, donc, fut communiste entre dix-neuf et trente ans, puis ardemment gaulliste, puis, à sa façon, soixante-huitard. Non pas engagement politique (je ne l'ai jamais entendu parler politique au sens strict et étroit du terme), mais quête, là encore, d'une transcendance, sécularisée. Terrestre.

Son refus, tout évangélique, du monde de l'argent, le conduisit à un chemin de croix qui, avant le saut final et fatal, passa par ce trésorier des impôts du XVIe arrondissement de Paris, dont on apprit plus tard qu'il était spécialisé dans l'escamotage fiscal des grandes fortunes, et qui écrasa ce petit contribuable pris à la gorge de toute sa morgue implacable.

« Saint », ai-je dit. A-t-on souvent poussé à ce point la tolérance envers l'autre et l'exigence envers soi ? Exigence parfois si excessive qu'elle en devenait mutilante. Les extraits de ses textes, cités ici, en témoignent. Fertilité inouïe qui s'assèche peu à peu sous l'effet de la traque de toute facilité d'éclosion que cette fertilité induit. Ultraconcentration d'une pensée comme prise dans l'étau de sa propre rigueur en tant que pensée ; essorage de l'écriture par l'écriture même.

Paradoxe : le Pr Jean Kahn-Dessertenne s'imposa à des générations, et à nous-mêmes ses fils, par son sens de la vulgarisation didactique, par sa capacité à rendre même le plus complexe évident : synthèses transparentes, images inoubliables. Puis, à l'inverse, dès lors que, sous des dehors de s'adresser non plus à des auditeurs mais à des lecteurs espérés, il s'écrivait en fait à lui-même, il en arrivait peu à peu à complexiser jusqu'à l'évidence.

Il n'y a pas de domaine – littérature, poésie, musique, peinture, philosophie, épistémologie, morale, histoire et même, en ce qui me concerne, hélas, apprentissage du latin et du grec – dont mon père, dont notre père, ne nous ait ouvert les portes, au point que nous avons été comme pénétrés, imprégnés par les apports de son influence. Et, cependant, c'est un peu contre lui également que je me suis sinon construit, au moins fabriqué. Car cet auto-étouffement de sa puissance créative, l'auto-oppression d'un aussi époustouflant talent, n'a cessé de m'interpeller. Et de me prévenir contre, faute de mieux, ce que j'appellerai l'« intellectualisme ».

Combien ai-je pu dévorer de polars après qu'il m'eut fait lire, à quatorze ans et quinze ans, *Le Tour d'écrou* de Henry James et tenté de me faire ingurgiter jusqu'au bout *Ulysse* de James Joyce. Ainsi que les *Veda* et les *Upanishad* hindouistes, auxquels je n'ai évidemment rien compris. Ma première clandestinité, n'ayant pas eu l'âge de la Résistance, fut de lire des illustrés en cachette, non pas Karl Marx dont il m'aurait volontiers décrypté la dialectique (il le fit d'ailleurs, plus tard, à propos de *La Phénoménologie de l'esprit* de Hegel), mais *Tarzan*, *Kit Carson* et *Bibi Fricotin*. Ne fut toléré, grâce lui en soit rendue, que *Le Sapeur Camember*. De combien de westerns (et de péplums) me suis-je nourri après qu'il m'eut régulièrement amené en pèlerinage à la Cinémathèque visionner des films muets, le parlant et la couleur s'apparentant, à ses yeux, à une manière de pollution. (Mais aussi, il est vrai, *Drôle de drame* de Carnet qu'il portait aux nues.)

Je lui dois, entre autres, alors que ce n'était sans doute pas sa tasse de thé (mais rien, absolument rien, n'échappait à sa dévorante curiosité), ma découverte des différentes approches structuralistes qui, pour ma propre réflexion, furent pour le coup structurantes. Mais il s'en fallut de peu que sa tentative de me faire approcher l'*Éthique* de Spinoza dans sa version originale en latin (j'échappai de justesse à saint Augustin dans le texte) me dégoûtât définitivement de la philosophie. Surtout, il y eut la musique, cet autre monde dont il sut faire notre monde commun, ces notes qu'il sut introduire goutte à goutte dans nos oreilles (bien qu'il fût incapable de retenir la moindre mélodie), et qui n'en sont jamais sorties. Au point que, comme la fameuse madeleine de je ne sais qui, tels accords des *Valses nobles et sentimentales*, celles de Schubert, m'évoquent spontanément son visage. Souvenir ineffaçable de la *Symphonie pastorale* en 78 tours dont il fallait sans cesse changer les disques ou de la première écoute d'un microsillon, révolution dans la révolution, en l'occurrence, preuve que cela est resté agrippé à ma mémoire, des *Concertos brandebourgeois* par Karl Münchinger. Tout jeune j'eus droit à cette cérémonie initiatique, le concert, qui me fascinait et me paralysait. Ainsi, à treize ans, assistais-je à ce miracle qu'était Wilhelm Kempff dans le concerto *L'Empereur*, car je crus voir Beethoven en personne (dont il exhibait la chevelure).

Cependant le rapport de Jean à la musique était un condensé de ce pourquoi je lui dois tout finalement, en adhésion comme en réaction à lui. Pour lui, elle s'était arrêtée, la musique, à Monteverdi et à Palestrina. Elle s'était perpétuée en catimini avec *Le Clavier bien tempéré*, *La Grande Fugue* et les derniers quatuors de Beethoven. Forcément. (*La Pastorale*, nous faisait-il remarquer avec une pointe de mépris, c'était de la musique à programme.) Ensuite, elle retrouvait son cours, majestueux, avec le prélude de *Parsifal*, *Pelléas et Mélisande*, Berg et Schönberg. Heureux qui n'a pas dû feindre, à seize ans, de se pâmer devant *Wozzeck*, *Lulu* et *Le Pierrot lunaire*. Puccini, c'était de l'opérette, du moins l'idée qu'il se faisait de l'opérette. Une zone grise recouvrait en somme des sonorités qui allaient de *La Bohème* au « Chanteur de Mexico ». Gounod ? Du « boum-boum » ! Des gus qui ne cessaient de bramer « Marchons, marchons » tout en restant immobiles. Comme il chantait faux, la chanson, à part Marianne Oswald parce qu'elle chantait faux également, et quelques adaptations de Prévert par Kosma, ne faisait pas partie de son jardin secret. D'où, comme une forme d'insurrection réactive, mon appétence pour l'opérette, la chansonnette et la comédie musicale. Aurait-il persévéré dans sa tentative inaboutie de m'« ouvrir » à la musique concrète, le dodécaphonisme sentant déjà le moisi, que j'aurais fini (Dieu m'en a gardé) par idolâtrer Tino Rossi.

Je dois à ce père l'accès à tous les livres qui, jusqu'à l'âge de seize ans, ont peuplé ma cervelle et mon âme (y compris, bizarrement, *L'Homme, cet inconnu* d'Alexis Carrel). Mais je n'ai jamais oublié ce jour où, me surprenant à lire *Cyrano de Bergerac* qu'il paraissait assimiler à un roman de gare (du coup, je me suis farci quantité de romans de gare), il me traumatisa en me faisant remarquer, avec quelque condescendance, que cette Roxane-là ne valait pas tripette comparée à celle de *Bajazet*. En fonction de quoi j'ai boycotté la pièce de Racine. Je n'échappai pas non plus à ce classique qui consistait à dévaloriser le *Waterloo* brossé de façon épique par Victor Hugo au nom de la bataille chaotique et pointilliste que Stendhal fait vivre à Fabrice dans *La Chartreuse de Parme*. Je subodore, avec le recul, que cela contribua à ma passion pour l'auteur de *La Légende des siècles*.

Quant à la poésie, si son admiration pour Saint-John Perse (et pour Paul Valéry son modèle en quintessence) ne m'a pas rejeté vers Paul Géraldy, il m'a conduit à me noyer voluptueusement dans le *Roman inachevé* d'Aragon, modèle, à l'inverse, de larges déploiements.

Donc je lui dois doublement ce que, pour le meilleur ou pour le pire, je suis devenu. Reste l'incommunicable. Cette part seule de l'héritage de notre père à quoi mes frères et moi nous arrivâmes à fermer totalement la porte : au-delà de sa recherche, toujours recommencée, jamais suffisante, de la quintessence, sa quête compulsive de la transcendance à travers sa fascination pour toutes, absolument toutes, ses formes. De l'hindouisme au bouddhisme, du catholicisme originel au gnosticisme, au jansénisme, au piétisme. De saint Jean de la Croix (dont je lui suis reconnaissant de m'avoir fait lire les poèmes), sainte Thérèse d'Avila, des mystiques en général, à Gurdjieff et, *in fine*, de l'universalisme le plus éthéré à la secte.

Or cela, comme boule de mercure sur toile cirée, glissa sur nous trois qui, d'abord croyants, élevés dans le catholicisme par une admirable mère chrétienne, avons basculé dans le matérialisme. Contre lui ? Non. Là fut la grandeur du personnage. Car c'est lui, en vérité, qui nous a fourni tous les instruments intellectuels, conceptuels, rationnels, qui nous ont permis de nous dégager de ce qui chez lui, rationnel, l'était si peu. Non seulement il n'a jamais cherché à nous intégrer à cet aspect de lui-même, mais, si nous n'y avons pas mordu, c'est parce que tout ce qu'il avait fait de nous, culturellement, philosophiquement, nous incitait à n'y pas mordre. Penser contre soi-même, Jean Kahn en était capable. Mais, mieux que cela, il nous a appris à penser grâce à lui, avec lui, malgré lui et, avec son assentiment, s'il le fallait, contre lui.

JEAN-FRANÇOIS KAHN

Table

DU MÊME AUTEUR

Société et révolution biologique. Pour une éthique de la responsabilité, *INRA Éditions, 1996.*

Copies conformes. Le clonage en question *(avec Fabrice Papillon), NiL, 1998 ; Pocket, 1999.*

La Médecine du XXIe siècle. Des gènes et des hommes *(avec Dominique Rousset), Bayard, 1996.*

Et l'Homme dans tout ça ? Plaidoyer pour un humanisme moderne, *NiL, 2000 ; Pocket, 2004.*

L'avenir n'est pas écrit *(avec Albert Jacquard, en collaboration avec Fabrice Papillon), Bayard, 2001 ; Pocket, 2004.*

Raisonnable et humain, *NiL, 2004 ; Pocket, 2006.*

Bioéthique et liberté *(avec Dominique Lecourt), PUF, coll. « Quadrige », 2004.*

Doit-on légaliser l'euthanasie ? *(avec André Comte-Sponville et Marie de Hennezel), Éditions de l'Atelier, 2004.*

Le Secret de la salamandre. La médecine en quête d'immortalité *(avec Fabrice Papillon), NiL, 2005 ; Pocket, 2007.*

Comme deux frères. Mémoire et visions croisées *(avec Jean-François Kahn), Stock, 2006 ; Points Seuil, 2007.*

L'Homme, ce roseau pensant. Essais sur les racines de la nature humaine, *NiL, 2007.*

Vivre toujours plus ? *(avec Roger-Pol Droit), Bayard, 2008.*

L'Homme, le Bien, le Mal *(avec Christian Godin), Stock, 2008 ; Hachette littératures, 2009.*

L'Ultime Liberté ?, *Plon, 2009.*

Un type bien ne fait pas ça. Morale, éthique et itinéraire personnel, *NiL, 2010.*

Faut-il légaliser l'euthanasie ? *(avec Luc Ferry), Odile Jacob, Paris, 2010.*

Controverses. Université, science et progrès *(avec Valérie Pécresse), NiL, 2011.*

Une histoire de la médecine ou le souffle d'Hippocrate *(avec Jean-Claude Ameisen, Patrick Berche, Yvan Brohard), La Martinière, 2011.*

Une histoire de la pharmacie. Remèdes, Onguents, Poisons *(préface et postface), La Martinière, 2012.*

Les Âges de la vie. Mythes, art, science *(avec Yvan Brohard), La Martinière, 2012.*

Un chercheur en campagne, *Stock, 2012.*

L'Homme, le Libéralisme et le Bien commun, *Stock, 2013.*

Pensées en chemin. Ma France des Ardennes au Pays basque, *Stock, 2014.*

Entre deux mers, voyage au bout de soi, *Stock, 2015.*

Être humain, pleinement, *Stock, 2016.*

Cet ouvrage a été composé
par Nord Compo à Villeneuve-d'Ascq (Nord)
et achevé d'imprimer en France
par CPI Brodard et Taupin
à La Flèche (Sarthe)
pour le compte des Éditions Stock
21, rue du Montparnasse, 75006 Paris
en septembre 2017

PAPIER À BASE DE FIBRES CERTIFIÉES

Stock s'engage pour l'environnement en réduisant l'empreinte carbone de ses livres. Celle de cet exemplaire est de :
500 g éq. CO_2
Rendez-vous sur www.editions-stock-durable.fr

Imprimé en France

Dépôt légal : octobre 2017
N° d'édition : 01 – N° d'impression : 3024468
79-51-9965/5